高顿财经
GOLDEN FINANCE

2019
注册会计师全国统一考试备考用书

U0648700

注册会计师全国统一考试

四维考霸 之

公司战略与风险管理

高顿财经研究院◎编

"会说话"的CPA智能互动教辅

东北财经大学出版社
Dongbei University of Finance & Economics Press
大 连

图书在版编目（CIP）数据

注册会计师全国统一考试四维考霸之公司战略与风险管理 / 高顿财经研究院编.
—大连 ： 东北财经大学出版社，2019.6
（注册会计师全国统一考试备考用书）
ISBN 978-7-5654-3478-5

Ⅰ．注…　Ⅱ．高…　Ⅲ．①公司–企业管理–资格考试–自学参考资料 ②公司–
风险管理–资格考试–自学参考资料　Ⅳ．F276.6

中国版本图书馆 CIP 数据核字（2019）第 036735 号

东北财经大学出版社出版
（大连市黑石礁尖山街 217 号　邮政编码　116025)
网　　址：http：//www.dufep.cn
读者信箱：dufep@dufe.edu.cn

大连图腾彩色印刷有限公司印刷　东北财经大学出版社发行
幅面尺寸：185mm×260mm　　　字数：388 千字　　　印张：16.5
2019 年 6 月第 1 版　　　　　　2019 年 6 月第 1 次印刷
责任编辑：李　栋　王　玲　　责任校对：赵　楠　惠恩乐
　　　　　周　慧　　　　　　　　　　张爱华　冯志慧
封面设计：张智波　　　　　　版式设计：钟福建

定价：42.00 元

教学支持　售后服务　　联系电话：(0411) 84710309
版权所有　侵权必究　　举报电话：(0411) 84710523
如有印装质量问题，请联系营销部：(0411) 84710711

"注册会计师全国统一考试备考用书"
编写委员会

序 言

注册会计师行业较快发展并不断做强、做大是国家发展的需要，因为建立和完善我国的注册会计师制度，是保证资金市场正常运转、促进我国会计与国际接轨的一个重要途径。随着执业质量和社会公信力的稳步提升，作为会计信息质量的重要鉴证者、市场经济秩序的重要维护者、企业提高经营管理水平的重要参谋，注册会计师已成为维系正常经济秩序、保障各方合法经济利益的重要社会监督力量。

注册会计师的执业资格标准是注册会计师这一职业群体与社会大众的一种契约标准，注册会计师考试是体现这一契约标准的重要途径之一，也是注册会计师行业人才建设和公信力建设的重要保证和基石。1991年，财政部注册会计师考试委员会先后发布了《注册会计师全国第一次统一考试、考核办法》《注册会计师考试命题原则》《注册会计师全国第一次统考考试工作规则》，从此初步形成了包括规范考试报名条件、考试科目、考试范围、试题结构等内容的考试基本制度以及考试组织管理制度。同年12月7日至8日，我国举办了第一届注册会计师全国统一考试。自此开始，经过二十多年的发展、改革与完善，注册会计师考试已成为国内声誉最高的职业资格考试之一。

近年来，参加我国注册会计师考试的考生人数明显增多，人们对于注会考试的重视程度也越来越高，但是在不断完善考试形式、丰富考试内容、强化考试管理、提升考试质量的过程中，我国注册会计师考试的难度也逐年加大。由于注册会计师考试涵盖的知识量大、知识面广而且更新迅速，又需要合理的应试策略，因此很多人甚至在学习阶段还没结束，就放弃了参加考试的计划。

高难度的考试需要高质量的备考辅导书，高顿财经研究院的研发团队在经过实践检验的名师讲义基础上融合最新注会考试更改内容，并增加了考霸笔记、微课点拨和智能测评等内容，将重点放在培养读者的专业知识、基本技能和职业道德要求上，形成了四个维度的一系列备考辅助资料，可谓逻辑清晰、结构新颖、内容翔实。"是金子总会发光的"，希望本系列备考辅导书能在广大注册会计师考生群体中引起共鸣，得到认可，也希望高顿财经研究院能再接再厉，多出精品。

在财政部制定的《会计改革与发展"十三五"规划纲要》中，我们可以看到，不久的将来，我国注册会计师行业的业务领域将得到显著扩展，在公共部门注册会计师审计、涉税服务、管理会计咨询、法务会计服务等新型业务领域，注册会计师们将大有作为。从另一个角度讲，我国对高品质注册会计师人才的需求将会更加迫切。希望会计教育界的同仁们一起，通过扎实的研究、踏实的工作和不懈的努力，共同为促进中国注册会计师行业的发展作出贡献！

刘永泽

前　言 Preface

作决定的刹那，我们有梦想，似乎也拥有无穷的勇气和动力。

备考CPA，是深思熟虑，还是一时冲动的决定？是技多不压身的淡定，还是对深刻蜕变的渴求？已然作出决定并付出代价的事，纵然有千万个"纵然"，我们都下定决心一战到底！

在奋战的路上，"放弃"却成了萦绕在我们心头的主旋律。

梦想是作决定时描绘的美好画卷，却遮盖不了路上的残酷。三千多页的教材，动摇着我们前行的决心；数千个怎么也吃不透的疑难问题，蚕食着我们仅存的动力；练习时的不知所措，终于把所有的勇气击退成一个个"无望"。而所有的"无望"最后都可能汇聚成"放弃"这首主旋律。你瞧那决战之地（考场上），过半之众已然凋零……

不言放弃，是前辈们用智慧战胜一个个无望所积聚的真正勇气。

他们化繁为简，于纷杂中厘清脉络，精炼要点；他们攻坚克难，用一行行笔记书写自己战胜疑难的心得；他们训练有方，通过有效的反馈，不断提升自己实战的能力。他们用自己的智慧战胜一个个"无望"，铸就"不言放弃"的真正勇气。

"四维考霸系列"正是将前辈们（名师与考霸）的这些智慧凝结成名师讲义、考霸笔记、微课点拨、智能测评这"四维"精要，帮你开启省时、省力、省心的备考之路，让你也拥有不言放弃的底气。

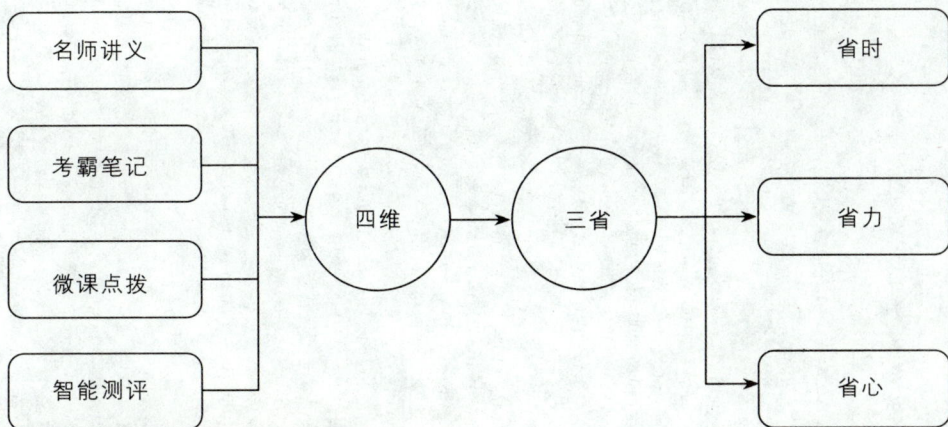

省时的教辅——名师独家精炼讲义，厘清重点！

名师讲义：本套教辅以高顿一线CPA名师10年教学积累的独家讲义为基础文本，涵盖全面、行文简明、结构清晰、内容精炼、可读性强，能帮考生花费更少的时间厘清脉络与重点。

省力的教辅——考霸智慧倾囊助力，攻坚克难！

考霸笔记：我们整理筛选了近百位注会考霸前辈的学习笔记，从最真实的备考视角出发，对考生在学习过程中可能存在的疑难点，通过考霸笔记的形式进行一一注释，使考生无须耗时费力钻研也能在最自然的学习情境中解决困惑。

微课点拨：对于书中知识点，感觉理解上有些难度、存有疑问的地方，考生可以扫描二维码，立即观看短视频微课。这些微课是由高顿一线讲师倾力打造的，3～5分钟精准解决具体问题，让考生无须费力检索就可以轻松获取帮助。全系列图书共两千多堂疑难点微课，让每一堂微课为你精准解决一个问题！

省心的教辅——免费经典应试题库，训练有方！

智能测评：对于书中各部分习题，考生均可扫描二维码，链接到高顿智能测评中心进行在线练习。并可进一步通过测评报告，了解自己的知识掌握情况，从而有针对性地进行复习强化训练。测评题目配有详细的文字解析，重点题目可选择观看视频解析，方便考生熟悉解题思路及答题技巧，使考生能够安心刷题，省心释疑。

我们衷心希望本套教辅能帮助广大考生获取不言放弃的底气，并顺利通过考试。但由于编者的时间和水平有限，在编写过程中难免出现一些疏漏和错误。在此，还望各位读者不吝批评指正，帮助我们不断提高和完善。

编　者

2019年4月

目 录 Contents

第三部分　跨章节综合集训

第一部分

命题趋势分析与备考建议

一、2019年注册会计师考试基本情况

（一）注册会计师总体考试情况

注册会计师全国统一考试是国家法定职业资格考试，由中国注册会计师协会（简称中注协）组织实施。1991年起，注册会计师考试制度不断完善，组织管理不断优化，目前考试划分为专业阶段考试和综合阶段考试，形成了"6+1"考试科目体系。根据中注协公布的数据，截至2018年年底，共有25.37万人通过CPA（注册会计师）考试并取得了全科合格证书。2018年，专业阶段考试有139.28万人报名（同比增加20.16%），6个科目合计报考科次381.56万（同比增加21.39%），再创造历史新高，平均出考率为35.46%，较2017年增加了1.78%。2018年专业阶段考试6个科目平均合格率为27.93%，比2017年提高了2.66%。

CPA考试拼的并不仅仅是智商，更是耐心和毅力，CPA出考率低的原因不是考试难度大，而是很多考生在备考过程中选择半途而废或是报名时的错误预估。备考CPA，只要坚持走到最后，你就会发现CPA并没有传说中那么难！

（二）本科目考试情况

CPA（注册会计师）考试"公司战略与风险管理"2018年的报考人数是41.86万，合格率为29.47%。"公司战略与风险管理"需要考生能够在了解知识点的基础上，灵活运用到考试案例中，考试相对比较灵活，同时题目与实际发生的事件联系较大。2019年教材内容的删减，对于广大考生来说是重大利好，但是在考试整体难度不变的前提下，对知识点的考查会更深入、更全面。要求考生学全、学细、学透，能够精确地还原知识点，同时还要能够根据题干描述，具体情况具体分析。

二、2019年教材各章节结构及重要程度分析

根据近几年考题情况，每一章知识难度、重要程度和高频题型分析见附表1-1。

附表1-1 各章考情表

章节名称	近三年平均分值	知识难度	重要程度	高频题型
第一章 战略与战略管理	5	★	★	选择题、主观题
第二章 战略分析	21	★★	★★★	选择题、主观题
第三章 战略选择	42	★★	★★★	选择题、主观题
第四章 战略实施	11	★★	★★	选择题、主观题
第五章 公司治理	2	★★	★	选择题、主观题
第六章 风险与风险管理	19	★★★	★★★	选择题、主观题

注：★表示次重要，★★表示重要，★★★表示十分重要。

三、2019年官方教材主要变化及分析

总体来说，2019年官方教材变化较大，主要变化的章节集中在第五章和第六章，建议考生重点关注新增及修改部分内容，具体见附表1-2。

附表1-2

2019年官方教材主要变化及分析

章节名称	主要变化及分析
第一章 战略与战略管理	**新增内容：** 新增2个案例 **修改内容：** 1.第一节的节名由"公司战略的基本理论"变为"公司战略的基本概念" 2.第二节的节名由"战略管理概述"变为"公司战略管理" **删除内容：** 第二节"二、战略管理的特征"中，删除"（四）战略管理是企业的一项效能性管理"
第二章 战略分析	**新增内容：** 新增5个案例
第三章 战略选择	**新增内容：** 新增11个案例
第四章 战略实施	**新增内容：** 新增5个案例
第五章 公司治理	**新增内容：** 1.新增4个案例 2.第一节增加"公司制企业的特征" 3.第三节新增"机构投资者的特征"和"机构投资者参与公司治理" **修改内容：** 1.将原书第一节和第二节合并，节名变为"公司治理概述" 2.将原书第二节"'内部人控制'问题主要表现"进行重新编写，将原书"'隧道挖掘'问题的表现"进行重新编写，新增"（三）如何保护中小股东的权益" **删除内容：** 1.删除"二、企业理论" 2.第三节删去"机构投资者的行动主义内涵" 3.删除2个案例
第六章 风险与风险管理	**新增内容：** 1.新增10个案例，将原部分案例进行修改 2.增加"从内部控制角度展开几个主要运营风险"和"财务风险" **修改内容：** 1.内部控制应用指引由12个重新增加到18个 2.第一节的节名由"风险管理基本原理"变为"风险与风险管理概述" 3.补充完善了"政治风险的表现" 4.将原书第七章中关于"审计委员会"和"内部控制的要素"的相关内容移到了第四节 **删除内容：** 1.删除原书"第七章 内部控制"，将其部分内容整合到原来的第六章中去 2.原书"第六章 风险与风险管理"第一节中删除了"自然环境风险""产业风险""操作风险"

四、历年考试命题规律总结及2019年命题趋势分析

1.考试题型、题量与分值

2019年"公司战略与风险管理"科目的题型、题量和分值情况见附表1-3，供考生参考。

附表1-3 　　　　　　　**2019年"公司战略与风险管理"科目考试信息表**

项目	题型	说明	题量	分值	考试时间分配建议	
客观题 （分值：45分）	单项选择题	每题1分	24	24	18分钟	45秒/题
	多项选择题	每题1.5分	14	21	22分钟	90秒/题
主观题 （分值：55分）	简答题	6分、8分、8分、8分	4	30	40分钟	10分钟/题
	综合题	25分	1	25	40分钟	40分钟/题
合计			43	100	120分钟	

2.考试命题规律及趋势分析

《公司战略与风险管理》一书（正文部分）相对CPA其他教材较薄，理解难度相对而言并不大，容易让考生产生"战略非常简单，背了就能过"的错觉。但是见识过真题之后同学们就会知道该科目考试并不是想象中那么简单。我们在对历年真题进行研究的基础上，分析出近五年出题的方向和趋势，并给出了相应的应对策略，具体如下：

（1）客观题：覆盖范围广，考查灵活。

客观题包括单项选择题和多项选择题。客观题考查范围广，重点与非重点都有可能涉及，要求考生对教材有全面认识。

近年来，直接考查知识点文字描述的客观题比例有所降低。多以小案例的形式出现，考查知识点的灵活运用。所以在学习中不能仅限于背诵，还需要理解相关内容。

（2）主观题：应用为主，默写为辅。

主观题包括简答题与综合题。主观题全部以案例形式呈现，考查对知识点的分析应用能力。案例长度变长、题量略微增加、考查更加灵活，是主观题的趋势和特点。因此，考生对于本科目的认识不能仅仅停留在"背了就行"的层面上。

（3）总体趋势和应对策略（见附表1-4）。

附表1-4 　　　　　　　**总体趋势和应对策略表**

总体趋势	应对策略
趋势一：命题更加灵活	在理解记忆的同时，注重思考与分析，活学活用，才能打胜仗
趋势二：题干变长，阅读量变大	平时培养阅读习惯，多关注财经类新闻和文章，不仅可以掌握行业动态，还可以提升阅读速度，对考试大有裨益
趋势三：考试更贴近生活 （例如：××手机炸了，体现了什么类型的风险？）	做生活中的有心人，不妨多阅读热点新闻，平时多思考，修炼到家，考试时才能稳如泰山、坚如磐石

五、应试备考建议

1.制订合理的学习计划并严格执行

"凡事预则立，不预则废"。备考之前，一定要制订清晰、实用的学习计划。这里给大家的建议是将整个备考过程分为三个阶段：

第一阶段：基础阶段（见附表1-5）

附表1-5　　　　　　　　　　　　基础阶段计划表

目标	建立知识框架，打好基础，攻克客观题
内容	通读教材，听课辅助理解，按章做题
方法	本阶段应以章为单位，借助网课和真题，对教材进行整体通读和理解，步步为营，打好基础 **第一步：通读教材** 对官方教材进行通读，不需要搞清楚哪些是重点、哪些是非重点，囫囵吞枣般地看过一遍。此时无须刻意记忆，对知识点不能全部弄明白也没关系，但是一定要对教材整体知识架构有所了解，对知识点有大致印象，能建立简单的知识框架 **第二步：听课辅助理解** 在通读教材的同时，需要通过听课来进行辅助理解。在老师讲解的基础上，通过思考、自我举例等，搞清楚每一个知识点的内容。由于仍处于基础阶段，对于教材所有知识点要求全面理解，不能厚此薄彼。注意：此时不推荐同学们记忆主观题考点 <u>**第三步：整章练习**</u> 每学习完一章的知识点之后，即进行整章练习。本阶段应以选择题为主，推荐使用历年真题进行练习。集中练习客观题，一方面可以熟悉命题形式，另一方面可以回顾知识点，以加深理解和记忆，培养灵活运用知识点的能力 针对错题，一定要用专门的错题本记录下来，并加以反复练习和思考，直至完全弄懂为止 综上所述，通过"三步走"的学习方法完成基础阶段的学习后，大家应当足以应对考试的选择题部分了

建议学习时间：130小时 ~ 160小时。

（说明：各阶段的"建议学习时间"是高顿统计的平均数字，指投入的有效学习时间，仅供参考。请考生根据自己的实际情况，制订个人的学习计划）

第二阶段：强化阶段（见附表1-6）

附表1-6　　　　　　　　　　　　强化阶段计划表

目标	主观题专项突破
内容	记忆主观题知识点，按章练习主观题
方法	在本阶段，要着重针对可以考查主观题的知识点，在理解的基础上加以记忆。记忆时，抓住关键字，理清内在逻辑会让背诵更加轻松 背诵完成后，仍然以章节为单位，进行主观题练习。此时，使用历年真题帮助同学们培养题感，在做主观题的过程中还需要揣摩解题套路 强化阶段完成后，大家应当足以应对考试的主观题部分了

建议学习时间：35小时 ~ 45小时。

第三阶段：冲刺阶段（见附表1-7）

建议学习时间：35小时~45小时。

附表1-7　　　　　　　　　　　　冲刺阶段计划表

目标	熟悉机考，培养考感，查缺补漏
内容	套卷模拟测试，整体复习与回顾
方法	考前那一段时间，还需要好好"磨刀" 在这段时间里，套卷练习必不可少。注意，整卷练习是需要在完全模拟考试的环境中进行的，因此需要遵守考试时间（2个小时），也需要在机考环境下进行模拟。试卷完成后必须进行反思，查缺补漏。这样才能在最后的一点时间内有效提分 除此之外，要以每章的知识框架为脉络，将学习过程中自己总结的重难点知识、高频考点再次整体回顾一遍，并翻开错题本，对相关考点再次巩固温习 冲刺阶段完成后，大家就可以从容步入考场，成功已经在向你招手了

2. 合理分配考试时间

"公司战略与风险管理"科目的考题题干长、主观题文字输入量大，而考试时间只有2小时，时间是非常紧张的。建议考生从三方面着手，提高答题速度：

（1）在冲刺阶段，需要练习在机考环境下的主观题答题，使自己熟练使用复制和粘贴功能，这样可以大大提高主观题的答题速度。

（2）在平时的学习过程中，需要培养良好的阅读习惯，看见一段话之后，建议训练自己提炼关键字的速度，这样考试中可以节约在案例里寻找信息的时间。

（3）在平时的练习中要注意提高答题效率，在考试中将有限的时间合理分配给各种题型，通关的几率就会大大提升。

了解了考试的命题规律和备考方法建议，接下来，就请你严格执行学习计划，一步一个脚印，千万不要轻易放弃！CPA考试是一场马拉松，胜利属于坚持到最后的人！

第二部分

应试辅导与强化训练

第一章
战略与战略管理

考霸笔记
本章近三年考试分值在4分左右，考试题型为客观题和简答题。本章内容相对不多，主要以理解为主，记忆部分内容较少。学习时联系实际案例，会是一个轻松愉快的过程。

本章框架图

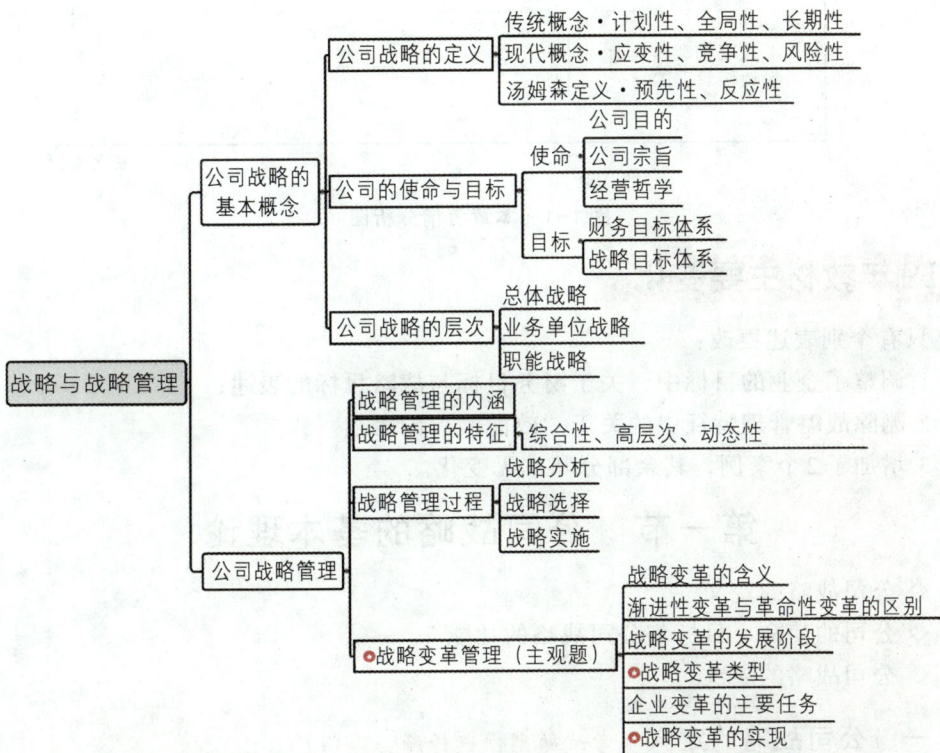

本章考情概述

同学们翻开书开始备考之前，有没有想过自己决定考CPA这个决策是怎么做出来的呢？事实上，同学们在生活中做的每一个决策讲得"高大上"一点，都可以被称为战略决策，大家做决策前经历的心路历程都可以称为战略管理流程。这也恰巧是本书开篇第一章要讲述的内容。本章主要介绍了公司战略的基本理论，包括公司战略的定义、使命与目标，战略管理过程和战略变革管理。

本章近年平均分值一般为4分左右，属于不大重要的考试章节，考试题型多以选择题为主，但战略变革管理可能涉及主观题考查。近三年主要考点为：（1）公司战略的概念；（2）公司的使命与目标；（3）公司战略的三个层次；（4）战略管理过程；（5）战略变革管理。其中，需要重点关注战略变革管理，此处主观题出题概率较大。

从备考角度而言，本章整体难度偏低，几乎没有背诵量，复习时应以理解为主，适当记忆：（1）战略变革的类型；（2）克服变革阻力的策略。本章考情分析图如图1-1所示。

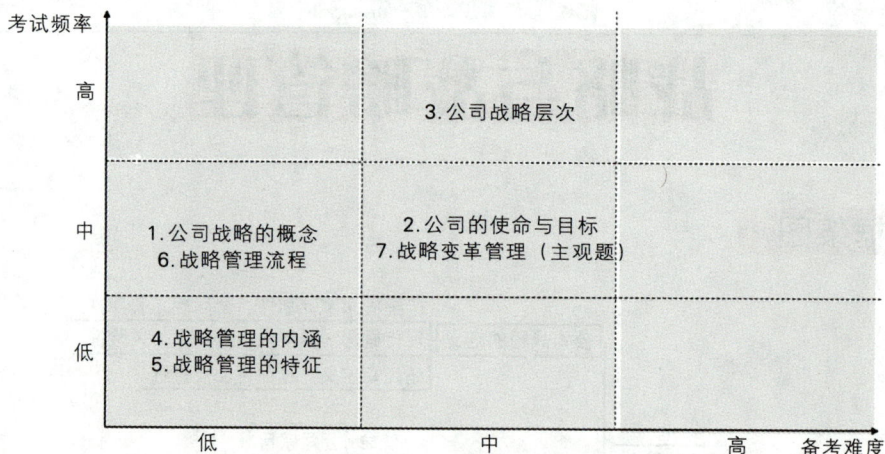

图1-1　本章考情分析图

2019年教材主要变化

只有个别表述更改：

1. 调整了企业的目标中，关于财务目标与战略目标的表述；
2. 删除战略管理特征中的关于"效能性"的表述。
3. 增加了2个案例，其余部分基本无变化。

第一节　公司战略的基本理论

◇ 公司战略的定义
◇ 公司的使命、目标与公司战略的功能
◇ 公司战略的层次

考霸笔记
突出：有预谋的→一段时间内不再改变→静态的。

一、公司战略的定义 （考试题型：选择题，冷门）

钱德勒对战略的定义：确定企业基本长期目标、选择行动途径和为实现这些目标进行资源分配。可以将战略的概念用传统概念和现代概念来分类。

（一）公司战略的传统概念

考霸笔记
突出：适应环境→随着环境变化而变化→动态的。

波特（Porter M.）对战略的定义堪称公司战略传统定义的典型代表："……战略是公司为之奋斗的一些**终点**与公司为达到它们而寻求的**途径**的结合物。"它强调公司战略的一方面属性——**计划性、全局性和长期性**。

（二）公司战略的现代概念

公司战略的现代概念和传统概念的区别？

加拿大学者明茨伯格（Mintzburg H.）将战略定义为"一系列或整套的决策或行动方式"，**这套方式包括刻意安排的（即计划性）战略和任何临时出现的（即非计划性）战略。**

✓ 传统概念VS现代概念 （高频考点）

• 现代概念认为战略只包括为达到企业的终点而寻求的途径，而不包括企业终点本身。

● 从本质区别看，现代概念更强调战略的另一方面属性——<u>应变性、竞争性和风险性</u>。

美国学者汤姆森（Tomson S）1998年指出，"战略既是预先性的（预谋战略），又是反应性的（适应性战略）"。

【总结】（见表1-1）

表1-1　　　　　　　　　　　　　公司战略的定义

项目	代表人物	战略概念	属性	案例
传统概念	波特	终点+途径	计划性、全局性、长期性	
现代概念	明茨伯格	途径	应变性、竞争性、风险性	华为：战略就是活着
综合概念	汤姆森	—	预先性、反应性	IBM的发家史

二、公司的使命、目标与公司战略的功能

（一）公司的使命

公司的使命首先是要阐明企业组织的根本性质与存在理由，一般包括三个调整方面：

1. 公司目的

公司目的是企业组织的<u>根本性质和存在理由</u>的直接体现。

组织按其存在理由可以<u>分为两大类</u>：营利组织和非营利组织（见表1-2）。

表1-2　　　　　　　　　　　　　　组织类型

组织类型	首要目的	次要目的	举例
营利组织	为其所有者带来经济价值	履行社会责任，以保障企业主要经济目标的实现	企业
非营利组织	提高社会福利、促进政治和社会变革，而不是营利		世界卫生组织；红十字会

2. 公司宗旨

公司宗旨旨在阐述公司长期的战略意向，其具体内容主要说明公司目前和未来所从事的经营业务范围。公司的<u>业务范围</u>应包括企业的产品（或服务）、顾客对象、市场和技术等几个方面。

3. 经营哲学

经营哲学是公司为其经营活动确立的价值观、基本信念和行为准则，是<u>企业文化</u>的高度概括。经营哲学主要通过公司对利益相关者的态度、公司提倡的共同价值观、政策和目标以及管理风格等方面体现出来。经营哲学同样影响着公司的经营范围和经营效果。

【总结】（见表1-3）

分类需注意（真题考查过）

表1-3 公司的使命

公司目的	公司目的是企业组织的根本性质和存在理由的直接体现，分为营利（首要目的：为其所有者带来经济价值，次要目的：履行社会责任）与非营利
公司宗旨	公司宗旨旨在阐述公司长期的战略意向，其具体内容主要说明公司目前和未来所要从事的经营业务范围 公司的业务范围应包括企业的产品（或服务）、顾客对象、市场和技术等几个方面
经营哲学	经营哲学是公司为其经营活动所确立的价值观、基本信念和行为准则，是企业文化的高度概括 经营哲学主要通过公司对利益相关者的态度、公司提倡的共同价值观、政策和目标以及管理风格等方面体现出来

（二）**公司的目标** （选择题，需要掌握财务目标与战略目标的区分）

公司目标是公司使命的具体化。德鲁克对公司目标作了恰如其分的概括："目标是企业的基本战略。"

公司目标是一个体系。建立目标体系的目的是将公司的业务使命转换成明确具体的业绩目标，从而使得公司的发展有一个可以测度的标准。

从整个公司的角度来看，需要建立两种类型的业绩标准：和财务业绩有关的业绩标准以及和战略业绩有关的标准。获取良好的财务业绩和良好的战略业绩要求公司的管理层既建立财务目标体系又建立战略目标体系。目标体系表见表1-4。

表1-4 公司的目标

财务目标体系	市场占有率、收益增长率、投资回报率、股利增长率、股票价格评价、现金流以及公司的信任度，等等
战略目标体系	获取足够的市场竞争优势，在产品质量、客户服务或产品革新等方面压倒竞争对手，使整体成本低于竞争对手的成本，提高公司在客户中的声誉，在国际市场上建立更强大的立足点，树立技术上的领导地位，获得持久的竞争优势，抓住诱人的成长机会，等等

【注意】

- 财务目标体系和战略目标体系都应该从短期和长期目标两个角度体现出来。
- 目标体系的建立需要所有管理者的参与。 （过于绝对，需额外关注）

三、公司战略的层次 (✔考试题型：选择题)

备考建议：爱考的选择题考点，一般以小案例的形式出现，需要判断案例中涉及的战略类型，也可以以简单的文字描述的形式出现，考查知识点的直接还原。

学习提示：本知识点与第三章战略选择关联性大。第一次学习，掌握【总结】部分内容即可。学习完第三章，回过头再看本知识点，可以加深理解。

一般将战略分为三个层次：总体战略（Corporate Strategy）、业务单位战略或竞争战略（Business or Competitive Strategy）和职能战略（Operational Strategy）。

（一）总体战略（公司层战略）

根据企业的目标，选择企业可以竞争的经营领域，合理配置企业经营所必需的资源，使各项经营业务相互支持、相互协调。

（二）业务单位战略（竞争战略）

针对不断变化的外部环境，在各自的经营领域中有效竞争。

（三）职能战略（职能层战略）

主要涉及企业内各职能部门，如营销、财务、生产、研发（R&D）、人力资源、信息技术等，如何更好地配置企业内部资源，为各级战略服务，提高组织效率。

【总结】（见表1-5）

表1-5　　　　　　　　公司战略层次归纳表

战略层次	管理层次	侧重点	影响范围
总体战略（公司层战略）	公司最高管理层	业务组合，资源配置	经营领域，整个企业的财务结构和组织结构方面等
业务单位战略（竞争战略）	事业部门管理层	竞争	各业务单位的主管以及辅助人员
职能战略（职能层战略）	职能部门管理层	效率；协同作用	企业内各职能部门，如营销、财务、生产、研发（R&D）、人力资源、信息技术等

【注意】 对于一家单业务公司来说，总体战略和业务单位战略只有一个，即合二为一，但是，这家公司仍然拥有三个层次的战略。

第二节　公司战略管理

◇ 战略管理的内涵

◇ 战略管理的特征

◇ 战略管理过程

◇ 战略变革管理

一、战略管理的内涵

安索夫：战略管理是指将企业的日常业务决策同长期计划决策相结合而形成的一系列经营管理业务。

斯坦纳：战略管理是根据企业外部环境和内部条件确定企业目标，保证目标的正确落实并使企业使命最终得以实现的一个动态过程。

战略管理的基本内容：企业战略指导着企业的一切活动，企业战略管理的重点是制定和实施企业战略，制定和实施企业战略的关键是对企业的外部环境和内部条件进行分析，并在此基础上确定企业的使命和战略目标，使它们之间形成并保持动态平衡。

战略管理的含义：企业战略管理是为实现企业的使命和战略目标，科学地分析企业的内外部环境与条件，制定战略决策，评估、选择并实施战略方案，控制战略绩效的动态管理过程。

二、战略管理的特征

（一）战略管理是企业的综合性管理

战略管理为企业的发展指明基本方向和前进道路，是各项管理活动的精髓。战略管理是一项涉及企业所有管理部门、业务单位及所有相关因素的管理活动。

（二）战略管理是企业的高层次管理

战略管理的核心是对企业现在及未来的整体经营活动进行规划和管理，它是一种关系到企业长远生存发展的管理。战略管理必须由企业的高层领导来推动和实施。

（三）战略管理是企业的一种动态性管理

企业战略管理活动应具有动态性，即适应企业内外部各种条件和因素的变化进行适当调整或变更。

三、战略管理过程

> ✓学习提示：本部分内容是教材战略部分的总体框架。学习时，掌握大标题、备注中的内容和总结，就足以应对考试。若有一些内容不能理解，也比较正常，待学习完后面章节，疑惑都能得到解决。备考建议：建议学完后续章节，回过头再看一次知识点，加深理解。

一般说来，战略管理包含三个关键要素：

战略分析——了解组织所处的环境和相对竞争地位；

战略选择——战略制定、评价和选择；

战略实施——采取措施使战略发挥作用。

（一）战略分析（战略管理过程的起点）

战略分析的主要目的是评价影响企业目前和今后发展的关键因素，并确定在战略选择步骤中的具体影响因素。战略分析的内容，如图1-2所示。

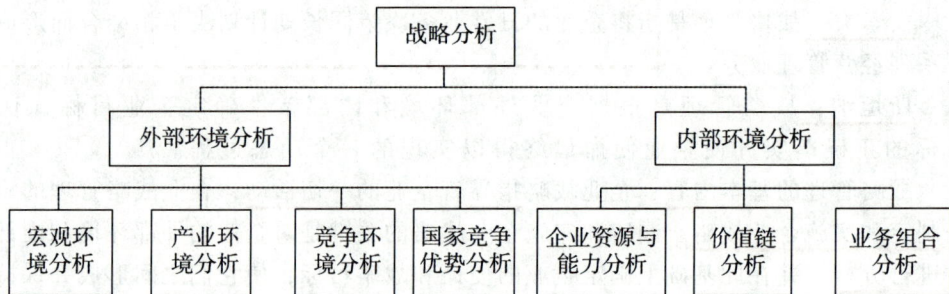

图1-2 战略分析

（二）战略选择

战略分析阶段明确了"企业目前处于什么位置"，战略选择阶段所要回答的问题是"企业向何处发展"。

企业在战略选择阶段要考虑可选择的战略类型和战略选择过程两个方面的问题。

1.可选择的战略类型

在公司战略的三个层次上存在着各种不同的战略类型，如图1-3所示。

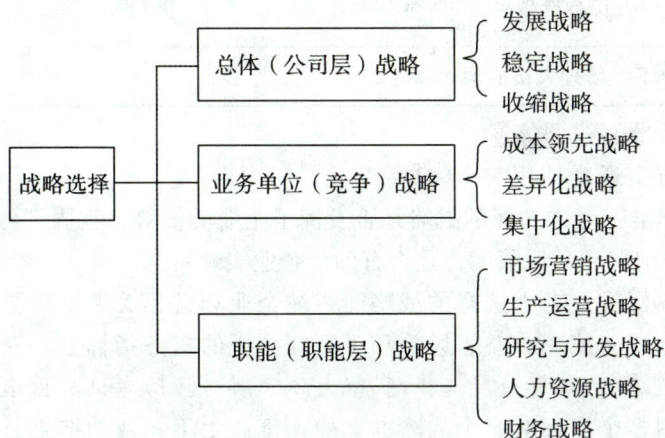

考霸笔记
图形部分是第三章战略选择的主体框架，可以结合第三章深入理解。

图 1-3　公司战略

2.战略选择过程（考试题型：选择题）

约翰逊和施乐斯（Johnson G.& Scholes K.）在1989年提出了战略选择过程的三个组成部分：

（1）制订战略选择方案。

在制定战略过程中，可供选择的方案越多越好。根据不同层次管理人员介入战略分析和战略选择工作的程度，可以将战略形成的方法分为三种形式：

①自上而下的方法。即先由企业总部的高层管理人员制定企业的总体战略，然后由下属各部门根据自身的实际情况将企业的总体战略具体化，形成系统的战略方案。

②自下而上的方法。在制定战略时，企业最高管理层对下属部门不作具体规定，而要求各部门积极提交战略方案。企业最高管理层在各部门提交的战略方案基础上，加以协调和平衡，对各部门的战略方案进行必要的修改后加以确认。

③上下结合的方法。即企业最高管理层和下属各部门的管理人员共同参与，通过上下级管理人员的沟通和磋商，制定出适宜的战略。

三种方法的主要区别在于战略制定过程中对集权与分权程度的把握。企业可以从对企业整体目标的保障、对中下层管理人员积极性的发挥，以及企业各部门战略方案的协调等多个角度考虑，选择适宜的战略制定方法。

【总结】（见表1-6）（细小知识点，提防考试时出选择题）

战略形成的方法有哪些？其特征是什么？

考霸笔记
考试题型：选择题。考试套路：以案例形式考查，需要考生根据案例描述作判断。

考霸笔记
细小知识点，提防考试时出选择题。

表 1-6　　　　　　　　　制订战略选择方案的形式

方法	步骤			区别
自上而下	1.高层管理人员制定企业的总体战略	2.下属部门具体化		集权与分权程度
自下而上	1.最高管理层对下属部门不作具体规定	2.下属部门积极提交战略方案	3.最高管理层加以协调和平衡	
上下结合	上下级管理人员的沟通和磋商			

（2）评估战略备选方案。

评估备选方案通常使用三个**标准**：

①适宜性标准：考虑选择的战略是否发挥了企业的优势，克服了劣势，是否利用了机会，将威胁削弱到最低限度，是否有助于企业实现目标。

②可接受性标准：考虑选择的战略能否被企业利益相关者所接受。

③可行性标准：战略收益、风险和可行性分析的财务指标上。

（3）选择战略。（理解应对选择题）（大体了解，提防考试时出选择题）

如果由于用多个指标对多个战略方案的评价产生不一致的结果，最终的战略选择可以考虑以下几种方法：

①根据企业目标选择战略。企业目标是企业使命的具体体现，因而选择对实现企业目标最有利的战略方案。

②提交上级管理部门审批。对于中下层机构的战略方案，提交上级管理部门审批能够使最终选择的方案更加符合企业整体战略目标。

③聘请外部机构。聘请外部咨询专家负责战略选择工作，利用专家们广博的知识和丰富的经验，能够提供较客观的看法。

【总结】（见表 1-7）

表 1-7　　　　　　　　　战略选择过程

战略选择过程	相关内容	
1.制订战略选择方案	①自上而下：高层制定总体战略，下属部门具体化 ②自下而上：协调平衡 ③上下结合：沟通、磋商	集权VS分权
2.评估战略备选方案	①适宜性 考虑选择的战略是否发挥了企业的优势，克服了劣势，是否利用了机会，将威胁削弱到最低程度，是否有助于企业实现目标 ②可接受性 即考虑选择的战略能否被企业利益相关者所接受 ③可行性（有没有能力干，能不能干） 战略收益、风险和可行性分析	
3.选择战略	①根据企业目标选择战略 ②提交上级管理部门审批 ③聘请外部机构	

（4）战略政策和计划。制定有关研究与开发，资本需求和人力资源等部门的政策和计划。

（三）战略实施

战略实施就是将战略转化为行动。战略实施要解决以下几个主要问题：

（1）为使战略成功，企业需要有一个有效的组织结构。

确定组织结构类型涉及如何分配企业内的工作职责范围和决策权力，如：

①企业的管理结构是高长型还是扁平型；

②决策权力是集中还是分散；

③企业的组织结构类型能否适应公司战略的定位；

（2）保证人员和制度的有效管理。

（3）正确处理和协调公司内部关系。

（4）选择适当的组织协调和控制系统。

（5）协调好战略、结构、文化和控制诸方面的关系。

【注意】战略管理是一个循环往复的过程，而不是一次性的工作。

四、战略变革管理（非常重要！！！）

（一）什么是战略变革

企业战略变革是指企业为了获得可持续的竞争优势，根据所处的内外部环境已经发生或预测会发生的变化，结合环境、战略、组织三者之间的动态协调性原则，并涉及企业组织要素同步支持性变化，改变企业战略内容的发起、实施、可持续化的系统性过程。

（二）战略变革的涵义

1. 渐进性变革与革命性变革的区别（见表1-8）

表1-8　　　　　　　　　渐近性变革与革命性变革的区别

渐进性变革的特点	革命性变革的特点
在企业生命周期中常常发生 稳定的推进变化 影响企业体系的某些部分	在企业生命周期中不常发生 全面转化 影响整个企业体系

2. 战略变革的发展阶段

提出者：约翰逊（Johnson G.）和施乐斯（Scholes K.）

理论：

（1）连续阶段：在这个阶段中，制定的战略基本上没有发生大的变化，仅有一些小的修正。

（2）渐进阶段：在这个阶段中，战略发生缓慢的变化。这种变化可能是零打碎敲性的，也可能是系统性的。

（3）不断改变阶段：在这个阶段中，战略变化呈现无方向或无重心的特点。

（4）全面阶段：在这个阶段中，企业战略是在一个较短的时间内发生革命性或转化性的变化。

【总结】 如图1-4所示。

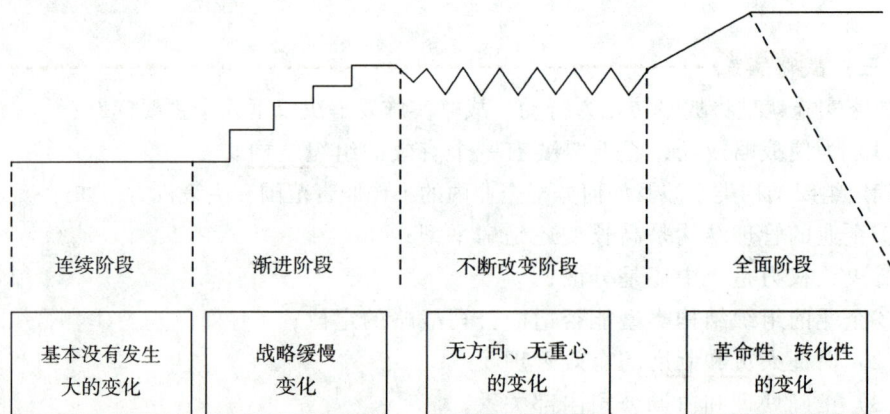

图1-4 战略变革形式的演变

（三）战略变革的类型

✔学习提示：选择题或主观题爱考的考点，一般以小案例形式出现，需要你判断案例涉及的变革类型，主观题套路与选择题一致，你在判断的基础上要联系案例说明判断原因
复习指导：要求掌握4种类型的名称，并能够根据案例判断变革属于哪种类型

戴富特（Daft R.L.）在1992年对企业为了适应环境和在市场条件下生存而推行的战略变革进行了分类，共有**4种类型**：

1.技术变革

技术变革涉及工作方法、设备和工作流程等生产产品和服务技术。

2.产品和服务变革

包括开发新产品或改进现有产品，这在很大程度上影响着市场机会。

3.结构和体系变革

指企业运作的管理方法的变革，包括结构变化、政策变化和控制系统变化。

4.人员变革

指企业员工价值观、工作态度、技能和行为方式的转变，目的是确保职工努力工作，完成企业目标。

（四）企业战略变革的主要任务 ✔了解，冷门考点。

1.调整企业理念

调整企业理念，首先要确定<u>企业使命</u>①；其次要确立<u>经营思想</u>②；最后要靠行为准则约束和要求员工③，使他们在企业经营活动中必须遵守一系列行为准则和规定。

2.<u>企业战略重新进行定位</u>

根据迈克尔·波特的观点，帮助企业获得竞争优势而进行的战略定位实际上就是在价值链配置系统中从<u>产品范围、市场范围和企业价值系统范围</u>三方面进行定位的选择过程。

3.<u>重新设计企业的组织结构</u>

【总结】（见表1-9）

表1-9　　　　　　　　　　企业战略变革的主要任务

项目	主要任务	具体内容
企业战略变革的主要任务	1.调整企业理念	（1）确定企业使命 （2）确立经营思想 （3）靠行为准则约束和要求员工
	2.企业战略重新进行定位	在价值链配置系统中从以下三方面进行定位： （1）产品范围 （2）市场范围 （3）企业价值系统范围
	3.重新设计企业的组织结构	

（五）战略变革的实现

在战略变革中对人的行为的掌控是最重要也是最困难的。因此，要保证战略变革的实现需要从变革的支持者、抵制者两个方面入手做好工作，克服变革的阻力，以保证战略变革的实现。

1.变革的支持者推进战略变革的步骤

（1）高级管理层是变革方面的战略家并决定应该做什么。

（2）指定一个代理人来掌握变革。

高级管理层通常有三种作用：

①如果变革激化了代理人和企业中的利益团体之间的矛盾，高级管理层应当支持代理人；

②审议和监控变革的进程；

③签署和批准变革，并保证将它们公开。

（3）变革代理人必须赢得关键部门管理人员的支持。

（4）变革代理人应督促各管理人员立即行动起来，并给予后者必要的支持。

2.变革受到抵制的原因与实现过程中的障碍

变革受到抵制的原因可能是变革会对人们的境遇甚至下列领域的健康产生重要的影响：

（1）生理变化。这是由工作模式、工作地点的变化造成的。

（2）环境变化。如住新房子、建立新的关系、按照新的规则工作（这种新规则包括学习新的工作方式）等。

（3）心理变化。

①迷失方向。例如，当变革涉及设定一种新的角色或者新的关系时，会产生心理变化。

②不确定性可能导致无安全感。尤其是变革涉及工作或者快速的环境适应性，一个短期学习曲线可能导致感觉能力有限。

③无助。如果看到外力引起的变动难以抗拒，个人会感到无助，变革就会受到

威胁。

基于上述的不同因素，变革会面临如下障碍（见表1-10）：

表1-10　　　　　　　　　　　变革的障碍

文化障碍	当企业所面对的环境发生了变化，并要求企业适应这种变化以求得生存时，原有文化的惯性会阻碍变革的进程
私人障碍	（1）习惯；（2）经济收入；（3）未知的恐惧；（4）选择性的信息处理

3.克服变革阻力的策略

考情分析：主观题爱考的考点，选择题爱考的考点。选择题一般考查知识点的直接还原，也可以小案例的形式出现，需要考生分析案例涉及的克服阻力的策略。主观题通常以大案例形式出现，一般需要考生提建议，考查知识点的直接默写。大标题必须掌握！

在处理变革的阻力时，管理层应当考虑变革的三个方面：变革的节奏、变革的管理方式和变革的范围。

（1）变革的节奏。（快或者慢）

（2）变革的管理方式。采取适宜的变革管理方式对于构建良好的氛围、明确变革的需求、平息对变革的抵制和恐惧情绪是非常重要的。

- 鼓励冲突领域的对话；
- 为员工提供针对新技能和系统应用的学习课程；
- 做好宣传，与员工进行沟通，广泛地听取员工的意见；
- 鼓励个人参与；
- 必要时采取强硬措施。

关注 ✔注意选择题。

（3）变革的范围。应当认真审阅变革的范围，范围很大的转变会带来巨大的不安全感和较多的刺激。

智能测评

在线练习		我要提问
扫码在线做题	扫码看答案	扫码答疑

本书"本章同步强化训练"均配备二维码，打开微信"扫一扫"即可完成在线测评，查看本章详细的测评反馈报告，了解知识掌握情况，也可扫码直接看答案噢。

快来扫码做题吧！

本书配备答疑专用二维码，打开微信"扫一扫"，即可完成在线提问，获取专业老师全面、个性化解答，让学习问题不再拖延。

快来扫码提问吧！

本章同步强化训练

一、单选题

1.以营利为目的而成立的组织，其首要目的是（　　　）。

A.保证员工利益　　　　　　　　　　B.实现经营者期望

C.履行社会职责　　　　　　　　　　D.为其所有者带来经济价值

2.下列各项表述中可以作为企业使命的是（　　　）。

A.加强开发项目的质量管理

B.5年内在市区建成2个地标性建筑

C.为城市建设的现代化、特色化、合理化添砖加瓦

D.在开发某地标建筑时，以中国传统文化为基础融入科技元素

3.甲集团是国内大型粮油集团，近年来致力于从田间到餐桌的产业链建设，2008年收购了以非油炸方式生产"健康"牌方便面的乙公司，并全面更换了乙公司的管理团队。2009年"健康"牌方便面市场份额下降，为了从竞争激烈的方便面市场上重新赢得原有市场份额，2010年年初需要制定方便面竞争战略。该竞争战略属于（　　　）。

A.公司战略　　　　　　　　　　　　B.业务单位战略

C.产品战略　　　　　　　　　　　　D.职能战略

4.下列各项中，属于多元化公司总体战略的核心要素的是（　　　）。

A.明确企业竞争战略

B.选择企业可以竞争的经营领域

C.协调每个职能中各种活动之间的关系

D.协调不同职能与业务流程之间的关系

5.下列各项中，不属于职能战略的是（　　　）。

A.市场营销战略　　　　　　　　　　B.生产运营战略

C.财务战略　　　　　　　　　　　　D.差异化战略

6.甲电器股份有限公司是目前全球最大的集研发、生产、销售、服务于一体的国有控股专业化空调企业。2013年，该公司在制定未来发展规划时，要求各部门积极提交战略方案，企业最高管理层在各部门提交战略方案的基础上，加以协调平衡，对各部门的战略方案进行必要的修改后加以确认。该公司战略形成的方法为（　　　）。

A.自上而下　　　　B.自下而上　　　　C.上下结合　　　　D.上下并行

7.甲公司预定在2018年年底将工作场所从北京搬到深圳，计划公布后，遭受了甲公司员工的一致抵制。甲公司变革受到抵制的原因有（　　　）。

A.生理变化　　　　　　　　　　　　B.心理变化

C.环境变化　　　　　　　　　　　　D.不确定性可能导致无安全感

8.甲公司是一家专门生产医药产品的企业，为进一步适宜快速变化的环境，进行了一系列的变革，包括调整组织结构和改进管理方法。甲公司战略变革的类型为（　　　）。

A.技术变革　　　　B.产品服务变革　　　　C.结构体系变革　　　　D.人员变革

9.下列关于战略变革的类型，表述错误的是（　　　）。

A.技术变革涉及工作方法、设备和工作流程等生产产品和服务技术

B.产品和服务变革是企业产出的变革，包括开发新产品或改进现有产品，这在很大程度上影响着市场机会

C.结构和体系变革指企业运作的管理方法的变革

D.员工价值观的转变不属于战略变革

10.小牛公司在进行战略变革时，管理层引导大家参与决策方案的讨论，为变革献计献策，并采取适宜的变革管理方式以便构建良好的氛围。这体现了克服变革阻力的策略有（　　　）。

A.管理者的态度 　　　　　　　　　　B.变革的节奏

C.变革的管理方式 　　　　　　　　　D.变革的范围

二、多选题

1.下列关于现代战略和传统战略概念的主要区别说法正确的是（　　　）。

A.现代战略只包括为达到企业的终点而寻求的途径，而不包括企业的终点

B.现代战略强调应变性、风险性、竞争性

C.传统战略强调计划性、全局性、长期性

D.现代战略是"一系列或整套的决策或行动方式"

2.公司战略的现代概念强调战略的（　　　）。

A.全局性 　　　　　B.竞争性 　　　　　C.风险性 　　　　　D.应变性

3.下列关于公司建立战略目标体系目的的表述中，正确的有（　　　）。

A.获取足够的竞争优势 　　　　　　　B.获得良好的公司信任度

C.提高公司在客户中的声誉 　　　　　D.提升市场占有率

4.下列选项中，关于公司目标说法准确的是（　　　）。

A.公司目标是抽象的，是一种衡量工作成绩的标准

B.公司目标是公司使命的具体化

C.目标体的建立需要所有员工的参与

D.财务目标体系必须从短期和长期两个角度体现出来

5.与传统的职能管理相比，战略管理具有的特征有（　　　）。

A.综合性 　　　　　B.高层次 　　　　　C.动态性 　　　　　D.反应性

6.近年来，随着互联网科技的进步，教育产业已开始升级换代，在线学习已渗入人们的日常生活当中，变成了一种刚需消费。传统教育企业不得不进行战略变革，下列做法正确的有（　　　）。

A.战略委员会指定了一名高管负责这次的公司变革，战略委员会也在其中发挥了协调、审议、批准和公布的作用

B.变革代理人为了实行策划已久的市场营销方式的战略变革，征询了各个分校销售经理的意见

C.变革代理人为了督促各市场部经理立即行动起来召开了专门会议，并把变革的实施落实到了每一位到场的经理

D.战略委员会审核通过了变革代理人的一项重要变革，由于涉及范围太广并且涉及当前一些敏感问题，因此决定择期公布

第二章
战略分析

本章导学

第二章

考霸笔记
本章近三年考试分值为19分左右，考试题型一般为客观题、简答题或综合题。多以模型为主，看到模型要有感觉，知道这个模型大概说了哪些内容。

本章框架图

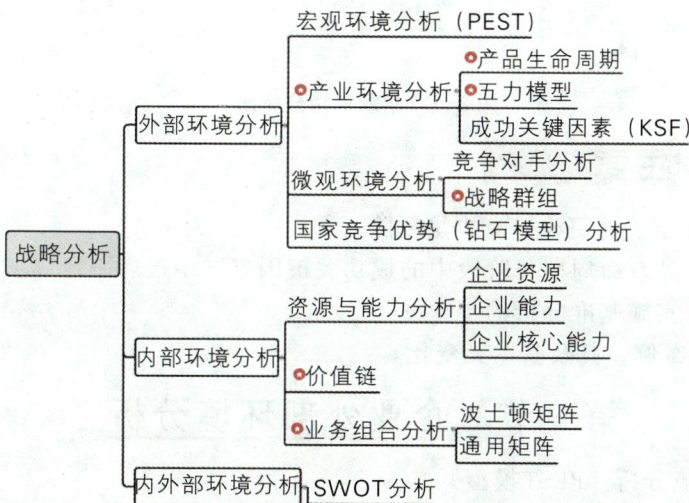

本章考情概述

考霸笔记
本章以理解为主，记忆部分内容较少。本章的逻辑结构有时也是解题的关键，因此建议同学们加以掌握。本章模型较多，好在主观题答题有套路。因此背诵量仍然不大，学习过程将是较为轻松的。

同学们每次考虑中午吃什么的时候，可以仔细体会一下自己考虑了一些什么内容。比如说，为了节省时间，周边有哪些餐馆？再比如说，今天就是不想吃米饭。其实同学们在考虑问题的时候，都会从内部条件和外部条件出发做决定。在战略课本上，这些内容被称为战略分析，即本章要讲述的内容。本章从外部环境、内部环境和内外部环境三个角度介绍了企业如何认知它们所处的环境。

本章近年平均分值一般为19分左右，属于重要的考试章节，考试题型同时涉及选择题、简答题和综合题。近三年主要考点为：（1）宏观环境分析（PEST模型）；（2）产业环境分析（产品生命周期分析、波特五力模型和成功关键因素分析）；（3）竞争环境分析（竞争对手分析和战略群组分析）；（4）钻石模型；（5）企业资源与能力分析（着重关注资源与核心能力分析）；（6）价值链分析（基本活动和支持活动、企业资源能力的价值链分析）；（7）业务组合分析（波士顿矩阵和通用矩阵）；（8）SWOT分析。其中，需要重点关注产业环境分析、战略群组、价值链分析与业务组合分析，此处主观题出题概率较大。

从备考角度而言，本章整体难度为中等，背诵量略有加大，主要集中在模型上，考试较灵活。复习时应以理解为主，适当记忆各个模型框架。本章考情分析图如图2-1所示：

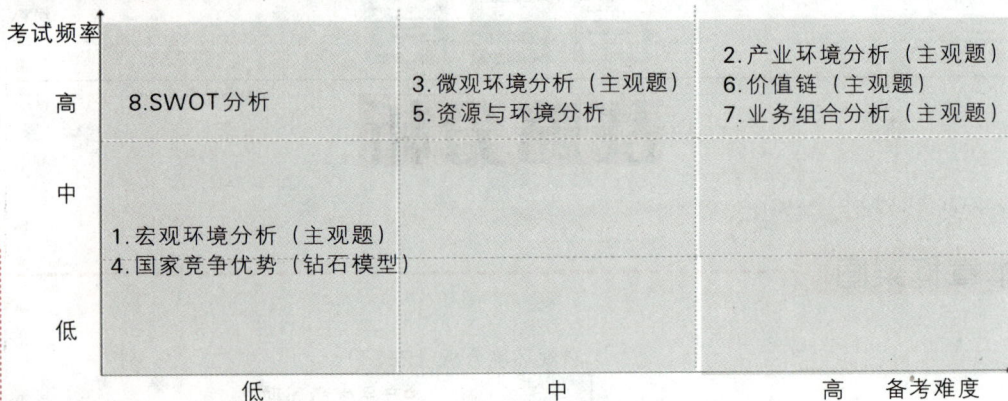

图2-1　本章考情分析图

图中内容：
- 考试频率（纵轴）：高、中、低
- 备考难度（横轴）：低、中、高
- 8.SWOT分析
- 3.微观环境分析（主观题）
- 5.资源与环境分析
- 2.产业环境分析（主观题）
- 6.价值链（主观题）
- 7.业务组合分析（主观题）
- 1.宏观环境分析（主观题）
- 4.国家竞争优势（钻石模型）

2019年教材主要变化

只有细微文字表述更改，有少量删除：

1. 删除"产品寿命周期各阶段中的成功关键因素"中最后一行

2. 删除企业实施基准分析的步骤图

3. 增加5个案例，其余基本无变化。

第一节　企业外部环境分析

◇ 宏观环境分析（PEST模型）

◇ 产业环境分析

◇ 竞争环境分析

◇ 国家竞争优势（钻石模型）分析

一、宏观环境分析（PEST模型）

一般说来，宏观环境因素可以概括为四类，见表2-1。

表2-1　　　　　　　　　宏观环境因素

宏观环境要素	阐释
政治和法律因素（P）	指那些制约和影响企业的政治要素和法律系统，以及其运行状态 政治和法律因素是保障企业生产经营活动的基本条件
	政治和法律因素分析包括以下方面： ①政局稳定状况 ②政府行为 ③路线方针政策 ④各政治利益集团 ⑤法律法规 ⑥国际政治法律因素
经济因素（E）	与政治法律环境相比，经济环境对企业生产经营的影响更直接、更具体
	经济因素分析包含以下方面： ①社会经济结构 ②经济发展水平（国家经济发展的规模、速度和水平） ③经济体制（国家经济组织的形式） ④宏观经济政策 ⑤当前经济状况 ⑥其他一般的经济条件

续表

宏观环境要素	阐释
社会和文化因素（S）	社会和文化因素分析包含以下方面： ①人口因素 ②社会流动性 ③消费心理（从众、求异、攀比、求实） ④生活方式变化 ⑤文化传统 ⑥价值观
技术因素（T）	技术因素分析包含以下方面： ①国家科技体制 ②科技政策 ③科技水平 ④科技发展趋势

考霸笔记
【案例】元宵节吃汤圆，体现了我国的文化传统。

考霸笔记
【案例】"互联网+"，体现了我国技术因素中科技发展的趋势。

二、产业环境分析

产业的常用定义：一个产业是由一群生产相似替代品的公司组成的。

（一）产品生命周期

1.产品生命周期概述

（重要：选择题考点，注意是销售额）

4个阶段：导入期、成长期、成熟期和衰退期。

划分依据：以产业销售额增长率曲线的拐点划分。

形状：产业的增长与衰退由于新产品的创新和推广过程而呈"S"形。

生产生命周期图如图2-2所示。

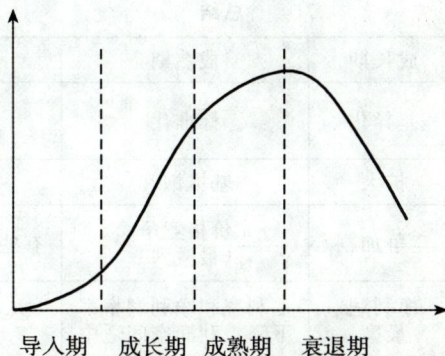

导入期　成长期　成熟期　衰退期

图2-2　生产生命周期图

2.各阶段特征

当产业走过它的生命周期时，竞争的性质将会变化。波特总结了常见的关于产业在其生命周期中如何变化以及它如何影响战略的预测。

各阶段特征见表2-2。

考霸笔记
考试题型：客观题或主观题。
考试套路：客观题考查根据案例判断某一个产品属于产品生命周期的哪个阶段；主观题不仅考查判断，还考查产品生命周期的特点（理解+记忆）。
复习指导：建议细致复习，以理解为主。

考霸笔记
要求根据表格细致了解，掌握关键字：从9维度阐释导入期、成长期、成熟期和衰退期的特点（理解的基础上适当记忆）。

表2-2 各阶段特征

项目	导入期	成长期	成熟期	衰退期
产品特点	不成熟	有较大差异	逐步标准化	差别小
销量	少	上升	基本饱和	下降
消费者	高收入用户会尝试	对质量要求不高	新的客户减少；老客户的重复购买	对性价比要求很高
竞争	很少的竞争对手	竞争加剧	价格竞争	有些竞争者先于产品退出市场
价格	高	最高	开始下降	多数企业退出后，价格才有望上扬
利润	净利润较低	单位产品净利润最高	毛利率和净利润率都下降，利润空间适中	价格、毛利都很低
经营风险	非常高	较高水平	中等	进一步降低
★战略目标	扩大市场份额，争取成为"领头羊"	争取最大市场份额，并坚持到成熟期的到来	巩固市场份额的同时提高投资报酬率	首先是防御，获取最后的现金流
★战略途径	研发和技术改进；提高产品质量	市场营销；改变价格形象和质量形象	提高效率，降低成本	控制成本，以求能维持正的现金流量；如果缺乏成本控制的优势，就应采用退却战略，尽早退出

【总结】（见表2-3）

表2-3 总结

	导入期	成长期	成熟期	衰退期
产品特征	不成熟	差异化	标准化	差别小
销量	小	扩大	基本饱和	下降
竞争	企业数量少	竞争加剧	价格竞争（最激烈）	有些竞争者先于产品退出市场
利润	净利润较低	净利润最高	毛利率和净利润率都下降，利润空间适中	产品的价格、毛利都很低
经营风险	非常高	高	中	低

3.产品生命周期理论的局限性

（1）各阶段的持续时间随着产业的不同而非常不同，并且一个产业究竟处于生命周期的哪一阶段通常不清楚。

（2）产业的增长并不总是呈"S"形。

（3）公司可以通过产品创新和产品的重新定位，来影响增长曲线的形状。

（4）与生命周期每一阶段相联系的竞争属性随着产业的不同而不同。

（二）**产业五种竞争力**（理解为主，但大标题必须要掌握→会默写）。

复习指导：能根据案例做信息分类，能判断某句话属于五力模型中的哪种竞争力，考试题型：客观题或主观题。

波特认为，在每一个产业中都存在五种基本竞争力量，即潜在进入者、替代品、购买者、供应者与现有竞争者间的抗衡（共同决定产业竞争的强度以及产业利润率）。

√**驱动产业竞争的力量**（如图2-3所示）

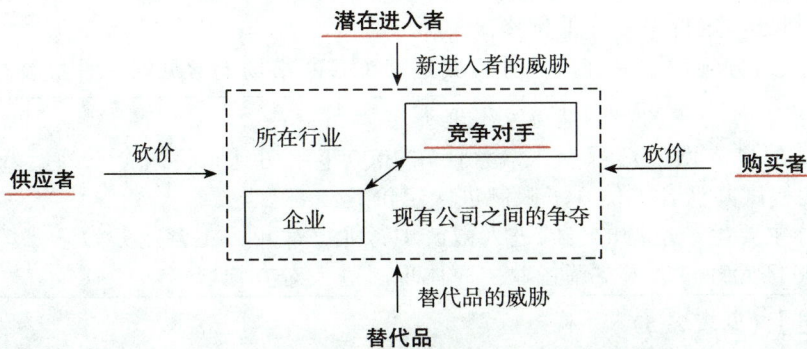

图2-3　（产业竞争驱动力）驱动产业竞争的力量

【注意】（适当关注，选择题冷门考点）

1.在一个产业中，这五种力量共同决定产业竞争的强度以及产业利润率；

2.最强的一种或几种力量占据着统治地位&从战略形成角度来看起着关键性作用。

1.五种竞争力分析

（1）潜在进入者的进入威胁。

潜在进入者将在两个方面减少现有厂商的利润：

①进入者会瓜分原有的市场份额获得一些业务；（争夺市场）

②进入者减少了市场集中，从而激发现有企业间的竞争，减少价格-成本差。

进入威胁的大小取决于进入障碍。进入障碍包括：

结构性障碍：呈现的进入障碍；

行为性障碍：可能遇到的现有在位者的反击。

①结构性障碍（见表2-4）。

表2-4　　　　　　　　　　　　　结构性障碍

项目	流派	结构性障碍的种类	具体表现形式（了解，多选题冷门考点）
结构性障碍	波特		规模经济、产品差异、资金需求、转换成本、分销渠道、其他优势及政府政策
	贝恩	规模经济	企业所生产的产品或劳务的绝对量增加时，其单位成本趋于下降
		现有企业对关键资源的控制	对资金、专利或专有技术、原材料供应、分销渠道、学习曲线等资源及资源使用方法的积累与控制
		现有企业的市场优势	①品牌优势（主要因素，是产品差异化的结果）②政府政策

【案例】京东：只为品质生活。

【案例】舌尖上的中国：一个嘉兴粽子→员工熟练度越高，粽子的单位成本越低，体现了学习曲线降低成本的作用。

为什么模型五种力量共同决定产业利润率？

考霸笔记
影响因素：需清楚辨析结构性障碍和行为性障碍，并把标题记下来。

考霸笔记
考试题型：可能考查多项选择题或主观题。建议掌握：三种结构性障碍的大标题（会默写）以及相关内容（相关内容会以小案例形式考查客观题，并要求同学们判断属于哪种进入障碍）。

考霸笔记
【案例】通常而言，大型超市的价格比零售店便宜，体现了大型超市的规模经济。

怎么理解规模经济？

怎么理解学习曲线？

学习曲线 VS 规模经济

相同点：都会有成本优势（交叉地影响产品成本的下降）。

不同点：规模经济是静态的，学习曲线则是动态的。

【注意】

资本密集型和劳动密集型学习经济和规模经济之间的关系

结论：资本密集型：规模经济很大，学习经济很小

　　　　劳动密集型：规模经济很小，学习经济很大

②行为性障碍（战略性障碍）。

a.限制进入定价——降低价格。

b.进入对方领域——进入对方领域是寡头垄断市场上常见的一种报复行为。

【案例】格兰仕与美的：不是冤家不聚头

1999年美的进入微波炉行业，格兰仕在2000年年初宣布将两个系列、八个产品的价格大幅度降低。→体现了限制进入定价

1999年，主要生产空调的美的进入微波炉行业，次年，主营业务为微波炉的格兰仕携资20亿元宣布进入空调行业。→体现了进入对方领域

【总结】（见表2-5）

表2-5　　　　　　　　　　　进入障碍

进入障碍	结构性障碍	规模经济
		现有企业对关键资源的控制（表现为对资金、专利或专有技术、原材料供应、分销渠道、学习曲线等资源及资源使用方法的积累与控制）
		现有企业的市场优势（品牌优势、政府政策）
	行为性障碍（战略性障碍）	限制进入定价（降低价格）
		进入对方领域（常见于寡头垄断市场）

（2）替代品的替代威胁。

【案例】团购价、批发价一般都比零售价便宜，体现了业务量越大，议价能力越高

①直接产品替代：即某一种产品直接取代另一种产品。（完全替代有你没我）

②间接产品替代：即由能起到相同作用的产品非直接地取代另外一些产品。（性价比：性价比越高，替代品威胁越大）

【注意】衡量替代品威胁的大小主要取决于两种产品的性能与价格的比较。

（3）供应者、购买者讨价还价的能力。

【案例】福特保留一部分零部件的生产，是因为后向一体化能够让福特增强对供应商的讨价还价能力。

影响讨价还价能力的因素和表现形式见表2-6。

表2-6　　　　　　　　影响讨价还价能力的因素和表现形式

影响讨价还价能力的因素		表现形式
买方（或卖方）的集中程度或业务量的大小		集中度（业务量）↑，议价能力↑
产品差异化程度与资产专用性程度		产品差异化程度↑，议价能力↑（相反的，标准化程度越高，议价能力越弱）
		资产专用性程度↑，议价能力↑
纵向一体化程度	购买者	后向一体化，议价能力↑
	供应者	前向一体化，议价能力↑
信息掌握的程度		信息掌握的程度↑，议价能力↑

（4）产业内现有企业的竞争。

产业内现有企业的竞争在下面几种情况下可能是很激烈的：

①产业内有众多的或势均力敌的竞争对手。

②产业发展缓慢。（人多、竞争对手差不多，两个条件满足一个就行）

③顾客认为所有的商品都是同质的。

④产业中存在过剩的生产能力。

⑤产业进入障碍低而退出障碍高。（进来容易，出去难→人多）

【拓展案例】

家电电商的"三国演义"：国美、苏宁、京东，体现了产业中有势均力敌的竞争对手，且顾客认为他们卖的家电商品是同质的，只是销售渠道不一致。

2.对付五种竞争力的战略（冷门考点，建议通读，适当关注）

五种竞争力分析表明了产业中的所有公司都必须面对产业利润的威胁力量。公司必须寻求几种战略来对抗这些竞争力量。

首先，公司必须自我定位，通过利用成本优势或差异优势把公司与五种竞争力相隔离，从而能够超过它们的竞争对手。

其次，公司必须识别在产业中哪一个细分市场中，五种竞争力的影响更少一点，这就是波特提出的"集中战略"。

> **考霸笔记**
> 一般考查选择题，主观题冷门考点。建议适当通读，掌握关键字，属于主观题冷门考点。

最后，公司必须努力去改变这五种竞争力。公司可以通过与供应者或购买者建立长期战略联盟，以减少相互之间的讨价还价；公司还必须寻求进入阻绝战略来减少潜在进入者的威胁，等等。

3.五力模型的局限性

波特的五力模型在分析企业所面临的外部环境时是有效的，但它也存在着局限性，具体包括：

（1）该分析模型基本上是静态的。然而，在现实中竞争环境始终在变化。

（2）该模型能够确定行业的盈利能力，但是对于非营利机构，有关获利能力的假设可能是错误的。（概括：对于非营利性机构不适用）

（3）该模型基于这样的假设：一旦进行了这种分析，企业就可以制定企业战略来处理分析结果，但这只是一种理想的方式。

（4）该模型假设战略制定者可以了解整个行业（包括所有潜在的进入者和替代产品）的信息，但这一假设在现实中并不存在。

（5）该模型低估了企业与供应商、客户或分销商、合资企业之间可能建立长期合作关系以减轻相互之间威胁的可能性。（概括：着眼竞争，忽视合作）

（6）该模型对产业竞争力的构成要素考虑不够全面。

哈佛商学院教授大卫·亚非（David Yoffie）在波特教授研究的基础上，根据企业全球化经营的特点，提出了第六个要素，即互动互补作用力。（选择题近几年考查频率高，需理解互补互动作用力）

理论概述：任何一个产业内部都存在不同程度的互补互动（指互相配合一起使用）的产品或服务业务。

> **考霸笔记**
> 【案例】房子（产品）＋学校（互补品）＝学区房（价格↑）

可选的战略：控制互补品、捆绑式经营或 交叉补贴销售 。

（三）成功关键因素分析 （考试题型：选择题；考试套路：以考查原文为主）

定义：公司在特定市场获得盈利必须拥有的技能和资产。

涉及：每一个产业成员所必须擅长的东西，或者说公司要取得竞争和财务成功所必须集中精力搞好的一些因素。

成功关键因素是企业取得产业成功的前提条件。下面三个问题是确认产业的关键成功因素必须考虑的：（多选题冷门考点，需了解，有印象即可）

（1）顾客在各个竞争品牌之间进行选择的基础是什么？

（2）产业中的一个卖方厂商要取得竞争成功需要什么样的资源和竞争能力？

（3）产业中的一个卖方厂商获取持久的竞争优势必须采取什么样的措施？

> **【高频考点】**（关注：哪些因素是会影响成功的关键因素）
> 1.成功关键因素随着产业的不同而不同，甚至在相同的产业中，也会因产业驱动因素和竞争环境的变化而随时间变化。
> 2.对于某个特定的产业来说，在某一特定时候，极少有超过四个关键成功因素。甚至在三四个关键成功因素之中，其中也有一两个占据较重要的地位。
> 3.随着产品寿命周期的演变，成功关键因素也发生变化。
> 4.即使是同一产业中的各个企业，也可能对该产业的成功关键因素有不同的侧重。
> 5.成功关键因素是产业和市场层次的特征。

三、竞争环境分析

作为产业环境分析的补充，竞争环境分析的重点集中在与企业直接竞争的每一个企业。竞争环境分析又包括两个方面：

一是从个别企业视角去观察分析竞争对手的实力（竞争对手分析）；

二是从产业竞争结构视角观察分析企业所面对的竞争格局（战略群组分析）。

（一）竞争对手分析

对竞争对手的分析有四个方面的主要内容，即竞争对手的未来目标、假设、现行战略和潜在能力，见表2-7。

表2-7   竞争对手分析

竞争对手的未来目标	意义：有利于预测竞争对手对其目前的市场地位以及财务状况的满意程度，从而推断其改变现行战略的可能性以及对其他企业战略行为的敏感性
	对竞争对手未来目标分析从以下 3个方面 展开： ①竞争对手目标分析对本公司制定竞争战略的作用 ②分析竞争对手业务单位（包括其各个公司实体）的目标的主要方面 ③多元化公司母公司对其业务单位未来目标的影响
竞争对手的假设	意义：了解竞争对手的假设有利于正确判断竞争对手的战略意图
	包括：竞争对手对自身企业的评价和对所处产业以及其他企业的评价
竞争对手的现行战略	目的：揭示竞争对手正在做什么、能够做什么
	在对竞争对手目标与假设分析的基础上，判断竞争对手的现行战略就变得相对容易了
	非常有用的一种方法是，把竞争对手的战略看成业务中各职能领域的关键性经营方针以及了解它如何寻求各项职能的相互联系

什么是交叉补贴销售？

考霸笔记
考试题型：选择题为主。复习建议：①掌握四个方面的大标题（能默写）；②具体内容大致了解，有印象即可。

考霸笔记
通读一下，有印象即可。

续表

★竞争对手的能力	能力分析包括： ①核心能力 ②成长能力 ③★快速反应能力 ④★适应变化的能力 ⑤持久力

（二）产业内的战略群组

定义：战略群组是指某一个产业中在某一战略方面采用相同或相似战略，或具有相同战略特征的各公司组成的集团。

（作用：战略群组分析有助于判断竞争状况、定位以及产业内企业的盈利情况）

如果产业中所有的公司基本认同了相同的战略，则该产业中就只有一个战略群体；就另一极端而言，每一个公司也可能成为一个不同的战略群体。一般来说，在一个产业中仅有几个群组，它们采用特征完全不同的战略。

1.战略群组的特征（通读，有印象即可，多选择冷门考点）

用于识别战略群组的特征可以考虑以下一些变量：

（1）产品（或服务）差异化（多样化）的程度；

（2）各地区交叉的程度；

（3）细分市场的数目；

（4）所使用的分销渠道；

（5）品牌的数量；

（6）营销的力度（如广告覆盖面、销售人员的数目等）；

（7）纵向一体化程度；

（8）产品的服务质量；

（9）技术领先程度（是技术领先者还是技术追随者）；

（10）研究开发能力（生产过程或产品的革新程度）；

（11）成本定位（如为降低成本而作的投资大小等）；

（12）能力的利用率；

（13）价格水平；

（14）装备水平；

（15）所有者结构（独立公司或者母公司的关系）；

（16）与政府、金融界等外部利益相关者的关系；

（17）组织的规模。

【注意】（了解即可）

为了识别战略群组，必须选择这些特征的2~3项。选择划分产业内战略群组的特征要避免选择同一产业中所有公司都相同的特征。

2.战略群组分析的意义（近年来主观题连续三年考查默写，非常重要，必须要会背）

战略群组分析有助于企业了解相对于其他企业，本企业的战略地位以及公司战略变化可能的竞争性影响。

（1）有助于很好地了解战略群组间的竞争状况，主动地发现近处和远处的竞争者，也可以很好地了解某一群组与其他群组间的不同。

（2）有助于了解各战略群组之间的"移动障碍"。

（3）有助于了解战略群组内企业竞争的主要着眼点。

（4）利用战略群组图还可以预测市场变化或发现战略机会。

四、国家竞争优势（钻石模型）分析

1.理论概述（见表2-8）

表2-8   理论概述

提出者	波特	
理论概述	阐述对象	国家竞争优势
	决定因素	 （【注意】常用PEST模型出混淆项，与政治因素无关）
	要素概述	
	生产要素	人力资源、天然资源、知识资源、资本资源、基础设施
	需求条件	主要是本国市场的需求
	相关与支持性产业	这些产业和相关上游产业是否有国际竞争力
	企业战略、企业结构和竞争对手的表现	

2.钻石模型四要素详述（见表2-9）

表2-9   钻石模型四要素详述

要素	阐述	
生产要素	分类1	初级生产要素：天然资源、气候、地理位置、非技术工人、资金等
		高级生产要素：现代通信、信息、交通等基础设施，受过高等教育的人力、研究机构等
	分类2	一般生产要素
		专业生产要素：高级专业人才、专业研究机构、专用的软（硬）件设施等
	【观点】①一个国家如果想通过生产要素建立起产业强大而又持久的优势，就必须发展高级生产要素和专业生产要素。如果国家把竞争优势建立在初级与一般生产要素的基础上，它通常是不稳定的 ②一个国家的竞争优势其实可以从不利的生产要素中形成	
需求条件	国内需求：产业发展的动力（本地客户的本质、预期性需求）	
相关与支持性产业	对形成国家竞争优势而言，相关与支持性产业和优势产业是一种休戚与共的关系，例如产业集群的概念	
企业战略、企业结构和同业竞争	创造与持续产业竞争优势的最大关联因素是国内市场强有力的竞争对手 理解：激烈厮杀后剩下来的都是高手；【案例】美国汽车的"三国演义"：通用、福特和克莱斯勒。	

第二节　企业内部环境分析

◇ 企业资源与能力分析
◇ 价值链分析
◇ 业务组合分析

通过内部环境分析，企业可以决定能够做什么，即企业所拥有的独特资源与能力所能支持的行为。

一、企业资源与能力分析

（一）企业资源分析

目的：识别企业的资源状况、企业资源方面所表现出来的优势和劣势以及对未来战略目标制定和实施的影响。

定义：企业所拥有或控制的有效因素的总和。企业的资源禀赋是其获得持续竞争优势的重要基础（竞争优势的资源基础理论）。

1.企业资源的主要类型

企业资源主要分为三种：有形资源、无形资源和人力资源。

（1）有形资源。

定义：是指可见的、能用货币直接计量的资源，主要包括物质资源和财务资源。【易错点提醒】财务资源属于有形资源！特别爱考！

包含：

①物质资源包括企业的土地、厂房、生产设备、原材料等，是企业的实物资源。

②财务资源是企业可以用来投资或生产的资金，包括应收账款、有价证券等。

（2）无形资源。

定义：是指企业长期积累的、没有实物形态的，甚至无法用货币精确度量的资源，通常包括品牌、商誉、技术、专利、商标、企业文化及组织经验等。

技术资源：是一种重要的无形资源，它主要是指专利、版权和商业秘密等。技术资源具有先进性、独创性和独占性等特点，使得企业可以据此建立自己的竞争优势。

（3）人力资源。

人力资源是指组织成员向组织提供的技能、知识以及推理和决策能力。

有形资源、无形资源和人力资源的种类和注意事项见表2-10。

表2-10　　　　有形资源、无形资源和人力资源的种类和注意事项

项目	种类	注意事项
有形资源	①物质资源包括企业的土地、厂房、生产设备、原材料等，是企业的实物资源 ②财务资源包括应收账款、有价证券等	• 账面价值≠战略价值 • 稀缺性的有形资源→获得竞争优势
无形资源	• 通常包括品牌、商誉、技术、专利、商标、企业文化及组织经验等 • 技术资源：专利、版权和商业秘密等	• 资产负债表中无形资产≠企业的全部无形资源 • 无形资源一般都难以被竞争对手了解、购买、模仿或替代，因此，无形资源是一种十分重要的企业核心竞争力的来源
	额外注意：软饮料行业，商誉（迷之好感）可以说是最重要的企业资源	
人力资源	组织成员向组织提供的技能、知识以及推理和决策能力（管理者经验）	

【考霸笔记】
考试题型：以选择题为主，偶尔考查主观题。
考试套路：①根据案例判断资源的类型；②根据案例考查决定企业竞争优势的资源判断标准。
复习指导：①了解资源的类型；②适当掌握判断标准。

以公允价值或重置成本核算的有形资源能否反映战略价值？

【考霸笔记】
【案例】可口可乐VS百事可乐盲试，百事可乐取得压倒性胜利，但可口可乐仍然是行业老大，这体现了商誉是软饮料行业最重要的企业资源。

【考霸笔记】
【案例】乔布斯与苹果：体现了苹果管理者的经验是苹果的人力资源。

如何辨析无形资源中的组织经验和人力资源？

考试题型：选择题。
考试频率：几乎每年必考。
考试套路：基本考查案例形式下的资源判断。
复习指导：①大标题有形资源、无形资源和人力资源分别有哪些内容；②能根据案例做判断并归类。

2.决定企业竞争优势的企业资源判断标准

在分析一个企业拥有的资源时，必须知道哪些资源是有价值的，可以使企业获得竞争优势。其主要的判断标准见表2-11。

表2-11　　　　　　决定企业竞争优势的企业资源判断标准

（1）资源的稀缺性	不易获得
（2）资源的不可模仿性	①物理上独特的资源：物质本身的特性所决定的，如极佳的地理位置、采矿权、法律保护的专利技术
	②具有路径依赖性的资源：必须经过长期的积累才能获得的资源，如训练有素的人员
	③具有因果含糊性的资源：有些资源的形成原因并不能给出清晰的解释
	④具有经济制约性的资源：企业的竞争对手已经具有复制其资源的能力，但因市场空间有限不能与其竞争的情况
（3）资源的不可替代性	旅游景点的独特优势难以被其他景点所替代 【案例】北京故宫具有唯一性，体现了资源的不可替代性。
（4）资源的持久性	无形资源和组织资源；【注意】品牌资源VS计算机技术

考试题型：以选择题为主，2014年和2018年考查了主观题。
考试频率：较冷门。
考试套路：通常给出案例，问案例中描述的属于企业的哪种能力。
复习指导：①五种能力的名字要掌握（能根据案例的提示默写）；②通读大体包括的内容，脑海中有印象能应付选择题。

（二）企业能力分析

1.企业能力概述（见表2-12）

表2-12　　　　　　　企业能力概述

定义	企业配置资源，发挥其生产和竞争作用的能力
来源	企业有形资源、无形资源和组织资源的整合，是企业各种资源有机组合的结果 适当关注！选择题较冷门，若出现也就是选择题的一个选项，考查知识点的直接还原。
包括	研发能力、生产管理能力、营销能力、财务能力和组织管理能力等

2.企业能力详述（见表2-13）

保持企业竞争能力的关键因素：产品更新换代↑，产品质量↑，产品成本↓，满足消费者的需求↑。

表2-13　　　　　　　企业能力详述

研发能力		研发计划、研发组织、研发过程和研发效果
生产管理能力		生产过程、生产能力、库存管理、人力资源管理和质量管理（5个） 生产活动是企业最基本的活动；可以联系第三章中的"生产运营职能战略"相关内容进行理解。
营销能力 关注3个标题，多选题冷门考点。	产品竞争能力	产品市场地位、收益性、成长性等方面
	销售活动能力	企业销售组织、销售绩效、销售渠道、销售计划等方面 钱从哪里来？用到哪里去？内部怎么管？
	市场决策能力	以产品竞争能力、销售活动能力为依据进行决策的能力
财务能力		筹集资金的能力+使用和管理所筹集资金的能力
组织管理能力		职能管理体系的任务分工；岗位责任；集权和分权的情况；组织结构（直线职能、事业部等）；管理层次和管理范围的匹配 复习指导：联系第四章战略实施组织结构方面的知识，可加深理解、辅助记忆（建议第二遍复习时进行，有印象即可）。

【提示】1.营销能力（见表2-14）

表2-14　　　　　　　　　　　　　　营销能力

营销能力	评价指标	分析、衡量对象
产品竞争能力	产品市场地位	市场占有率、市场覆盖率等
	收益性	利润空间和量本利
	成长性	销售增长率、市场扩大率
销售活动能力	销售组织	销售机构、销售人员和销售管理等基础数据的评估
	销售绩效	销售计划完成率和销售活动效率
	销售渠道	销售渠道结构（例如，直接销售和间接销售的比例）、中间商评价和销售渠道管理
	销售计划	
市场决策能力	以产品竞争能力、销售活动能力为依据做决策的能力	

2.财务能力

【链接】(联系财管，适当了解，考试中出题概率较小)

筹集资金的能力可以用资产负债率、流动比率和已获利息倍数等指标来衡量；使用和管理所筹集资金的能力可以用投资报酬率、销售利润率和资产周转率等指标来衡量。

（三）企业的核心能力

1.核心能力概述（见表2-15）

表2-15　　　　　　　　　　　　　核心能力概述

概念	企业在具有重要竞争意义的经营活动中能够比其竞争对手做得更好的能力
来源	企业中各个不同部分有效合作的结果，也就是各种单个资源整合的结果
表现形式	完成某项活动所需的优秀技能、一定范围和深度上的企业的技术诀窍、能够形成很大竞争价值的一系列具体生产技能的组合

【提示】核心能力与竞争

核心能力深深地根植于企业的各种技巧、知识和人的能力之中，对企业的竞争力起着至关重要的作用。

2.核心能力的辨别

（1）企业的能力应同时满足以下3个关键测试才可称为核心能力：

①它对顾客是否有价值？

②它与企业竞争对手相比是否有优势？

③它是否很难被模仿或复制？

（2）核心能力的辨别方法。

其包括功能分析、资源分析以及过程系统分析。其补充说明、优点和缺点见表2-16。

表2-16 　　　　　　　　各辨别方法的补充说明、优点和缺点

辨别方法	优点	缺点	补充说明
功能分析	比较有效	只能识别出具有特定功能的核心能力	是识别核心能力的常用方法
资源分析	分析实物资源比较容易	分析像商标或者商誉这类无形资源则比较困难	—
过程系统分析	对整个系统进行分析更好地判断企业的经营状况	比较复杂	企业通常还是会用该方法来识别核心能力

3.核心能力的评价

（1）评价的基础与方法。

企业如何才能知道自己的能力是否强于竞争对手？以下是可以用来比较的几种方法：

①企业的自我评价。

②产业内部比较。

③基准分析。（适当通读，从未考过）

基准分析是比较企业和竞争对手的业绩，包括单个或多种具体活动、系统或过程的比较。

最理想的方法是把企业和一流企业相比较，无论它们是否处在同一个产业。另一种方法是把企业与产业内的国内外其他企业进行比较。

④成本驱动力和作业成本法。

优点：与传统的成本会计方法相比能提供更有用的信息。

缺点：比较复杂。

⑤收集竞争对手的信息。

（2）基准分析概述。

定义：分析同产业内一流企业的产品或服务的一个连续系统的过程。

目的：发现竞争对手的优点和不足→针对其优点，补己之短；根据其不足，选择突破口→帮助企业从竞争对手的表现中获得思路和经验，冲出竞争者的包围，超越竞争对手。

①基准对象。

一般来说，能够衡量业绩的活动都可以成为基准对象。

企业可以主要关注以下几个领域：（多选题冷门考点，一般考查知识点的直接还原）

● 占用较多资金的活动；

● 能显著改善与顾客关系的活动；

● 能最终影响企业结果的活动；等等。

②基准类型。

基准对象的不同决定了不同的基准类型，基准类型主要包括内部基准、竞争性

基准、过程或活动基准、一般基准、顾客基准五种类型，见表2-17。

表2-17　　　　　　　　　　　　　　基准类型

基准类型	基准对象	基准对象的特质
内部基准	企业内部	内部
竞争性基准	竞争对手	直接竞争关系
过程或活动基准	类似核心经营的企业	不存在直接竞争的关系
		例如，生产制造、市场营销、产品工艺、存货管理以及人力资源管理等→偏向具体职能
一般基准	具有相同业务功能的企业	不存在直接竞争的关系
顾客基准	顾客的预期	顾客，例如顾客满意度等

如何辨别过程或活动基准和一般基准？

考霸笔记
选择题十分冷门的考点，从未考过。建议通读，有印象即可，万一考查选择题，步骤要能选。

③**基准分析实践**。

一个企业进行基准分析的成败主要取决于高层管理人员的行为，他们必须清楚地认识到企业需要改革的地方。

A.选择基本对象；

B.建立工作小组，小组成员需包括：涉及每项活动的战略上、功能上及战术上的代表；

C.决定进行基准分析的问题，并决定对哪家企业做这样的分析；

D.收集对方的数据进行分析。

（3）竞争对手分析。

企业核心能力与成功关键因素（见表2-18）。

表2-18　　　　　　　　　**企业核心能力与成功关键因素**

考霸笔记
选择题一个选项，较冷门。
【提示】获得竞争优势→拥有成功的关键因素。

概念辨析	章节位置	不同	共同点
企业核心能力	内部环境分析	比竞争对手做得更好的能力	都是公司盈利能力的指示器
成功关键因素	外部环境分析	产业和市场层次的特征	

二、价值链分析

理论概述见表2-19。

表2-19 理论概述

提出者	波特
主要观点	企业每项生产经营活动都是其创造价值的经济活动
结论 （价值链的定义）	企业所有的互不相同但又相互关联的生产经营活动，便构成了创造价值的一个动态过程，即价值链

价值链日益成为分析公司资源与能力有用的理论框架。价值链把企业活动进行分解，通过考虑这些单个的活动本身及其相互之间的关系来确定企业的竞争优势。

（一）价值链的两类活动

价值链分析将企业的生产经营活动分为基本活动和支持活动两大类。

√**价值链图解**（如图2-4所示）

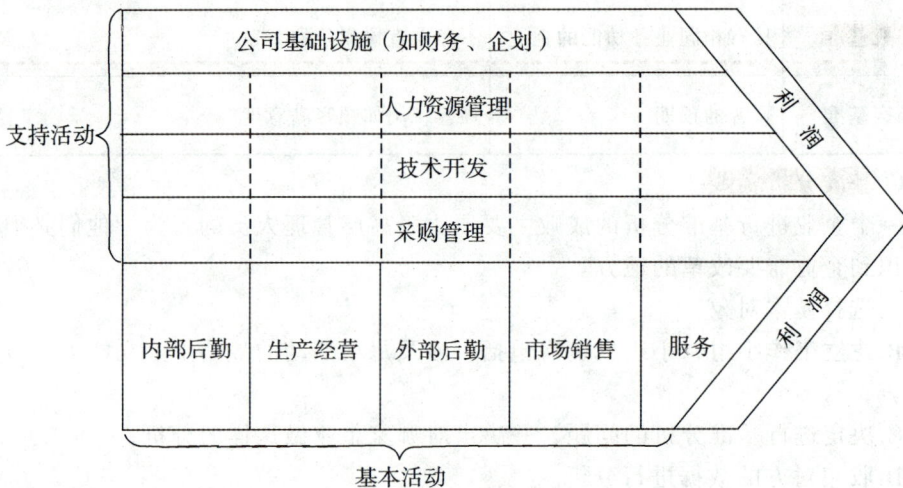

图2-4 价值链

1.基本活动（主体活动）

基本活动，又称主体活动，是指生产经营的实质性活动，一般可以分为内部后勤、生产经营、外部后勤、市场销售和服务五种活动，见表2-20。

表2-20 基本活动的分类

名称	解释	具体活动形式
内部后勤 （进货物流）	与产品投入有关的进货、仓储和分配等活动	原材料（关键字）的装卸、入库、盘存运输以及退货等
生产经营	将投入转化为最终产品的活动	机加工、装配、包装、设备维修、检测等
外部后勤 （出货物流）	与产品的库存、分送给购买者有关的活动	最终产品（关键字）的入库、接受订单、送货等
市场销售	与促进和引导购买者购买企业产品的活动	广告、定价、销售渠道等
服务	与保持和提高产品价值有关的活动	培训、修理、零部件的供应和产品的调试等

2.支持活动（辅助活动）

支持活动，又称辅助活动，是指用以支持基本活动而且内部之间又相互支持的活动，包括采购、技术开发、人力资源管理和企业基础设施，见表2-21。

表2-21　【举例】法律咨询，外包广告设计等（特别爱考）。支持活动的分类

名称	解释	具体活动形式
采购	采购企业所需投入品的职能，而不是被采购的投入品本身	采购是广义的，既包括生产原材料的采购，也包括其他资源投入的购买和管理
技术开发	可以改进企业产品和工序的一系列技术活动	广义的概念，既包括生产性技术，也包括非生产性技术
人力资源管理	是指企业对职工的管理	企业职工的招聘、雇用、培训、提拔和退休等各项管理活动
基础设施	①企业的组织结构、惯例、控制系统以及文化等活动 ②企业高层管理人员	

关键字，案例分析题的解题关键。

（二）价值链确定

为了在一个特定产业进行竞争并判定企业竞争优势，有必要确定企业的价值链。从基本价值链着手分析，个体的价值活动在一个特定的企业中得到确认。价值链中的每一个活动都能分解为一些相互分离的活动。

这些活动被分离的基本原则是：（了解关键字，可能考查多选题）

【提示】注意具体问题的具体分析：
①运输服务→采购。
②产成品运输→外部后勤。
③原材料运输→内部后勤。
（选择题常考，此处易错，考

（1）具有不同的经济性；

（2）对产品差异化产生很大的潜在影响；

（3）在成本中比例很大或所占比例在上升。

√复印机生产企业的价值链（如图2-5所示）试时注意审题）

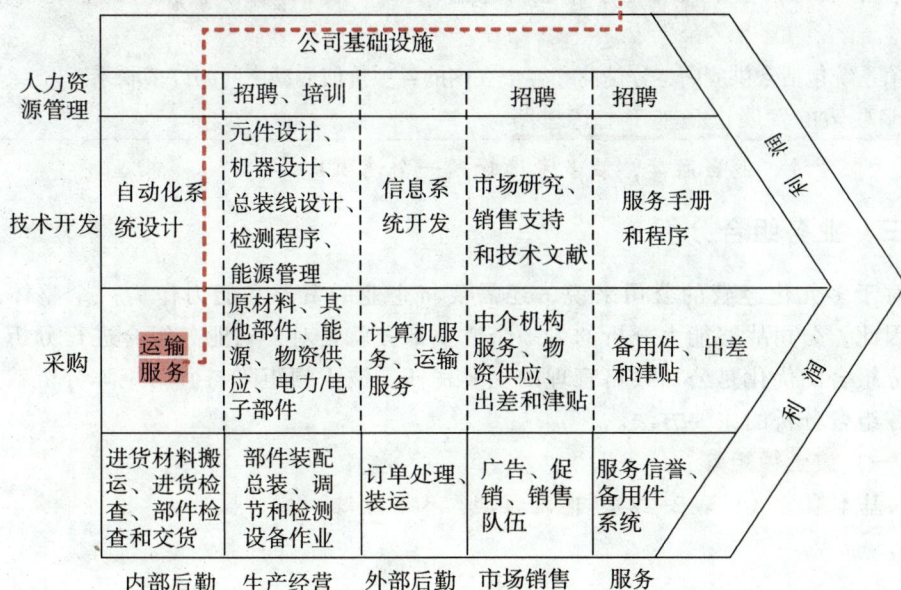

	公司基础设施				
人力资源管理		招聘、培训		招聘	招聘
技术开发	自动化系统设计	元件设计、机器设计、总装线设计、检测程序、能源管理	信息系统开发	市场研究、销售支持和技术文献	服务手册和程序
采购		运输服务 原材料、其他部件、能源、物资供应、电力/电子部件	计算机服务、运输服务	中介机构服务、物资供应、出差和津贴	备用件、出差和津贴
	进货材料搬运、进货检查、部件检查和交货	部件装配总装、调节和检测设备作业	订单处理、装运	广告、促销、销售队伍	服务信誉、备用件系统
	内部后勤	生产经营	外部后勤	市场销售	服务

图2-5　复印机生产企业的价值链

（三）企业资源能力的价值链分析

价值链分析要将企业的资源有效地组织起来，生产出最终顾客认为有价值的产品或服务。因此，资源分析必须是一个从资源评估到对怎样使用这些资源的评估过程。

企业资源能力的价值链分析要明确以下几点：

1. 确认那些支持企业竞争优势的关键性活动。
2. 明确价值链内各种活动之间的联系。
3. 明确价值系统内各项价值活动之间的联系。（企业与企业之间理解即可）

【拓展案例】1号店

1. 为让顾客充分享受全新的生活方式和实惠方便的购物，1号店打造了行业标杆式的物流供应链体系。（属于确认那些支持企业竞争优势的关键性活动，案例中就是内部后勤与外部后勤）

2. 1号店立足于自身的研发水平，独立研发出多套具有国际领先水平的电子商务管理系统，提升自身的订单处理效率，并在系统平台、采购、仓储、配送和客户关系管理等方面大力投入，打造自身的核心竞争力，以确保高质量的商品能低成本、快速度、高效率地流通。（属于明确价值链内各种活动之间的联系，案例中就是技术开发、采购管理、基础设施等价值链活动相互联系）

3. 2014年6月，1号店与全家/FamilyMart携手，开通上海地区300个自提点，提供订单包裹24小时自提服务。全家自提点成为1号店继"准时达""定日达"之后，在物流配送"最后一公里"服务的再一次升级。（属于明确价值系统内各项价值活动之间的联系——企业外部联系，案例中1号店与全家两个企业的价值链发生了联系）

【总结】

1. 价值活动的联系不仅存在于企业价值链内部，而且存在于企业与企业的价值链之间。
2. 价值系统包括含供应商、分销商和客户在内的各项价值活动之间的许多联系。
3. 战略联盟的发展正是基于上述思路

（从未考过，适当通读，最多考选择题一个选项）

三、业务组合分析

对于多元化经营的公司来说，还需要将企业的资源和能力作为一个整体来考虑。因此，公司战略能力分析的另一个重要部分就是对公司业务组合进行分析，保证业务组合的优化是公司战略管理的主要责任。波士顿矩阵与通用矩阵分析就是公司业务组合分析的主要方法。

（一）波士顿矩阵

1. 基本概念（见表2-22）（建议通读，从未考过）

表2-22　　　　　　　　　　　　　　基本概念

理论概述	阐述		衡量指标	关键指标
别称	市场增长率-相对市场份额矩阵、波士顿咨询集团法、四象限分析法、产品系列结构管理法等			
提出者	布鲁斯·亨德森（波士顿咨询公司创始人）			
决定产品结构的基本因素	市场引力	市场增长率、目标市场容量、竞争对手强弱及利润高低等	市场增长率：决定企业产品结构是否合理的外在因素	
	企业实力	市场占有率以及技术、设备、资金利用能力等	市场占有率：决定企业产品结构的内在要素（直接显示出企业竞争实力）	

2.基本原理

（1）波士顿矩阵图形

必须掌握！

备考要求：①掌握横、纵坐标的含义（此部分是选择题考查的点）和业务位置（主观题与选择题的判断依据）。②圈圈的含义知识点较细小，知道即可。

波士顿矩阵将企业所有产品从市场增长率和企业市场占有率角度进行再组合。

√波士顿矩阵（如图2-6所示）

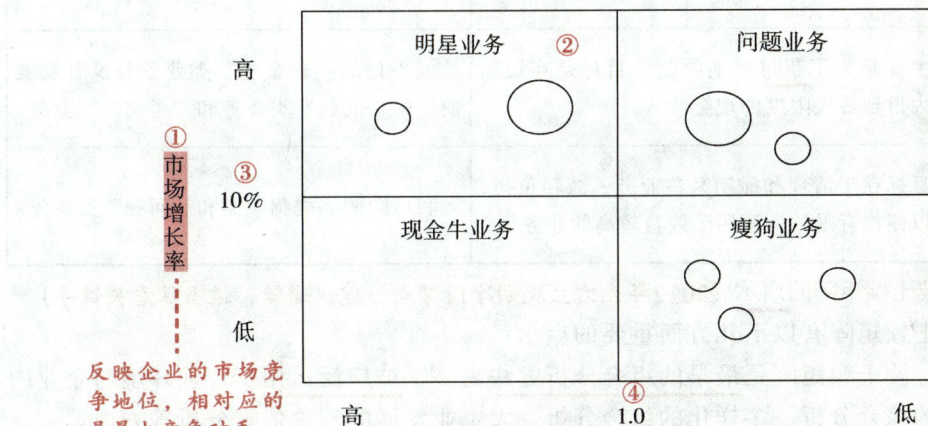

图2-6　波士顿矩阵

（2）波士顿矩阵的业务类型　（高频考点，是判断波士顿矩阵业务类型的关键）

根据有关业务或产品的市场增长率和企业相对市场占有率标准，波士顿矩阵可以把企业全部的经营业务定位在四个区域中，见表2-23。

表2-23　　　　　　　　　波士顿矩阵的业务类型

业务类型	现金流	对策	组织要求
明星	需要大量的投资	短期内优先供给资源，支持继续发展。积极扩大经济规模和市场机会，以长远利益为目标，提高市场占有率	事业部制
问题	通常处于最差的现金流量状态	选择性投资战略，列入企业长期计划中	智囊团或项目组织等形式
现金牛	本身不需投资，反而能为企业提供大量资金	收获战略，即所投入资源以达到短期收益最大化为限	事业部制
瘦狗	不能成为资金的来源	撤退战略，先撤退，再将剩余资源向其他产品转移，最后，整顿产品系列	与其他事业部合并，统一管理

考霸笔记
适当关注，最多就是考选择题中一个选项，较冷门。

考霸笔记
①市场增长率：反映市场引力，是市场销售额增长的百分比，而非企业增长的百分比。
②圆圈大小：面积大小反映该业务/产品的收益占企业全部收益的比重（了解即可）。
③10%：关注！若考试题干无特别说明，则做题通。常以10%为准
④1.0：关注！若考试题干无特别说明，则做题通常以1.0为准。

为什么市场增长率不是企业的销售额增长的百分比？

什么是事业部形式组织结构？

为什么问题业务的组织要求是智囊团或项目组织形式？

3.波士顿矩阵的运用

（高频考点，是运用波士顿矩阵处理业务的关键）

充分了解了4种业务的特点后还需进一步明确各项业务单位在公司中的不同地位，从而进一步明确其战略目标。通常有4种战略目标分别适用于不同的业务，见表2-24。

表2-24　　4种战略目标的适用情况

对策	含义	适用情况
发展	以提高经营单位的相对市场占有率为目标，甚至不惜放弃短期收益	"问题"类业务成为"明星"类业务
保持	投资维持现状，目标是保持业务单位现有的市场占有率	较大的"现金牛"
收割	主要是为了获得短期收益，目标是在短期内得到最大限度的现金收入	处境不佳的"现金牛"类业务及没有发展前途的"问题"类业务和"瘦狗"类业务
放弃	目标在于清理和撤销某些业务，减轻负担，以便将有限的资源用于效益较高的业务	无利可图的"瘦狗"类和"问题"类业务

（为什么问题业务可以适用3种战略目标？）

4.波士顿矩阵的启示（2012年左右主观题冷门考点，建议通读，适当注意关键字）

波士顿矩阵有以下几方面重要的启示：

（1）波士顿矩阵是最早的组合分析方法之一，被广泛运用于产业环境与企业内部条件的综合分析、多样化的组合分析、大企业发展的理论依据分析等方面。

（2）波士顿矩阵将企业不同的经营业务综合在一个矩阵中，具有简单明了的效果。

（3）该矩阵指出了每个经营单位在竞争中的地位、作用和任务，从而使企业能够有选择地和集中地运用有限的资金。每个经营业务单位也可以从矩阵中了解自己在总公司中的位置和可能的战略发展方向。

（4）利用波士顿矩阵还可以帮助企业推断竞争对手对相关业务的总体安排。其前提是竞争对手也使用波士顿矩阵的分析方法。

5.波士顿矩阵的局限（2012年左右主观题冷门考点，建议通读，适当注意关键字）

企业把波士顿矩阵作为分析工具时，应该注意到它的局限性。

（1）在实践中，企业要确定各业务的市场增长率和相对市场占有率是比较困难的。

（2）波士顿矩阵过于简单。

（3）波士顿矩阵事实上暗含了一个假设：企业的市场份额与投资回报是成正相关的。但在有些情况下这种假设可能是不成立或不全面的。

（4）波士顿矩阵的另一个条件是，资金是企业的主要资源。但在许多企业内，要进行规划和均衡的重要资源不是现金，而是时间和人员的创造力。

（5）波士顿矩阵在具体运用中有很多困难。

（为什么波士顿矩阵的局限性是过于简单？）

（二）通用矩阵

通用矩阵，又称行业吸引力矩阵，是美国通用电气公司设计的一种业务组合分析方法。

1.基本原理

通用矩阵改进了波士顿矩阵过于简化的不足。

首先，在两个坐标轴上都增加了中间等级；

其次，其纵轴用多个指标反映产业吸引力，横轴用多个指标反映企业竞争地位。

这样，通用矩阵不仅适用于波士顿矩阵所适用的范围，而且对不同需求、技术寿命周期曲线的各个阶段以及不同的竞争环境均适用。9个区域的划分，更好地说明了企业中处于不同竞争环境和不同地位的各类业务的状态。

√**通用矩阵**（如图2-7所示）

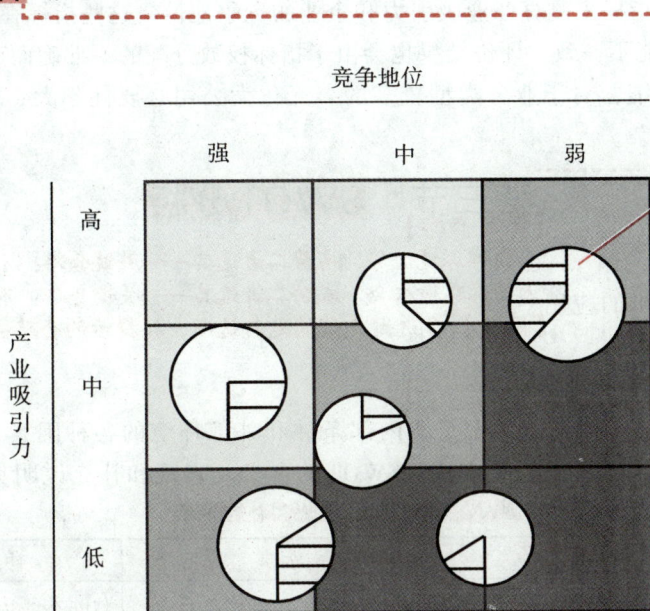

图2-7　通用矩阵

影响产业吸引力的因素，有产业增长率、市场价格、市场规模、获利能力、市场结构、竞争结构、技术及社会政治因素等。评价产业吸引力的大致步骤是：首先根据每个因素的相对重要程度，定出各自的权数；然后根据产业状况定出产业吸引力因素的级数；最后用权数乘以级数，得出每个因素的加权数，并将各个因素的加权数汇总，即为整个产业吸引力的加权值。

影响经营业务竞争地位的因素，有相对市场占有率、市场增长率、买方增长率、产品差别化、生产技术、生产能力、管理水平等。评估企业经营业务竞争地位的原理，与评估产业吸引力原理是相同的。

考霸笔记

考试频率：从未考过。

备考建议：①通读知识点，有大致印象；②在波士顿矩阵的基础上理解通用矩阵原理；③知道通用矩阵比波士顿矩阵复杂即可。

矩阵中圆圈面积的大小与产业规模成正比，圆圈中扇形部分（画线部分）表示某项业务的市场占有率（细小知识点，有印象即可，选择题冷门考点）。

通用矩阵和波士顿矩阵有什么区别？

考霸笔记

复习指导：①具体指标通读（了解即可）；②适当关注"市场占有率"（选择题极冷门考点）；③指标的计算方法：分级加权平均（了解即可，考试概率低）。

2.通用矩阵的基本运用（如图2-8所示）（理解即可）

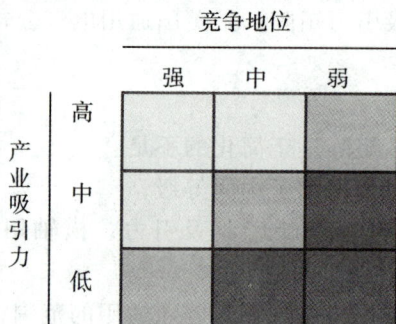

图2-8　通用矩阵的基本运用

3.通用矩阵的局限（关键思路：太复杂，仅作理解，冷门考点）

（1）用综合指标来测算产业吸引力和企业的竞争地位，这些指标在不同产业或不同企业的表现可能不一致，评价结果也会由于指标权数分配的不准确而产生偏差。

（2）分划较细，对于业务类型较多的多元化大公司必要性不大，且需要更多数据，方法比较繁杂。

第三节　SWOT分析

◇ 基本原理
◇ SWOT分析的应用

【解题套路】
①内部环境优势、劣势二者选其一→关键套路：不能出现SW组合。
②外部环境机会、威胁二者选其一→关键套路：不能出现OT组合。
【提示】多选题先读问题与选项，按提示的套路去选择，很有效！

一、基本原理

SWOT分析是一种综合考虑企业内部条件和外部环境的各种因素，进行系统评价，从而选择最佳经营战略的方法。SWOT的含义、表现和补充说明见表2-25。

表2-25　SWOT的含义、表现和补充说明

要素	含义	表现	补充说明
优势（S）	是指能给企业带来重要竞争优势的积极因素或独特能力	企业的资金、技术设备、员工素质、产品、市场、管理技能等方面	判断企业内部的优势和劣势一般有两项标准：单项的优势和劣势；综合的优势和劣势
劣势（W）	是限制企业发展且有待改正的消极方面		
机会（O）	是随着企业外部环境的改变而产生的有利于企业的时机	政府支持、高新技术的应用、良好的购买者和供应者关系等	影响企业当前竞争地位或未来竞争地位的主要障碍
威胁（T）	是随着企业外部环境的改变而产生的不利于企业的时机	如新竞争对手的出现、市场增长缓慢、购买者和供应者讨价还价能力增强、技术老化等	

二、SWOT分析的应用

近三年考试题型：选择题
近三年考试频率：几乎每年必考，非常重要，性价比高，必须拿分。
考试套路：需要同学们先根据案例判断案例情形属于SWOT的哪个位置，接着分析怎么处理。

SWOT分析中最核心的部分是评价企业的优势和劣势、判断企业所面临的机会和威胁并做出决策，即在企业现有的内外部环境下，如何最优地运用自己的资源，并且考虑建立公司未来的资源。SWOT分析的应用见表2-26。

表 2-26　**SWOT分析的应用**

要素		外部环境	
		机会	威胁
内部环境	优势	增长型战略（SO）	多种经营战略（ST）
	劣势	扭转型战略（WO）	防御型战略（WT）

怎么理解 SWOT分析的 运用?

【扩展案例】滴滴出行

S：滴滴在中国400余座城市为近3亿用户提供出租车召车、专车、快车、顺风车、代驾、试驾、巴士和企业级等全面出行服务。滴滴拥有87%以上的中国专车市场份额；99%以上的网约出租车市场份额。2015年，滴滴平台共完成14.3亿份订单；成为全球仅次于淘宝的第二大在线交易平台。

W：滴滴的市场竞争大多依靠补贴，力图培养民众的消费习惯，但巨额的补贴费用同时也会给滴滴带来不少的隐患，目前为止，成本问题仍然是悬在滴滴头上的一柄利润。

O：Uber把中国业务与滴滴出行合并，接收Uber中国给滴滴带来的，不仅是Uber中国的品牌、业务、数据等全部资产，还有增长的市场占有率。

T：2016年10月8日，网约车新政出台，滴滴发表声明：车辆供给骤减、司机大幅减少、网约车车费翻倍和出行效率大幅降低。上海滴滴司机中，只有不到2.44%的司机满足新政要求。而其竞争对手神州专车则表明：静看事态变化，神州专车并无影响。

滴滴出行体现了SWOT分析的运用。

项目		外部环境	
		机会	威胁
内部环境	优势	增长型战略（SO） 进一步扩张二、三线城市滴滴出行的业务	多种经营战略（ST） 战略投资共享单车平台ofo
	劣势	扭转型战略（WO） 以用户体验为突破口，提高用户黏性	防御型战略（WT） 完善出行安全保障

智能测评

在线练习	我要提问
扫码在线做题　　扫码看答案	扫码答疑

本书"本章同步强化训练"均配备二维码，打开微信"扫一扫"即可完成在线测评，查看本章详细的测评反馈报告，了解知识掌握情况，也可扫码直接看答案噢。

快来扫码做题吧！

本书配备答疑专用二维码，打开微信"扫一扫"，即可完成在线提问，获取专业老师全面个性化解答，让学习问题不再拖延。

快来扫码提问吧！

本章同步强化训练

一、单选题

1.商界有句名言"女人和孩子的钱好赚"。从战略分析角度来看，该说法主要分析的因素是（　　）。

    A.人口因素　　　　　B.价值观　　　　　C.生活方式变化　　　　D.消费心理

2.下列各项中，不属于PEST分析的经济环境因素是（　　）。

    A.产业结构　　　　　B.经济发展水平　　　C.国民收入分配政策　D.人口地区分布

3.根据产品生命周期理论，当企业的战略目标是争取最大市场份额时，企业所在的产业处于（　　）。

    A.导入期　　　　　　B.衰退期　　　　　　C.成熟期　　　　　　D.成长期

4.近年来，国内智能家电产业的产品销售量节节攀升，竞争者不断涌入。各厂家的产品虽然在技术和性能方面有较大差异，但均可被消费者接受。产品由于供不应求，价格高企。在产品寿命周期的这个阶段，从市场角度看，国内智能家电产业的关键成功因素应当是（　　）。

    A.建立商标信誉，开拓新销售渠道　　　　B.保护现有市场，渗入别人的市场

    C.选择区域市场，改善企业形象　　　　　D.进行广告宣传，开辟销售渠道

5.根据产品生命周期理论，当企业的战略途径是提高效率，降低成本时，企业所在的产业处于（　　）。

    A.导入期　　　　　　B.衰退期　　　　　　C.成熟期　　　　　　D.成长期

6.达美公司在全国各地拥有10多个仓储物流中心，还控制了多个中药材交易市场。基于此优势，达美公司决定构建一个中药材电子商务市场，并把它建成"实物市场与虚拟市场相结合"、电子交易与结算服务为一体的中药材大宗交易平台。目前许多企业计划进入中药材电子商务领域。达美公司给潜在进入者设置的进入障碍是（　　）。

    A.规模经济　　　　　　　　　　　　　　B.现有企业的市场优势

    C.资金需求　　　　　　　　　　　　　　D.现有企业对关键资源的控制

7.下列各项中，对规模经济和学习经济之间的关系作出正确表述的是（　　）。

    A.两者总是同方向变动

    B.两者交叉地影响产品成本的降低

    C.在资本密集型产业中，规模经济很小，学习经济很大

    D.在劳动密集型产业中，学习经济很小，规模经济很大

8.2007—2013年，S公司在作为P公司最大的元器件和闪存供应商的同时，推出了系列智能手机和平板电脑，成为P公司在智能手机和平板电脑市场主要的竞争对手。P公司很想摆脱对S公司的依赖，但由于S公司在生产关键零部件方面的能力显著强于其他公司，因而在短期内P公司仍然离不开S公司。这一案例中，影响S公司对P公司讨价还价能力的主要因素是（　　）。

    A.业务量　　　　　　　　　　　　　　　B.产品差异化程度与资产专用性程度

    C.信息掌握程度　　　　　　　　　　　　D.纵向一体化程度

9.关于波特"五力"分析理论，下列关于供应商的说法中，错误的是（　　）。

    A.信息掌握的程度高，其讨价还价的能力就强

    B.产品差异化程度与资产专用程度高，其讨价还价能力就强

C.买方的集中程度高，其讨价还价的能力就强

D.供应商拥有足够的资源能够进行后向一体化时，其讨价还价的能力就强

10.自由现金储备、留存借贷能力、厂房设备的余力、定型的但尚未推出的新产品等因素决定着竞争对手的（　　）。

A.快速反应能力　　　B.持久力　　　C.适应变化的能力　　　D.成长能力

11.西江公司是一家拥有一百多年历史的医药公司，其使用国家级保密配方配制的某种药品，自20世纪初推出以来，疗效显著，一直深受患者欢迎。西江公司拥有的具有不可模仿性的资源属于（　　）。

A.物理上独特的资源　　　　　　　　B.具有经济制约性的资源

C.具有因果含糊性的资源　　　　　　D.具有路径依赖性的资源

12.下列关于专利技术的表述中，错误的是（　　）。

A.是物理上独特的资源

B.是能够给企业带来竞争优势的无形资源

C.具有先进性、独创性和独占性等特点

D.列示在资产负债表的专利技术的公允价值可以反映其战略价值

13.甲公司是一家连锁经营川式火锅的公司，在行业景气度一般的情况下经营业绩高速增长。甲公司的竞争优势来自于其优质的服务，包括每家分店都有一支训练有素的服务人员队伍，在顾客就餐时熟练表演"街舞拉面"的技艺。顾客都对甲公司的服务交口称赞。甲公司的具有不可模仿性的资源是（　　）。

A.物理上独特的资源　　　　　　　　B.具有路径依赖性的资源

C.具有因果含糊性的资源　　　　　　D.具有经济制约性的资源

14.下列各项中，不能增加企业核心能力的是（　　）。

A.产品差异化　　　　　　　　　　　B.购买生产专利权

C.创新生产技术　　　　　　　　　　D.聘用生产外包商

15.西康酒店是一家位于中国西部某著名旅游景区的五星级酒店。为了提升管理水平，西康酒店定期派人去东部旅游景区的五星级酒店学习，从而逐步提升了服务质量和财务业绩。西康酒店进行基准分析的基准类型是（　　）。

A.内部基准　　　B.过程或活动基准　　　C.一般基准　　　D.竞争性基准

16.迅驰电梯公司是世界上最大的电梯、自动扶梯和自动走道的制造、安装和服务公司。2003年，公司总裁鲍博在主持公司年度会议时，为迅驰电梯公司提出了一个愿景：超越自己，在提供卓越服务方面成为世界范围内所有公司——不仅仅是电梯公司——公认的领袖。为了追求服务卓越，迅驰电梯公司未来的参照标准是像UPS这样具有类似核心业务的公司。从基准分析方法判断，鲍博的观点是基于（　　）。

A.竞争性基准　　　B.过程或活动基准　　　C.一般基准　　　D.顾客基准

17.根据波特的价值链分析理论，下列各项中，属于企业支持活动（或称辅助活动）的是（　　）。

A.聘请咨询公司实施广告策略　　　　B.物流配送产品

C.生产设备的维修　　　　　　　　　D.通过互联网进行广告宣传

18.根据波士顿矩阵理论，当某企业的所有业务均处于高市场增长率时，下列各项关于该企业业务所属类别的判断中，正确的是（　　）。

A.明星业务和现金牛业务　　　　　　　B.明星业务和问题业务

C.瘦狗业务和现金牛业务　　　　　　　D.现金牛业务和问题业务

19.环美公司原以家电产品的生产和销售为主业，近年来逐渐把业务范围扩展到新能源、房地产、生物制药等行业。依据波士顿矩阵分析法，下列各项环美公司对其业务所做的定位的描述中，错误的是（　　）。

A.新能源行业发展潜力巨大、前景广阔，公司在该领域竞争优势不足。公司应当对新能源业务进行重点投资，以提高市场占有率

B.房地产业进入"寒冬"期，公司的房地产业务始终没有获利。公司应当果断地从该业务中撤出

C.生物制药行业近年来发展迅猛，公司收购的一家生物制药企业由弱到强，竞争优势日益显现。公司应当在短期内优先供给其所需资源，支持该业务继续发展

D.家电业务的多数产品进入成熟期，公司在家电行业竞争优势显著。公司应当对该业务加大投资力度，以维持在行业中的优势地位

20.扬帆集团是一家中药制造企业。2015年以前，扬帆集团主打的Q产品治疗热毒肿痛功效显著，很受市场欢迎，被认为是国家名药。近年来中药市场需求依然旺盛，然而扬帆集团的Q产品销售增长缓慢，公司的业绩和市值增长指标不如其他著名中药制造企业。根据SWOT分析，扬帆集团目前应该采取的战略是（　　）。

A.扭转型战略　　　B.多种经营战略　　　C.防御型战略　　　D.增长型战略

二、多选题

1.刘总考察欧洲市场回国后，认为滤水器在中国还是有巨大潜力的，因为中国自来水处理水平还不高，而且有关部门也相应推出了《生活饮用水卫生标准》，部分地区居民对水质要求也日益提升，但是刘总所在公司生产的滤水器质量还有待提升。上述宏观环境分析主要涉及（　　）方面。

A.经济因素　　　　B.社会文化因素　　　C.技术因素　　　　D.政治因素

2.下列各项中，属于PEST分析的经济环境因素是（　　）。

A.经济发展水平　　B.税收水平　　　　C.居民的教育水平　　D.人均工资水平

3.GD公司应用生命周期理论分析公司产品，但在实际应用方面产生了一些困难，以下表述中正确的有（　　）。

A.运用产品生命周期理论就不能仅仅停留在预测产业的演变上，而应深入研究演变的过程本身，以了解什么因素真正推动了演变过程

B.产品生命周期理论完全不适用于现代工业产品

C.如果公司认定所给的生命周期一成不变，那么它就成为一种没有意义的假设

D.各阶段持续时间会随着产业的不同而不同

4.某研究员提出，经过20年的发展，饮用水市场目前已进入成熟期。支持该研究员结论的市场现象包括（　　）。

A.产业内出现企业兼并的机会较多

B.市场上饮用水品牌的数量急剧减少

C.行业产品利润率及企业的市场占有率同时处于低位

D.同行业企业战略重点倾向于关注效率、成本控制和市场细分

5.学习曲线是指当某一产品累计生产量增加时，由于经验和专有技术的积累所带来的产品单位成本的下降，其与规模经济往往交叉地影响产品成本的下降水平，下列对规模经济和学习曲线导致的成本下降表述正确的有（　　　）。

A.规模经济使得经济活动处于一个比较大的规模时，人们能够以较低的单位成本进行生产；学习经济是由于累计经验而导致的单位成本减少

B.两者总是同方向变动

C.计算机软件开发行业中，规模经济很小时，学习经济很大

D.铝罐制造业中，规模经济很大，学习经济很小

6.对于电梯制造企业而言，其产业的成功关键因素包括（　　　）。

A.拥有核心能力　　　　　　　　　B.售后服务

C.具有比其他竞争对手做得更好的能力　　　　　D.销售能力

7.GD公司在分析竞争环境时，决定用"战略群组"去划分主要竞争对手的战略等方面的特征，该公司利用该方法分析的主要原因是（　　　）。

A.有助于很好地了解战略间的竞争状况

B.有助于了解各战略群组之间的"移动障碍"

C.有助于了解战略群组内企业竞争的主要着眼点

D.可以预测市场变化或发现战略机会

8.甲公司是C国一家生产经营消费类电子产品的企业，准备到发展中国家N国投资彩电生产业务，甲公司对N国诸多条件进行了认真的调查分析。以下分析内容属于钻石模型四要素的有（　　　）。

A.国际名牌家电企业早已进入N国彩电市场，而且竞争激烈

B.N国市场上质量高、价格适中的大众化彩电较少

C.由于C国产品在N国名声不好，N国政府对于C国家电产品的进入制定了许多限制性政策

D.N国劳动力价格比C国明显偏低，而且劳动者的文化与技术水平较低

9.广源天药是C国拥有一百余年中华老字号品牌的医药企业，在中药药材的培育和制药上积累了大量的经验。同时，广源天药使用国家级保密配方配制的跌打损伤药，在C国市场同类产品中销量第一。其研发中心里拥有高级专业技术职称的博士、硕士研究生占在职职工总数的60%以上，他们参与研发出30余款原创新药。广源天药拥有的企业资源有（　　　）。

A.有形资源　　　　　B.无形资源　　　　　C.人力资源　　　　　D.组织经验

10.下列关于价值链的表述中，错误的是（　　　）。

A.运输服务、原材料采购和聘请咨询公司实施法律咨询都属于采购活动

B.职工的培训和售后培训都属于人力资源管理

C.企业的厂房、组织、管理、高层管理人员以及文化属于基础设施

D.企业聘请咨询公司为其开发信息系统属于技术开发

11.下列各项描述属于价值链活动被分离的原则的是（　　　）。

A.具有不同的经济性

B.对产品差异化产生很大的潜在影响

C.在成本中比例很大或所占比例在上升

D.占用较多资金的活动

12.下列有关通用矩阵的局限性说法正确的有（　　　）。

A.评价结果有可能由于指标权数分配的不准确而带来偏差

B.通用矩阵简化了波士顿矩阵过于复杂的方法

C.通用矩阵将企业的经营业务综合在一个矩阵中，具有简单明了的效果

D.划分较细，不易操作

13. 甲公司是国内火力发电装备制造行业的龙头企业，拥有雄厚的资金实力和品牌优势。2012年，甲公司在国家政策支持下，投资开展了为核电企业提供配套设备的新业务，由于相关技术研发力量不足，且市场竞争激烈，该业务一直处于亏损状态。下列各项对甲公司所作的SWOT分析并提出的相应战略中，正确的有（　　　　）。

A.甲公司新业务的相关技术研发力量不足，且市场竞争激烈，应将新业务出售，此为WT战略

B.甲公司虽然新业务的相关技术研发力量不足，但面对国家政策的支持，应寻找有实力的公司，结成战略联盟，此为ST战略

C.甲公司拥有雄厚的资金实力和品牌优势，但自身研发能力不足，应寻求有实力的公司，结成战略联盟，此为WO战略

D.甲公司拥有雄厚的资金实力和品牌优势，应借国家政策支持的东风，加强技术攻关力度，争取新业务尽快扭亏为盈，此为SO战略

三、简答题

1.据专家预测，到2020年中国葡萄酒消费量将进入世界前三位；全球葡萄酒过剩时代结束，即将步入短缺时代。

葡萄酒界流传着"七分原料，三分工艺"的说法，意即决定葡萄酒品质最重要的因素是葡萄产地。G省的葡萄种植基地、葡萄酒生产企业主要集中在西北黄金产业带上。适宜的纬度、最佳光热水土资源组合，加之大幅度的昼夜温差、适宜有效的气温和干燥少雨的气候，使G省成为国内生产葡萄酒原料的最佳区域之一。

G省葡萄酒产业发展具有深厚的文化底蕴。"葡萄美酒夜光杯，欲饮琵琶马上催"等一系列脍炙人口的赞美葡萄酒的诗歌经久不衰。从历史史料中不难看出自汉期以来的2 000多年，西北黄金产业带的葡萄酒，一直闻名遐尔，享誉盛赞。

然而，G省葡萄酒企业在国内市场的竞争地位地不尽人意。2011年国内四大葡萄酒知名品牌占据国内市场份额60%左右，而G省最具竞争力的高华品牌只在华南和西北地区占有很低的市场份额，省内另外几家企业的葡萄酒基本未进入省外市场。2011年G省葡萄酒企业年销量仅占全国销量的1.1%。

以下三个方面因素在一定程度上影响了G省葡萄酒企业的竞争力。其一，相对于国内东部产区而言，G省产区交通条件欠发达，因此葡萄酒产品在外运过程中成本较高。其二，随着市场的发展，包装对于葡萄酒来说不仅是保护商品、方便流通的手段，更成为一种差异化、准确定位目标市场的营销方式。而G省与葡萄酒产业相关的包装印刷业发展缓慢，企业产品包装品的制作和商标的印刷主要依靠南方地区的企业提供。其三，G省绝大多数葡萄酒生产企业规模小且分散，产品销售网覆盖地区有限，彼此之间的竞争不够充分。

近年来，为了进一步完善本地葡萄酒企业发展环境，G省酒类商品管理局实施了"抱团走出去，择优引进来"的策略，通过开展品牌宣传、招商引资等多种手段，努力提升G省葡萄酒在国内市场的知名度。

【要求】

（1）依据钻石模型四要素，简要分析G省葡萄酒产业发展的优势与劣势；

（2）依据企业资源的判断标准，简要分析G省葡萄酒业资源的"不可模仿性"有哪几种形式。

2.2004年，春城白药开始尝试进军日化行业。而此时日化行业的竞争已经异常激烈。B公司、L公司、D公司、H公司等国际巨头们凭借其规模经济、品牌、技术、渠道和服务等优势，基本上占领了C国日化行业的高端市场，占据了C国牙膏市场60%以上的份额；清雅公司、蓝天公司等本土日化企业由于普通存在产品特色不突出、品牌记忆度弱等问题，加上自身实力不足，因而多是在区域市场的中低端市场生存。整个产业的销售额达到前所未有的规模，且市场基本饱和。谁想要扩大市场份额，都会遇到竞争对手的顽强抵抗，已有相当数量的本土日化企业退出市场。价格竞争开始成为市场竞争的主要手段，定位在高端市场的国际巨头们也面临着发展的瓶颈，市场份额、增长速度、盈利能力都面临着新的考验，它们的产品价格开始向下移动。

春城白药进入日化行业先从牙膏市场开始，春城白药没有重蹈本土企业的中低端路线，而是反其道而行之。通过市场调研，春城白药了解到广大消费者对口腔健康日益重视，而当时市场上的牙膏产品大多专注于美白、防蛀等基础功能，具有更多口腔保健功能的药物牙膏还是市场"空白点"。于是，春城白药创出了一个独特的、有助于综合解决消费者口腔健康问题的药物牙膏——春城白药牙膏，并以此树立起高价值、高价格、高端的"三高"形象。

春城白药进入牙膏市场短短几年表现突出，不仅打破本土品牌低端化的现状，还提升了整个牙膏行业价格体系。从2010年开始，随着春城白药推出功能化的高端产品，国际巨头们也纷纷凭借自身竞争优势推出功能化的高端产品抢占市场。B公司推出抗过敏牙膏；L公司推出全优七效系列牙膏；D公司推出去渍牙膏；H公司推出专效抗敏牙膏。这些功能性很强的口腔保健牙膏定价都与春城白药牙膏不相上下，这些功能化的高端牙膏产品出现后，消费者的需求得到进一步满足，整个市场呈现出"销售额增长大于销售量增长"的新特点。

【要求】

（1）简要分析春城白药进军日化行业时，日化行业所处的产品生命周期发展阶段；

（2）运用"解决口腔健康问题功能程度"和"价格水平"两个战略特征，各分为"高""低"两个档次，对2010年以前的B公司、L公司、D公司、H公司。清雅公司、蓝天公司、春城白药进行战略群组划分；

（3）根据战略群组分析的作用，分析：①定位在高端市场的国际巨头们的产品价格开始向下移动的依据；②春城白药在日化行业中战略群组定位的依据；③B公司、L公司、D公司、H公司相继推出功能化高端牙膏的依据。

3.光澜公司是C国一家二级民营电信运营商，专注于宽带接入业务。

光澜公司的供应商主要分为带宽供应商和设备供应商。带宽供应商主要是3家一级电信运营商，它们控制了绝大部分互联网出口带宽资源。光澜公司与其他二级电信运营商一样，只能从这3家一级运营商手中购买带宽资源。设备供应商数量多、规模小，光澜公司每年都可以选择从不同供应商手中采购大量设备，在价格及付款方式等方面已达成很好的默契。光澜公司客户主要是中小企业，这些企业的资金实力有限，对光澜公司产品的价格比较敏感，加之光澜公司目前的产品比较单一，容易被竞争对手复制，因而使客户具有较强的议价能力。

2013年，C国政府制定政策，将宽带定位于重要的公共基础设施；放宽了民间资本进入电信运营业的限制，以适应经济快速增长和互联网普及率迅速提高的需求。面对十分广阔的市场前景，许多投资者跃跃欲试，准备跻身于宽带接入行业。尤其是3家一级运营商，手中积累了大量资金，打造"全产业链"正在成为其战略取向。一旦它们的业务延伸到宽带接入领域，将很可能成为该领域的主导者。有的一级供应商还有可能一举用更为先进的5G技术来代替传统的宽带接入技术，从根本上改变行业竞争格局。这些一级运行商在直接介入宽带业务之前，已经利用其市场知名度和资金优势，调整市场开发策略，通过扶植众多的代理商参与市场竞争。这些代理商虽然目前实力较弱，覆盖区域较小，但价格灵活，服务的客户比较集中，它们往往以价格为利器与光澜公司展开竞争，其中个别代理商提供的产品价格已达到与光澜公司产品价格持平甚至略低的水平。

【要求】

（1）从宏观环境角度简要分析光澜公司面临的机会与威胁；

（2）从五种竞争力角度简要分析光澜公司面临的机会与威胁。简述五力模型的局限性。

第三章
战略选择

本章导学

本章框架图

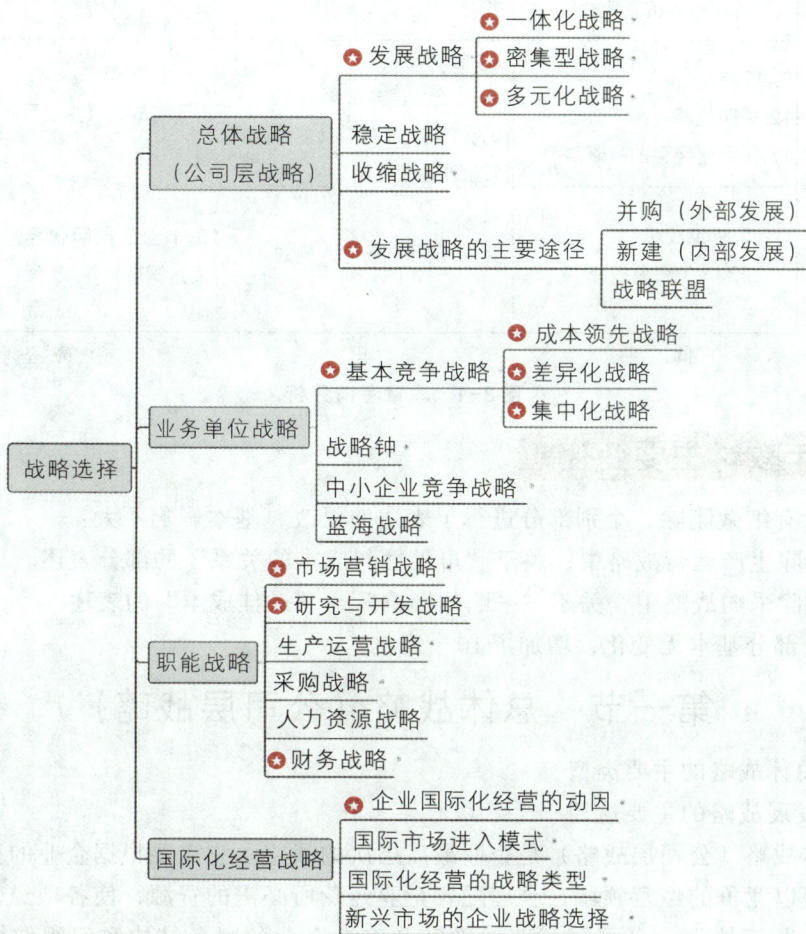

考霸笔记

近3年考试中，平均分值在36分左右，是复习的重中之重。

① 考试题型：客观题、主观题。

② 常考形式：首先需要判断案例属于哪种类型的战略，其次考查各类战略的动因、优缺点。

③ 复习建议：本章内容在考试中考查得非常灵活，需要考生在理解的基础之上，进行记忆和背诵。学习时，会感觉时间比较漫长，但是使用案例加以理解，学习过程就会比较愉快。

本章考情概述

我们常会用"选择比努力更重要"来说明选择的重要性。用战略的语言来说，我们作出一个又一个选择，制定一个又一个决策被称为战略选择，这也是战略管理流程的第二步。本章介绍了可供企业选择的各种战略的相关内容与理论，包括总体战略、业务单位战略、职能战略和国际化经营战略。

本章近年平均分值为36分，属于非常重要的考试章节，考试会涉及各种题型，包括选择题、简答题和综合题。

本章也是章节篇幅最大、考试分值最大、同学们备考花费时间和精力最多与

背诵内容最多的章节。本章是复习的重中之重。需要同学在理解的基础之上，进行记忆和背诵。本章需重点关注的主观题考点有：（1）发展战略；（2）发展战略的主要途径；（3）基本竞争战略；（4）蓝海战略；（5）市场营销战略；（6）研究与开发战略；（7）发展中国家企业国际化经营的动因。本章考情分析如图3-1所示：

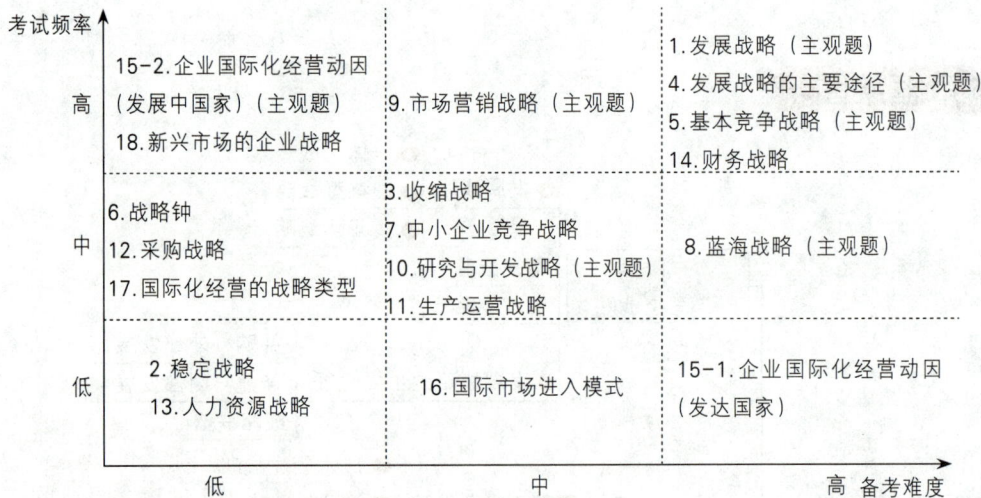

图3-1　本章考情分析

2019年教材主要变化

本章有细微删除，个别部分进行了表述的更改，基本影响不大：

1.删除生产运营战略中，关于"可见性与成本的关系"的部分表述。

2.删除采购战略中，关于"采购的影响"与"最佳成本"的表述。

其余部分基本无变化，增加了10个案例。

第一节　总体战略（公司层战略）

◇ 总体战略的主要类型

◇ 发展战略的主要途径

总体战略（公司层战略）是企业最高层次的战略。它需要根据企业的目标，选择企业可以竞争的经营领域，合理配置企业经营所必需的资源，使各项经营业务相互支持、相互协调。公司层战略常常涉及整个企业的财务结构和组织结构方面的问题。

一、总体战略的主要类型

企业总体战略可分为三大类：发展战略、稳定战略和收缩战略。

（一）发展战略

企业发展战略强调充分利用外部环境的机会，充分发掘企业内部的优势资源，以求企业在现有战略的基础上向更高一级的方向发展。

发展战略主要包括3种基本类型：一体化战略、密集型战略和多元化战略。

1.一体化战略

✔ 概述（如图3-2所示）

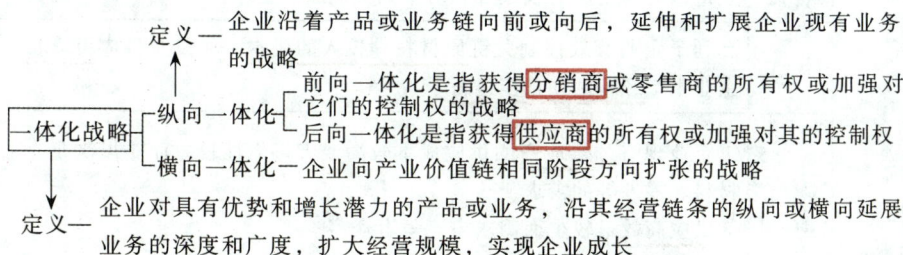

一体化战略
- 定义——企业沿着产品或业务链向前或向后，延伸和扩展企业现有业务的战略
- 纵向一体化——
  - 前向一体化是指获得分销商或零售商的所有权或加强对它们的控制权的战略
  - 后向一体化是指获得供应商的所有权或加强对其的控制权
- 横向一体化——企业向产业价值链相同阶段方向扩张的战略
- 定义——企业对具有优势和增长潜力的产品或业务，沿其经营链条的纵向或横向延展业务的深度和广度，扩大经营规模，实现企业成长

图3-2 一体化战略概述

如何快速区分一体化战略的类型？

✔ 概念图解（如图3-3所示）

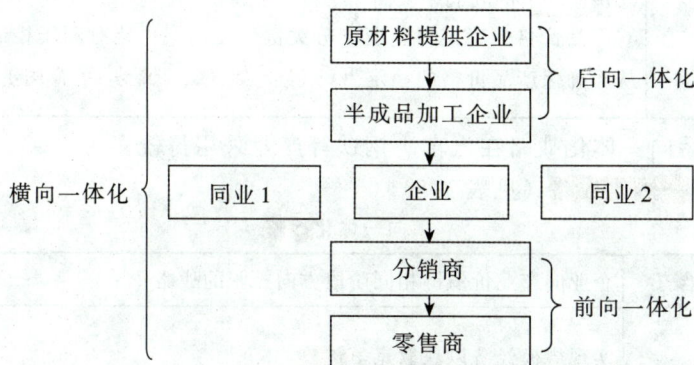

横向一体化

原材料提供企业		后向一体化
半成品加工企业		
同业1	企业	同业2
分销商		前向一体化
零售商		

图3-3 概念图解

（1）纵向一体化战略。

纵向一体化战略概述见表3-1。

表3-1   **纵向一体化战略概述**

优点	有利于节约与上、下游企业在市场上进行购买或销售的交易成本，控制稀缺资源，保证关键投入的质量或者获得新客户
缺点	会增加企业的内部管理成本
主要风险	①不熟悉新业务领域所带来的风险 ②纵向一体化，尤其是后向一体化，一般涉及的投资数额较大且资产专用性较强，增加了企业在该产业的退出成本
分类	前向一体化&后向一体化

纵向一体化战略详述见表3-2。

表3-2   **纵向一体化战略详述**

前向一体化战略	含义	获得分销商或销售商的所有权或加强对它们的控制权的战略
	优点	有利于企业控制和掌握市场，增强对消费者需求变化的敏感性，提高企业产品的市场适应性和竞争力
	适用条件	①企业现有销售商的销售成本较高或者可靠性较差而难以满足企业的销售需要 ②企业所在产业的增长潜力较大 ③企业具备前向一体化所需的资金、人力资源等 ④销售环节的利润率较高

考霸笔记
★前向一体化战略和后向一体化战略的适用条件是主观题的高频考点，建议背诵。

前、后向一体化战略适用条件对比记忆法。

考霸笔记
【案例】美特斯邦威最早是制衣厂，而后转战零售行业，由制衣转换到制衣并销售。

后向一体化战略	含义	获得供应商的所有权或加强对其的控制权
	优点	有利于企业有效控制关键原材料等投入的成本、质量及供应可靠性，确保企业生产经营活动稳步进行
	适用条件	①企业现有的供应商的供应成本较高或者可靠性较差而难以满足企业对原材料、零件等的需求 ②供应商数量较少而需求方竞争者众多 ③企业所在产业的增长潜力较大（共性） ④企业具备后向一体化所需的资金、人力资源等 ⑤供应环节的利润率较高 ⑥产品价格的稳定对企业十分关键，后向一体化有利于控制原材料成本，从而确保产品价格的稳定（①④⑤共性，但方向不同）

【提示】后向一体化战略在汽车、钢铁等产业采用得较多。

（2）横向一体化战略（见表3-3）。

表3-3　　　　　　　　　　横向一体化战略

横向一体化战略	含义	企业向产业价值链相同阶段方向扩张的战略
	主要目的	实现规模经济以获取竞争优势
	适用条件	①企业所在产业竞争较为激烈 ②企业所在产业的规模经济较为显著 ③企业的横向一体化符合反垄断法律法规，能够在局部地区获得一定的垄断地位 ④企业所在产业的增长潜力较大（共性） ⑤企业具备横向一体化所需的资金、人力资源等（共性）

2.密集型战略

✓考试题型：主观题（爱考）、选择题（高频）。备考建议：矩阵是判断战略类型的依据，需要全面掌握，名称要记住。

✓含义：企业充分利用现有产品或服务的潜力，强化现有产品或服务竞争地位的战略。

✓安索夫"产品与市场战略组合"矩阵（见表3-4）

表3-4　　　　　　　　安索夫"产品与市场战略组合"矩阵

		产品	
		现有产品	新产品
市场	现有市场	市场渗透	产品开发
	新市场	市场开发	多元化

注意：安索夫矩阵包含了多元化战略，但多元化战略不是密集型战略。

（1）市场渗透——现有产品和现有市场（见表3-5）。

表3-5　　　　　　　　　市场渗透——现有产品和现有市场

含义	增加现有产品或服务的市场份额，或增加正在现有市场中经营的业务。目标是通过各种方法来提高产品的使用频率 【案例】可口可乐：罐装拉环的改变。
途径	①扩大市场份额。适合整体正在成长的市场 【案例】饿了么的补贴政策。 ②开发小众市场。适合实力弱的小企业 【案例】1号店，快消品线上销售。 ③保持市场份额。适合衰退的市场
适用情况	此种策略的难易程度取决于：<u>市场的性质及竞争对手的市场地位</u> ①当整个市场正在增长时，渗透相对容易。向停滞或衰退的市场渗透会难得多 ②如果一家企业决定将利益局限在现有产品或市场领域，即使在整个市场衰退时也不允许销售额下降，那么企业就必须采取市场渗透战略【对照理解】不成功便成仁，破釜沉舟。 ③如果其他企业由于各种原因离了市场，那么市场渗透战略可能比较容易成功【对照理解】敌退我进。 ④企业拥有强大的市场地位，并且能够利用经验和能力来获得强有力的独特竞争优势，那么实施市场渗透是比较容易的 ⑤当市场渗透战略的风险较低、高级管理者参与度较高，且需要的投资相对较少的时候，市场渗透战略也会比较适用
教材例子	为了吸引消费者于购物时使用商业银行的信用卡，银行与各大百货商店合作，采用签账回赠、周末签账折扣优惠等营销方法，也提供签账<u>换取飞行里程</u>等优惠 考试考查过原文案例。

（2）市场开发——现有产品和新市场（见表3-6）。

表3-6　　　　　　　　　市场开发——现有产品和新市场

含义	将现有产品或服务打入<u>新市场</u>的<u>战略</u>
途径	开辟<u>其他区域市场</u>和<u>细分市场</u>
原因	①企业发现现有产品生产过程的性质导致难以转而生产全新的产品，因此它们希望能开发其他市场 ②市场开发往往与产品改进结合在一起 ③现有市场或细分市场已经饱和，企业只能去寻找新的市场
适用情况	①存在未开发或未饱和的市场　　有市场。 ②可得到新的、可靠的、经济的和高质量的销售渠道　　有渠道。 ③企业在现有经营领域十分成功　　有经验。 ④企业拥有扩大经营所需的资金和人力资源　　有人、有钱。 ⑤企业存在过剩的生产能力　　有产能。 ⑥企业的主业属于正在迅速全球化的产业　　可以走出去。
教材例子	迪士尼利用同样的卡通主题和模式，在多个地方如东京、巴黎、上海等地开设主题公园，成为旅游热点

如何快速辨别企业采用的是市场渗透战略？

考霸笔记
需记忆，主观题爱考的知识点，建议掌握关键词。

什么是新市场？

考霸笔记
市场开发的原因、适用条件是主观题爱考的知识点，建议掌握关键词。

考霸笔记
【案例】星巴克的中国市场扩张之路。

第三章

（3）产品开发——新产品和现有市场（见表3-7）。

表3-7　　　　　　产品开发——新产品和现有市场

含义	在原有市场上，通过技术改进与开发研制新产品 这种战略可以延长产品的寿命周期，提高产品的差异化程度，满足市场新的需求，从而提高企业的竞争地位
注意	拥有特定细分市场、综合性不强的产品或服务范围窄小的企业可能会采用这一战略
途径	例如，提供不同尺寸和不同颜色的产品；对产品使用不同的包装（将产品分装在罐头和瓶子中）
原因	①充分利用企业对市场的了解 ②保持相对于竞争对手的领先地位 ③从现有产品组合的不足中寻求新的机会 ④使企业能继续在现有市场中保持稳固的地位
适用情况	①企业的产品具有较高的市场信誉度和顾客满意度　有品牌。 ②企业所在产业属于适宜创新的高速发展的高新技术产业　产业适宜创新。 ③企业所在产业正处于高速增长阶段　有市场。 ④企业具有较强的研究和开发能力　有能力。 ⑤主要竞争对手以类似价格提供更高质量的产品　迫使创新。
教材例子	一家以创新为中心的粮食产品公司，为使消费者对其产品有新鲜感，不断致力于开发新产品。公司看准开发大米系列食品在现有市场的潜力，推出了各种加工类型的产品，包括： ①方便型 ②保健型 ③饮料型 ④糕点型

（4）多元化——新产品和新市场。

3.多元化战略

多元化战略概述见表3-8。

表3-8　　　　　　多元化战略概述

定义	企业进入与现有产品和市场不同的领域
分类	相关多元化战略（同心多元化）
	非相关多元化战略（离心多元化）

多元化战略类型见表3-9。

表3-9　　　　　　　　　　　　　　　　多元化战略类型

战略类型		战略描述
相关多元化（同心多元化）	含义	企业以现有业务或市场为基础进入相关产业或市场的战略
	利于	获取融合优势，即两种业务或两个市场同时经营的盈利能力大于各自经营时的盈利能力之和（范围经济）
	相关性	体现在产品、生产技术、管理技能、营销渠道、营销技能、用户等方面
	风险	比非相关多元化稍低一些
	适用条件	企业在产业或市场内具有较强的竞争优势，而该产业或市场成长性或吸引力逐渐下降
非相关多元化（离心多元化）	含义	企业进入与当前产业和市场均不相关的领域的战略
	目标	从财务上考虑平衡现金流或者获得新的利润增长点，规避产业或市场的发展风险
	适用条件	企业当前产业或市场缺乏吸引力，而企业也不具备较强的能力和技能转向相关产品或市场

多元化战略详述见表3-10。

表3-10　　　　　　　　　　　　　　　　多元化战略详述

原因	①在现有产品或市场中持续经营不能达到目标 ②企业由于以前在现有产品或市场中成功经营而保留下来的资金超过了其在现有产品或市场中的财务扩张所需要的资金　有闲钱。 ③与在现有产品或市场中的扩张相比，多元化战略意味着更高的利润
优点	①分散风险，当现有产品及市场失败时，新产品或新市场能为企业提供保护 ②能更容易地从资本市场获得融资　风险小，资本更青睐。 ③当企业在原产业无法增长时找到新的增长点 ④利用未被充分利用的资源　物（有形和人力等）。 ⑤运用盈余资金　财。 ⑥获得资金或其他财务利益 ⑦运用企业在某个产业或某个市场中的形象和声誉来进入另一个产业或市场，而在另一个产业或市场中要想取得成功，企业形象和声誉是至关重要的　品牌（无形）。
风险	①来自原有经营产业的风险 ②市场整体风险 ③产业进入风险 ④产业退出风险 ⑤内部经营整合风险

第三章

（二）稳定战略（见表3-11） （冷门考点，大致了解）

表3-11　　　　　　　　　　　　　稳定战略

含义	又称维持战略，是指限于经营环境和内部条件，企业在战略期所期望达到的经营状况基本保持在战略起点的范围和水平上的战略
途径	企业不需要改变自己的宗旨和目标，企业只需要集中资源用于原有的经营范围和产品，以增加其竞争优势
适用情况	对环境的预测变化不大，而在前期经营相当成功的企业
优点	①可以充分利用原有生产经营领域中的各种资源 ②避免开发新产品和新市场所必需的巨大资金投入和开发风险 ③避免资源重新配置和组合的成本 ④防止由于发展过快、过急造成失衡状态
风险	①一旦企业外部环境发生较大变动，企业战略目标、外部环境、企业实力三者之间就会失去平衡，将会使企业陷入困境 ②容易使企业降低风险意识，甚至会形成惧怕风险、回避风险的企业文化，降低企业对风险的敏感性和适应性

（三）收缩战略 ✔（爱考选择题）

1.收缩战略概述（见表3-12）

表3-12　　　　　　　　　　　　收缩战略概述

含义		也称撤退战略，是指企业缩小原有经营范围和规模的战略	
原因	主动原因	①大企业战略重组的需要【案例】IBM出于转型需要，卖出个人PC业务。 ②小企业的短期行为【对照】金盆洗手，不干了。	
	被动原因	①外部原因 ②企业（或某业务）失去竞争优势	
途径		紧缩与集中战略	
		转向战略	
		放弃战略	

2.收缩战略的途径 （需理解并记忆具体的途径类型）

（1）紧缩与集中战略（见表3-13）。

表3-13　　　　　　　　　　　　紧缩与集中战略

含义		往往集中于短期效益，主要涉及采取补救措施制止利润下滑，以期立即产生效果
途径	①机制变革	调整管理层领导班子；重新制定政策和管理控制系统，以改善激励机制与约束机制等
	②财政和财务战略	如引进和建立有效的财务控制系统，严格控制现金流量；与关键的债权人协商，重新签订偿还协议，甚至把需要偿付的利息和本金转换成其他的财务证券（如把贷款转换成普通股或可转换优先股）等
	③削减成本战略	削减人工成本、材料成本、管理费用以及资产（内部放弃或改租、售后回租）等，缩小分部和职能部门的规模

（2）转向战略（见表3-14）。

表3-14　　　　　　　　　　　　　　　转向战略

含义	更多地涉及企业经营方向或经营策略的改变
途径	①重新定位或调整现有的产品和服务
	②调整营销策略，在价格、广告、渠道等环节推出新的举措

（3）放弃战略（见表3-15）。放弃战略涉及企业（或子公司）产权的变更，与前面两种战略相比，是比较彻底的撤退方式。

表3-15　　　　　　　　　　　　　　　**放弃战略**

类型	所有权的终止	相对频繁性	新的所有权形式
特许经营	全部；有限期	经常	子公司或独立机构
分包	全部；但仍保留贸易关系	经常	子公司
卖断	全部；往往是永久性的	小规模卖断经常发生，属一系列行动中的一部分；大规模卖断往往是面临危机的表现	子公司
管理层与杠杆收购	全部；永久性的，母公司可能拥有股权	小规模——经常发生，大规模——英国和美国常用	独立机构
拆产为股/分拆	分离而不是终止所有权，可能带来所有权的稀释，通常是永久性的	小规模——经常发生，尤其是高科技企业经常发生，由管理层购入股权	准独立机构
资产互换与战略贸易	全部；保持了母公司的规模，只涉及资产	不常见，因反托拉斯导致小规模资产互换，大规模的资产互换多是自愿的	子公司

下面是对每一种放弃方式的具体说明。（通读）

①特许经营。这种方式是指企业卖给被特许经营企业有限权利，而收取一次性付清的费用。

②分包。这种方式是指公司采用招标的方式让其他公司生产本公司的某种产品或者经营本公司的某种业务。

③卖断。这种方式是指母公司将其所属的业务单位卖给其他企业，从而与该业务单位断绝一切关系，实现产权的彻底转移。

④管理层与杠杆收购。这种方式是指一家公司把大部分业务卖给它的管理层或者另外一家财团，母公司可以在短期或者中期保留股权。

⑤拆产为股/分拆。母公司的一部分分拆为战略性的法人实体，以多元持股的形式形成对子公司的所有权。母公司仍然在很大程度上控制着这部分企业。与母公司脱离的子公司可以看成是准独立机构。

⑥资产互换与战略贸易。这种方式是指通过企业之间交换资产来实现所有权。这要在两个公司之间达成一种匹配，使卖方公司和买方公司都能够接受彼此的资产。例如韵达的借壳上市。

【总结】收缩战略的方式（见表3-16）

表3-16　　　　　　　　　　　　　　　　**收缩战略的方式**

途径	概述	具体措施
紧缩与集中战略	往往集中于短期效益，主要涉及采取补救措施制止利润下滑，以期立即产生效果	机制变革
		财政和财务战略
		削减成本战略
转向战略	更多地涉及企业的整个经营方向的改变	重新定位或调整现有的产品和服务
		调整营销策略
放弃战略	涉及企业（或子公司）产权的变更	特许经营；分包；卖断；管理层与杠杆收购；拆产为股/分拆；资产互换与战略贸易

3.收缩战略的困难

收缩战略对企业主管来说，是一项非常困难的决策。困难主要来自两个方面，见表3-17。

表3-17　　　　　　　　　　　　　　　　**收缩战略的困难**

对企业或业务状况的判断	①企业产品所处的寿命周期以及今后的盈利情况和发展趋势 ②产品或业务单位的当前市场状况以及竞争优势和机会 ③腾下来的资源应如何运用 ④寻找一个愿出合理价格的买主 ⑤放弃一部分获利的业务或者一些经营活动，转而投资其他可能获利更大的业务是否值得 ⑥关闭一家企业或者一家工厂，是否比在微利下仍然持续运转合算？特别是，退出的障碍是否较大？成本是否高昂 ⑦准备放弃的那部分业务在整个公司中所起的作用和协同优势 ⑧用其他产品和服务来满足现有顾客需求的机会 ⑨企业降低分散经营的程度所带来的有形和无形的效益 ⑩寻找合适的买主	
退出障碍	①固定资产的专用性程度	当资产涉及具体业务或地点的专用性程度较高时，其转移及转换成本高，从而难以退出现有产业
	②退出成本	退出成本包括劳工协议、重新安置的成本、备件维修成本等
	③内部战略联系	企业内部某业务单位与其他业务单位在市场形象、市场营销能力、利用金融市场及设施共享等方面的内部相互联系
	④感情障碍	企业在制定退出战略时，会引发一些管理人员和职工的抵触情绪
	⑤政府与社会约束	政府考虑到失业问题和对地区经济的影响，有时会出面反对或劝阻企业作出退出的决策

二、发展战略的主要途径

在前面阐述的公司总体战略的3种类型——发展战略、稳定战略和收缩战略中，实施发展战略的又可以采用不同的途径。

（一）发展战略可选择的途径

发展战略一般可以采用3种途径，即外部发展（并购）、内部发展（新建）与战略联盟，见表3-18。

表3-18　　　　　　　　　发展战略可选择的途径

	含义	交易费用（经济学角度）通读
外部发展（并购）	企业通过取得外部经营资源谋求发展的战略	运用"统一规制"的方式实现企业一体化，即以企业组织形态取代市场组织形态
	狭义内涵：并购（收购&合并）	
内部发展（新建）	企业利用自身内部资源谋求发展的战略	运用"市场规制"实现企业的市场交易，即以市场组织形态取代企业组织形态
	狭义内涵：新建	
战略联盟	两个或两个以上经营实体之间为了达到某种战略目的而建立的一种合作关系	企业战略联盟是这两种组织形态的一种中间形态
	合并或兼并就意味着战略联盟的结束	

（二）并购战略

1.并购的类型

企业并购有许多具体形式，这些形式可以从不同的角度加以分类，见表3-19。

表3-19　　　　　　　　　并购的类型

分类标准	类别		含义
按并购双方所处的产业分类	横向并购		并购方与被并购方处于同一产业【案例】58同城，一个会赶集的网站。
	纵向并购	前向并购	沿着产品实体流动方向所发生的并购，如生产企业并购销售商
		后向并购	沿产品实体流动的反向所发生的并购，如加工企业并购原料供应商【案例】通用汽车和费雪公司。
	多元化并购		处于不同行业、在经营上也无密切联系的企业之间的并购【案例】万达并购传奇影业。
按被并购方的态度分类	友善并购		并购方与被并购方通过友好协商确定并购条件，在双方意见基本一致的情况下实现产权转让的一类并购【案例】雀巢和徐福记（你情我愿）。
	敌意并购		并购方不顾被并购方的意愿强行收购对方企业的一类并购【案例】万宝之争，门口的野蛮人。
按并购方的身份分类	产业资本并购		并购方为非金融企业【案例】海尔并购通用家电。
	金融资本并购		并购方为投资银行或非银行金融机构【案例】平安信托并购汽车之家。
按收购资金来源分类	杠杆收购		收购方的主体资金来源是对外负债【案例】宝能VS万科。
	非杠杆收购		收购方的主体资金来源是自有资金

2.并购的动机

如前所述，企业实施发展战略的途径有很多种，为什么要选择并购战略？以下内容着重于分析并购战略不同于新建战略的动机。

（1）避开进入壁垒，迅速进入，争取市场机会，规避各种风险。

（2）获得协同效应（见表3-20）。

表3-20 协同效应

含义		企业从资源配置和经营范围的决策中所能寻求到的各种共同努力的效果
		协同效应被表示为"1+1>2"
协同效果	并购后的企业内部不同"作用力"	①时空排列得到有序化和优化，从而使企业获得"聚焦效应"
		②转移、扩散、互补，从而改变了公司的整体功能状况
		③耦合、反馈、互激振荡，改变了作用力的性质和力量

（3）克服企业负外部性，减少竞争，增强对市场的控制力。

负外部性的一种表现：个体理性导致集体非理性

两个独立企业的竞争表现了这种负外部性，其竞争的结果往往使其两败俱伤，而并购战略可以减少残酷的竞争，同时还能够增强对其他竞争对手的竞争优势。

3.并购失败的原因 （主观题高频，理解并记忆）

并购方式的失败率是很高的，在企业并购的实践中，许多企业并没有达到预期的目标，甚至遭到了失败。造成并购失败的主要原因见表3-21。

表3-21 造成并购失败的主要原因

并购失败的原因	补充说明
决策不当	没有认真地分析目标企业的潜在成本和效益，过于草率地并购，或者过高估计并购对象所在产业的吸引力和自己对被并购企业的管理能力
并购后不能很好地进行企业整合，	企业文化的整合是最基本、最核心，也是最困难的工作
支付过高的并购费用	关键词：价值评估
跨国并购面临政治风险	防范措施（知道，以防考查客观题）： ①加强对东道国的政治风险的评估，完善动态监测和预警系统 ②采取灵活的国际投资策略，构筑风险控制的坚实基础 ③实行企业当地化策略，减少与东道国之间的矛盾和摩擦

（三）内部发展战略（表3-22）

表3-22

内部发展战略 需要掌握的 内容有哪些?

内部发展战略

含义	也称内生增长，是企业在不收购其他企业的情况下利用自身的规模、利润、活动等内部资源来实现扩张
动因	①开发新产品的过程使企业能深刻地了解市场及产品 ②不存在合适的收购对象　理解：自己动手，丰衣足食。 ③保持统一的管理风格和企业文化 ④为管理者提供职业发展机会 ⑤代价较小，因为获得资产时无须为商誉支付额外的金额 ⑥并购通常会产生隐藏的或无法预测的损失，而内部发展不太可能产生这种情况 ⑦这可能是唯一合理的、实现真正技术创新的方法 ⑧可以有计划地进行，很容易从企业获得财务支持，并且成本可以按时间分摊 ⑨风险较低。在收购中，购买者可能还需承担以前业主所做决策而产生的后果 ⑩内部发展的成本增速较慢
缺点	①与并购市场中现有的企业相比，在市场上增加了竞争者，这可能会激化某一市场内的竞争 ②企业并不能接触到其他企业的知识及系统，可能会更具风险 ③从一开始就缺乏规模经济或经验曲线效应 ④当市场发展得非常快时，内部发展会显得过于缓慢 ⑤进入新市场可能要面对非常高的障碍
应用条件 记忆。	①产业处于不均衡状况，结构性障碍还没有完全建立起来 ②产业内现有企业的行为性障碍容易被制约 ③企业有能力克服结构性与行为性障碍，或者企业克服障碍的代价小于企业进入后的收益
	克服进入障碍的能力往往表现在以下几个方面： ①企业现有业务的资产、技能、分销渠道同新的经营领域有较强的相关性【案例】支付宝&淘宝。 ②企业进入新领域后，有独特的能力影响其行业结构，使之为自己服务【案例】微信，朋友圈。 ③企业进入该经营领域后，有利于发展企业现有的经营内容【案例】天猫与淘宝。

考霸笔记 要求知道，在理解的基础上，适当关注关键字，主观题冷门考点。

考霸笔记 关注，【技巧】参照五力模型的进入者威胁。

什么是企业战略联盟?

（四）企业战略联盟

合作竞争最主要的形式之一是建立企业战略联盟。战略联盟作为现代企业组织制度创新中的一种，已成为现代企业强化其竞争优势的重要手段，被誉为"20世纪20年代以来最重要的组织创新"。

1.企业战略联盟的基本特征　理解，掌握关键词。

从经济组织形式来看，战略联盟是介于企业与市场之间的一种"中间组织"。

从企业关系来看，组建战略联盟的企业各方是在资源共享、优势相长、相互信任、相互独立的基础上通过事先达成协议而结成的一种平等的合作伙伴关系。

联盟企业之间的协作关系主要表现为：

- 相互往来的平等性。
- 合作关系的长期性。

考霸笔记 建议掌握，主观题较冷门考点。

- 整体利益的互补性。
- 组织形式的开放性。

从企业行为来看，联盟行为是一种战略性的合作行为。不是对瞬间变化所作出的应急反应，而是着眼于优化企业未来竞争环境的长远谋划。

2.企业战略联盟形成的动因

促使企业建立战略联盟有许多直接的动因。根据近年来企业战略联盟的实践和发展，可把促使战略联盟形成的主要动因归结为以下6个方面：

(1) 促进技术创新。

(2) 避免经营风险。

(3) 避免或减少竞争。

(4) 实现资源互补。（理解：手脚互助）

(5) 开拓新的市场。

(6) 降低协调成本（相对于并购而言）。

3.企业战略联盟的主要类型

企业战略联盟的类型多种多样，根据不同的标准可以对战略联盟进行不同的分类。从股权参与和契约联结的方式来看，可以将企业战略联盟归纳为以下几种重要类型。

(1) 合资企业（Joint Ventures）。【案例】猫宁电商。

合资企业是战略联盟最常见的一种类型。它是指将各自不同的资产组合在一起进行生产，共担风险和共享收益。

特征：更多地体现了联盟企业之间的战略意图，而并非仅仅限于寻求较高的投资回报率。

(2) 相互持股投资（Equity Investments）。

相互持股投资通常是联盟成员之间通过交换彼此的股份（双向的）而建立起一种长期的相互合作的关系。

(3) 功能性协议（Functional Agreement）。

这是一种契约式的战略联盟，与前面两种有股权参与的方式明显不同，有人将其称为无资产性投资的战略联盟。它主要是指企业之间决定在某些具体的领域进行合作。

【总结】企业战略联盟的主要类型（见表3-23）

表3-23　　　　　　　　　　企业战略联盟的主要类型

主要类型	概述	
合资企业	体现战略意图，并非仅限于寻求较高的投资回报率	
相互持股投资	少量持股，而且股权持有往往是双向的	
功能性协议	技术交流协议	联盟成员间相互交流技术资料，通过知识的学习以增强竞争实力
	合作研究开发协议	分享现成的科研成果，共同使用科研设施和生产能力，共同开发新产品
	生产营销协议	通过制定协议，共同生产和销售某一产品
	产业协调协议	建立全面协作与分工的产业联盟体系，多见于高科技产业

✓股权式战略联盟 VS 契约式战略联盟（见表3-24）

表3-24

股权式战略联盟 VS 契约式战略联盟

	股权式战略联盟	契约式战略联盟
优势	有利于提高企业的资金实力，并通过部分"拥有"对方的形式，增强双方的信任感和责任感，有利于长久合作	①强调相关企业的协调与默契，更具有战略联盟的本质特征 ②经营的灵活性、自主权和经济效益等方面具有更大的优越性
劣势	灵活性差	对联盟的控制能力差，松散的组织缺乏稳定性和长远利益，联盟内成员之间的沟通不充分，组织效率低下等

从联盟内容上来看，在研发、生产、供给和销售各个价值链环节上都可能形成战略联盟。

✓战略联盟的分类（见表3-25）

表3-25

战略联盟的分类

阶段	含义	联盟内容
研究开发阶段的战略联盟	联盟成员之间合作研究和开发某一个新的产品或技术，它不仅仅分享现有技术设备和生产能力，而且还分享新产品开发的技术，同时也可以提高现有的技术水平	①许可证协议
		②交换许可证合同
		③技术交换
		④技术人员交流计划
		⑤共同研究开发
		⑥以获得技术为目的的投资
生产制造阶段的战略联盟	通过达成一项协议，共同生产某一种产品，根据联盟成员各自的优势来生产不同的零部件	⑦OEM（委托定制）供给
		⑧辅助制造合同
		⑨零部件标准协定
		⑩产品的组装及检验协定
销售阶段的战略联盟	一般通过销售代理协定实现联盟中的代理人为委托人销售某些特定产品或全部产品	⑪销售代理协定
全面性的战略联盟	是一种更为紧密的合作关系，包括为共同确立某项产品或技术的行业标准而在技术开发和市场开拓等方面采取协调一致的行动，这种形式的合作常常需要共同承担新技术和新市场开发带来的巨大风险	⑫产品规格的调整
		⑬联合分担风险

4.战略联盟的**管控**

虽然战略联盟能够兼顾并购战略与新建战略的优点，但是相对并购战略，战略

股权式战略联盟与契约式战略联盟。

考霸笔记
【总结】大体而言，股权式战略联盟与契约式战略联盟的主要优缺点是相反的。

考霸笔记
通读，知道一下，系几乎不考的考点。

第三章

战略联盟的管控需要背吗？

联盟企业之间的关系比较松散，如果管控不到位，可能会导致更多地体现了并购战略与新建战略各自的缺点。因此，怎样订立联盟以及管理联盟，是战略联盟能否实现预期目标的关键。

（1）订立协议。

战略联盟通过契约或协议关系生成时，联盟各方能否遵守所签署的契约或协议主要靠企业的监督管理，发生纠纷时其往往不会选择执行成本较高的法院判决或第三方仲裁，而是由联盟成员自行商议解决。

订立协议需要明确一些基本内容：

①严格界定联盟的目标。

②周密设计联盟结构。

③准确评估投入的资产。

④规定违约责任和解散条款。

（2）建立合作信任的联盟关系。

第二节　业务单位战略

◇ 基本竞争战略
◇ 中小企业竞争战略
◇ 蓝海战略

业务单位战略，也称竞争战略，其涉及各业务单位的主管以及辅助人员。这些经理人员的主要任务是将公司战略所包括的企业目标、发展方向和措施具体化，形成本业务单位具体的竞争与经营战略。

一、基本竞争战略

基本竞争战略概述见表3-26。

表3-26　　　　　　　　　　基本竞争战略概述

定义	采取进攻性或防守性行动，在产业中建立进退有据的地位，成功地对付五种竞争力，从而为公司赢得超常的投资收益（by波特）
包括	成本领先战略、差异化战略和集中化战略

✓ 三种竞争战略的关系（见表3-27）

表3-27　　　　　　　　　　三种竞争战略的关系

项目		战略优势	
		低成本优势	被顾客觉察的独特性
战略目标	全产业范围	成本领先	差异化
	特定细分市场	集中成本领先	集中差异化

在三种基本战略中成本领先战略和差异化战略是基本战略的基础，它们是一对"对偶"的战略，而集中化战略不过是将这两种战略运用在一个特定的细分市场而已。

（一）成本领先战略（见表3-28）

表3-28　　　　　　　　　　　成本领先战略

含义		企业通过在内部加强成本控制，在研究开发、生产、销售、服务和广告等领域把成本降到最低限度，成为产业中的成本领先者的战略
优势		①形成进入障碍 ②增强讨价还价能力 ③降低替代品的威胁 ④保持领先的竞争地位
风险		①技术的变化可能使过去用于降低成本的投资（如扩大规模、工艺革新等）与积累的经验一笔勾销 ②产业的新进入者或追随者通过模仿或者以高技术水平设施的投资能力，达到同样甚至更低的产品成本 ③市场从注重价格转向注重产品的品牌形象，使得企业原有的优势变为劣势
实施条件	市场情况（外部条件）	①产品具有较大的价格弹性，市场中存在大量的价格敏感用户 ②产业中所有企业的产品都是标准化的产品，产品难以实现差异化 ③购买者不太关注品牌，大多数购买者以同样的方式使用产品 ④价格竞争是市场竞争的主要手段，消费者的转换成本较低
	资源和能力（内部条件）	①在规模经济显著的产业中装备相应的生产设施来实现规模经济 ②降低各种要素成本 ③提高生产率 ④改进产品工艺设计 ⑤提高生产能力利用程度 ⑥选择适宜的交易组织形式（自行生产或外购） ⑦重点集聚

第三章

考霸笔记
【案例】"价格屠夫"格兰仕。

考霸笔记
联系五力模型对照理解（都是波特的理论）。

考霸笔记
成本领先往往意味着"重资产"模式，最怕被技术淘汰。

考霸笔记
考试题型：主观题。
考试频率：爱考。
备考建议：推荐记忆，掌握关键词，性价比高。

如何记忆成本领先战略的实施条件？

考霸笔记
考试题型：主观题。
考试频率：爱考。
复习建议：初次学习理解即可，建议在强化阶段和冲刺阶段突击背诵。

考霸笔记
【拓展案例】春秋航空。

（二）差异化战略（见表3-29）

表3-29　　　　　　　　　　　　　　　　　　差异化战略

含义 【案例】美的。		企业向顾客提供的产品和服务在产业范围内独具特色，这种特色可以给产品带来额外的加价，如果一个企业的产品或服务的溢出价格超过因其独特性所增加的成本，那么拥有这种差异化的企业将获得竞争优势
优势		①形成进入障碍 ②降低顾客敏感程度 ③增强讨价还价能力 ④抵御替代品威胁
风险		①企业形成产品差别化的成本过高 ②市场需求发生变化 ③竞争对手的模仿和进攻使已形成的差异缩小甚至转向
实施条件	**市场情况**（外部条件）	①产品能够充分地实现差异化，且为顾客所认可 ②顾客的需求是多样化的 ③企业所在产业技术变革较快，创新成为竞争的焦点
	资源和能力（内部条件）	①具有强大的研发能力和产品设计能力 ②具有很强的市场营销能力 ③有能够确保激励员工创造性的激励体制、管理体制和良好的创造性文化 ④具有从总体上提高某项经营业务的质量、树立产品形象、保持先进技术和建立完善分销渠道的能力

（三）集中化战略（见表3-30）

表3-30　集中化战略

含义	针对某一特定购买群体、产品细分市场或区域市场，采用成本领先或产品差异化来获取竞争优势的战略 一般是中小企业采用的战略，可分为两类：集中成本领先战略和集中差异战略
优势	①成本领先和差异化战略抵御产业五种竞争力的优势也都能在集中化战略中体现出来 ②由于集中战略避开了在大范围内与竞争对手的直接竞争，所以对于一些力量还不足以与实力雄厚的大公司抗衡的中小企业来说，集中战略的实施可以增强它们相对的竞争优势 ③对于大企业来说，采用集中战略也能够避免与竞争对手的正面冲突，使企业处于竞争的缓冲地带
风险	①狭小的目标市场导致的风险 ②购买者群体之间需求差异变小——→需求。 ③竞争对手的进入与竞争　例如：天猫超市&京东超市——→竞争。
实施条件	①购买者群体之间在需求上存在着差异 ②目标市场在市场容量、成长速度、获利能力、竞争强度等方面具有相对的吸引力 ③在目标市场上，没有其他竞争对手采用类似的战略 ④企业资源和能力有限，难以在整个产业实现成本领先或差异化，只能选定个别细分市场

不管采用何种竞争战略，企业都是从市场需求本身的特性出发，结合自身的能力从现有市场的竞争态势考虑，再确定选择的具体战略

（四）基本战略的综合分析——“战略钟”

企业遇到的实际情况比较复杂，并不能简单地归纳为应该采取哪一种基本战略。而且，即使是成本领先或差异化也只是相对的概念，在它们之中也还有多个层次。克利夫·鲍曼（Cliff Bowman）将这些问题收入到一个体系内，并称这一体系为“战略钟”。他的这一思想很有参考价值，可以对波特的许多理论进行综合。

战略钟——竞争战略的选择如图3-4所示。

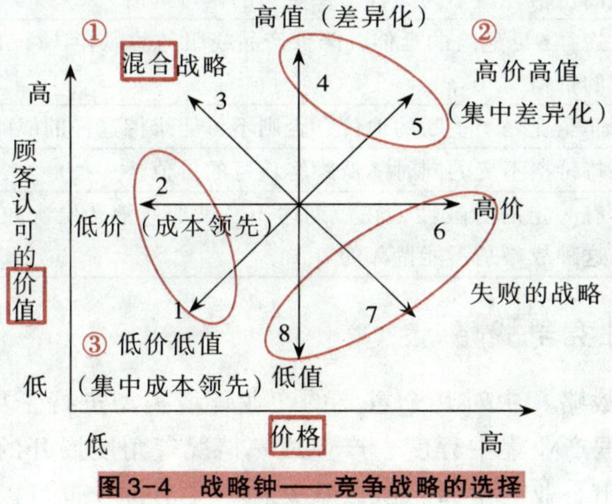

图3-4　战略钟——竞争战略的选择

考霸笔记
【案例】1号店，国内第一家网上超市，主营快消品。

考霸笔记
优势、风险、实施条件。
考试题型：主观题。
考试频率：爱考。
复习建议：推荐记忆，掌握关键词。初次学习理解即可，建议强化阶段和冲刺阶段突击背诵。

如何理解集中化战略的实施条件?

三种基本竞争战略的风险对比。

高频考点，需要掌握。
①混合战略：
解题套路：在选项中看见了“混合战略”，使用战略钟的分析思路，正确率高。
【对照】物美价廉。
②高价高值：【案例】私人定制西装、衬衫、旗袍、晚礼服。
③低价低值：【案例】红米，1 000元以下的智能手机。

考霸笔记
考试题型：选择题。
考试频率：高频。
复习建议：理解即可，要求能够根据案例中的描述作出判断。

如何理解战略钟中的价格指标?

1.成本领先战略（见表3-31） 通读，理解即可。

表3-31 成本领先战略

成本领先战略层次	描述
低价低值战略 （途径1）	企业关注的是对价格非常敏感的细分市场，在这些细分市场中，虽然顾客认识到产品或服务的质量很差，但他们买不起或不愿买有着更好质量的商品
	是一种很有生命力的战略，尤其是在面对收入水平较低的消费群体时
	可以看成是一种集中成本领先战略
低价战略 （途径2）	是企业寻求成本领先战略时常用的典型途径，即在降低价格的同时，努力保持产品或服务的质量不变

2.差异化战略（见表3-32） 通读，理解即可。

表3-32 差异化战略

差异化战略层次	描述
高值战略 （途径4）	是企业广泛使用的战略，即以相同或略高于竞争者的价格向顾客提供高于竞争对手的顾客认可价值
高值高价战略 （途径5）	是以特别高的价格为顾客提供更高的认可价值
	这种战略在面对高收入消费者群体时很有效，因为产品或服务的价格本身也是消费者经济实力的象征
	可以看成是一种集中差异化战略

3.混合战略（见表3-33） 通读，理解即可。

表3-33 混合战略

描述	企业可以在为顾客提供更高的认可价值的同时，获得成本优势
	以比竞争者更低的成本，提供比竞争者更高的消费者认可的价值
原因	①提供高质量产品的公司会增加市场份额，而这又会因规模经济而降低平均成本
	②高质量产品的累积经验降低成本的速度比低质量产品快
	③注重提高生产效率可以在高质量产品的生产过程中降低成本

4.失败的战略（见表3-34） 通读，理解即可。

表3-34 失败的战略

失败的战略层次	描述
途径6	提高价格，但不为顾客提供更高的认可价值
途径7	是途径6更危险的延伸，降低产品或服务的顾客认可价值，同时却在提高相应的价格
	除非企业处于垄断的地位，否则不可能维持这样的战略
途径8	保持价格不变的同时降低顾客认可的价值
	具有一定的隐蔽性，在短期内不易被那些消费层次较低的顾客所察觉，但是这种战略是不能持久的

混合战略与失败的战略。

考霸笔记
考试题型：主观题、客观题。考试频率：高频。备考建议：建议掌握小标题，区分零散产业和新兴产业的内容。

二、中小企业竞争战略

波特在《竞争战略》中对几个重要的产业环境类型进行了更具体的战略分析。他的分析主要是依据产业集中程度、产业成熟情况等角度展开的。其中零散产业和新兴产业大多以中小企业为主体，所以从某种意义上讲，也可以说是对中小企业竞争战略的研究。

（一）零散产业中的竞争**战略**

零散产业概述见表3-35。

表3-35　零散产业**概述**

描述	产业集中度很低，没有任何企业占有显著的市场份额，也没有任何一个企业能对整个产业的发展产生重大的影响
举例	传统服务业——快餐业、洗衣业、照相业等

> **考霸笔记**
> 了解即可，一般不单独考查。

1.造成产业零散的原因

研究产业零散的原因是分析零散产业战略的重要内容。

造成产业零散的原因见表3-36。

表3-36　造成产业零散的**原因**

产业零散的原因		补充说明
产业的经济特性	进入障碍低或存在退出障碍	进入障碍低是造成产业零散的前提
	市场需求多样化导致产品高度差异化	顾客的需求是零散的，每一个顾客都希望产品或服务有不同的式样，不愿意接受标准化的产品，也愿意为这种要求付出代价 零散性还表现在消费者消费地点的零散上
	不存在规模经济或难以达到经济规模	
其他因素	政府政策和地方法规对某些产业集中的**限制**	
	一个新产业中还没有企业拥有足够的能力以占据大量的市场份额	

> **考霸笔记**
> 选择题高频考点，建议掌握原因（3+2），并能够与新兴产业的特征区别开来。

> **考霸笔记**
> 【案例】可口可乐拟收购汇源果汁，遭政府否决。

2.零散产业的战略选择

零散产业中有很多企业，每个企业的资源和能力条件会有很大差异，因此零散产业的战略选择可以从多个角度考虑。如果从三种基本竞争战略的角度出发，零散产业的战略选择可分为3类，见表3-37。

表3-37　零散产业的战略选择的**分类**

零散产业的战略选择	具体途径	案例
（1）克服零散——获得成本优势	①连锁经营或特许经营	麦当劳、肯德基
	②技术创新以打造规模经济	沃尔玛用卫星卖鸡蛋
	③尽早发现产业趋势	阿里巴巴推出淘宝，1年后推出支付宝
（2）增加附加价值——提高产品差异化程度		星巴克："我们不仅卖咖啡"
（3）专门化——目标集聚	①产品类型或产品细分的专门化	云南火锅、重庆火锅、四川火锅
	②顾客类型专门化	风波庄武侠主题餐厅
	③地理区域专门化	江浙沪包邮

> **考霸笔记**
> 可考查主观题，建议掌握标题，案例仅用于辅助理解。

3.谨防潜在的战略陷阱　（理解+记忆）

零散产业独特的结构环境造成了一些特殊的战略陷阱。某些常见的陷阱应引起足够的警惕。在零散产业中进行战略选择要注意几个方面，见表3-38。

表3-38　　　　　　　　　　在零散产业中进行战略选择要注意的事项

（1）避免寻求支配地位	零散产业的基本结构决定了寻求支配地位是无效的，除非可以从根本上出现变化 形成零散的基本经济原因通常会使企业在增加市场份额的同时面对低效率和失去产品差异性　【对照】拳头比巴掌硬，懂得取舍。
（2）保持严格的战略约束力	零散产业的竞争结构总是要求市场集中或专注于某些严格的战略原则 执行这些原则要求有充分的勇气舍弃某些业务，也要求组织内部的资源配置具有相对的稳定性　【对照】说一不二。
（3）避免过分集权化	集权化的组织结构与生产效率背道而驰，因为它延缓反应时间，经营单位的管理人员的主动性差，难以适应零散产业中的竞争　理解：保持灵活，贴近市场。
（4）了解竞争者的战略目标与管理费用	
（5）避免对新产品做出过度反应	

考试题型：选择题为主，但可以考查主观题。理解即可，一般不单独考查。

（二）新兴产业中的竞争战略

新兴产业概述见表3-39。

表3-39　　　　　　　　　　新兴产业概述

定义	新形成的或重新形成的产业
形成原因	技术创新、消费者新需求的出现，或其他经济和社会变化将某个产品或服务提高到一种潜在可行的商业机会的水平
举例	电商、网约车等
基本特征	从战略制定的观点看，新兴产业的基本特征是没有游戏规则，缺乏游戏规则既是风险，又是机会的来源

（理解即可，一般不单独考查）

1.新兴产业的内部结构环境　理解+记忆。

新兴产业在内部结构上彼此差异很大，但是仍有一些共同的结构特征。

（1）共同的结构特征（见表3-40）。

表3-40　　　　　　　　　　共同的结构特征

共同的结构特征		详述
①技术的不确定性		企业的生产技术还不成熟，还有待于继续创新与完善 企业的生产和经营尚未形成一整套的方法和规程，哪种产品结构最佳，哪种生产技术最有效率等都还没有明确的结论
②战略的不确定性		原因：产业内的企业对于竞争对手、顾客特点和处于新兴阶段的产业条件等只有较少的信息
		结果：没有企业知道所有的竞争者是谁，也没有企业能够经常得到可靠的产业销售量和市场份额的信息，没有公认的"正确"的战略
③成本的迅速变化		新兴产业最初的高成本会以很快的速度下降（通常会有一段非常陡峭的学习曲线发生作用） 小批量和新产品常在新兴产业初期形成相对较高的成本
④萌芽企业和另立门户	萌芽企业	由于产业没有成型的游戏规则，也不存在规模经济作为进入障碍，最早进入新兴产业的大多是萌牙企业。萌牙企业是指新成立的企业
	另立门户	因素： ●在迅速发展和充满机会的环境中，权益投资要比在已立足公司中充当工薪阶层更具吸引力 ●由于新兴产业中存在技术和战略的流动性，已立足企业的雇员具有良好的条件去实现其更新的想法，这些新想法在原有企业可能由于转换成本过大而无法实现
⑤首次购买者		市场营销的中心活动是选择顾客对象并诱导初始购买行为

（2）早期进入障碍。

【对照】产品生命周期的导入期。案例：滴滴出行。

考霸笔记
考试题型：选择题。备考建议：建议掌握五个大标题，具体内容理解即可，并能与零散产业的原因区分开来。

成本的迅速变化如何理解？

考霸笔记
【案例】很多互联网公司的创始人都是阿里系。

考霸笔记
【案例】滴滴通过新注册用户补贴的方式鼓励首次消费。

与产业得以发展后的进入障碍相比，早期进入障碍有很大的不同。常见的早期进入障碍有：

①专有技术；

②获得分销渠道；

③得到适当成本和质量的原材料和其他投入（如熟练劳动力）；

④经验造成的成本优势；

⑤风险。

新兴产业的早期进入障碍较少来源于需要掌握巨大资源，而更多地来源于承担风险的能力、技术上的创造性以及作出前瞻性的决策能力等，在这些方面，中小企业往往比大企业更具优势。

这些障碍会随着产业的发展逐步弱化或消失。

2.新兴产业的发展障碍（对照五力模型）

新兴产业在不同程度上面临产业发展的障碍。从产业的五种竞争力角度分析，这些障碍主要表现在新兴产业的供应者、购买者与被替代品三个方面，其根源在于产业本身的结构特征。

新兴产业的发展障碍见表3-41。

表3-41　　　　　　　　　　　新兴产业的发展障碍

发展障碍	具体描述
（1）原材料、零部件、资金与其他供给的不足	原材料和零部件：供应不足→价格↑
	融资角度：产业形象和可信任程度可能较差→影响企业取得低成本融资的能力
	其他供给：缺乏发展所必需的基础设施，如服务设施、经训练的技巧、互补产品等
（2）顾客的困惑与观望	困惑来源于众多产品方案、技术种类以及竞争者间互相冲突的宣传效果
（3）被替代品的反应	例如：进一步降低成本

不难看到，上述障碍最终来源于新兴产业的技术与战略不确定、不稳定的产品质量、缺乏产品或技术标准，以及难以避免的早期高成本等产业特征。

由于新兴产业的发展存在种种障碍，进入新兴产业中经营的企业失败率很高。新兴产业的发展机遇及具体描述见表3-42。

表3-42　　　　　　　　　新兴产业的发展机遇及具体描述

发展机遇	具体描述
进入障碍&产业内现有企业的竞争	特征：进入障碍↓，产业尚处于不平衡状态，竞争结构还没有完全建立起来
	导致：相对于成熟产业，新兴产业的进入成本与竞争代价都会小得多

3.新兴产业的战略选择（记忆）

在新兴产业的战略制定过程中必须处理好新兴产业的不确定性问题。

新兴产业的战略选择见表3-43。

表3-43　　　　　　　　　　　　新兴产业的战略选择

战略选择	补充说明
（1）塑造产业结构	占压倒性地位的战略问题：企业是否有能力促进产业结构趋于稳定并且成型
（2）正确对待产业发展的外在性	在遵从产业倡导和追求自身狭窄利益的努力之间作出平衡 企业为了产业的整体利益以及企业自身的长远利益，有时必须放弃暂时的自身利益
（3）注意产业机会与障碍的转变，在产业发展变化中占据主动。尽早挖掘产业机会与障碍的变化可能给企业：提供战略机会/应对激烈竞争的准备	
（4）选择适当的进入时机与领域（见下文）	

✓ 选择适当的进入时机与领域。

选择适当的进入时机在新兴产业中尤为重要。早期进入涉及高风险，但可以在关键市场取得"局内人的位置"，获得市场支配地位。

早期进入是适当的情况和早期进入是非常危险的情况见表3-44。

表3-44　　　　　　早期进入是适当的情况和早期进入是非常危险的情况

早期进入是适当的情况	早期进入是非常危险的情况
①企业的形象和声望对顾客至关重要，企业可因先驱者的身份而巩固和提高声望 ②产业中的学习曲线很重要，经验很难模仿，并且不会因持续的技术更新换代而过时，早期进入企业可以较早地开始这一学习过程 ③顾额忠诚非常重要，那些首先对顾客销售的企业将获得较高的收益 ④早期与原材料供应、分销渠道建立的合作关系对产业发展至关重要	①早期竞争的细分市场与产业发展成熟后的情况不同，早期进入的企业建立了竞争基础后，面临过高的转换成本 ②为了塑造产业结构，需付出开辟市场的高昂代价，其中包括顾客教育、法规批准、技术开拓等，而开辟市场的利益无法成为企业专有 ③技术变化使早期投资过时，并使晚期进入的企业因拥有最新产品和工艺而获益

三、蓝海战略

蓝海战略概述见表3-45。

表3-45　　　　　　　　　　　　蓝海战略概述

提出者	W.钱·金（W. Chan Kin）、勒妮·莫博涅（Renee Mauborgne）	
理论观点	红海战略	主要立足当前业已存在的行业和市场，采取常规的竞争方式与同行业中的企业展开针锋相对的竞争
	蓝海战略	描述：不局限于现有产业边界，而是极力打破这样的边界条件，通过提供创新产品和服务，开辟并占领新的市场空间的战略
		战略逻辑：价值创新（基石）（蓝海战略的核心特征）
		特征：并非着眼于竞争，而是力图使客户和企业的价值都出现飞跃，由此开辟一个全新的、非竞争性的市场空间

（一）蓝海战略的内涵

✓ 红海和蓝海战略比较（见表3-46）

表3-46　　　　　　　　　　　　　　红海和蓝海战略比较

红海战略	蓝海战略
在已经存在的市场内竞争	拓展非竞争性市场空间
参与竞争	规避竞争
争夺现有需求	创造并攫取新需求
遵循价值与成本互替定律	打破价值与成本互替定律
根据差异化或低成本的战略选择，把企业行为整合为一个体系	同时追求差异化和低成本，把企业行为整合为一个体系

（二）蓝海战略制定的原则

蓝海战略开拓了一套条理清晰的绘制和讨论战略布局的过程，以将企业战略推向蓝海。

✓ 蓝海战略的六项原则（见表3-47）

表3-47　　　　　　　　　　　　　　蓝海战略的六项原则

战略制定原则	各原则降低的风险因素
重建市场边界	↓ 搜寻的风险
注重全局而非数字	↓ 规划的风险
超越现有需求	↓ 规模的风险
遵循合理的战略顺序	↓ 商业模式风险
战略执行原则	**各原则降低的风险因素**
克服关键组织障碍	↓ 组织的风险
将战略执行建成战略的一部分	↓ 管理的风险

（三）重建市场边界的基本法则

蓝海战略的第一条原则，就是重新构筑市场的边界，从而打破现有竞争局面，开创蓝海。这一原则降低了许多公司经常会碰到的搜寻风险。其难点在于如何成功地从一大堆机会中准确地挑选出具有蓝海特征的市场机会。

蓝海战略总结了六种重建市场边界的基本法则，被称为六条路径框架。

✓ **从肉搏式竞争到蓝海战略**（见表3-48）

表3-48　　　　　　　　　　从肉搏式竞争到蓝海战略

	肉搏式竞争	开创蓝海战略
产业	专注于产业内的竞争者	审视他择产业
战略群体	专注于战略群体内部的竞争地位	跨越产业内不同的战略群体 【案例】星巴克，跳出欧式咖啡馆与美式咖啡馆的圈子。
买方群体	专注于更好地为买方群体服务 【案例】IBM与个人PC。	重新界定产业的买方群体
产品或服务范围 【案例】星巴克的杯子。	专注于在产业边界内将产品或服务的价值最大化	放眼互补性产品或服务
功能-情感导向	专注于产业既定功能——情感导向下性价比的提高 【案例】星巴克的"咖啡教室""第三空间"。	重设产业的功能与情感导向
时间	专注于适应外部的潮流	跨越时间参与塑造外部潮流

【提示】事实上，蓝海战略绝非局限于业务战略（或竞争战略）的范畴，它着重于企业产业和市场边界的重建，因而更多地涉及公司战略的范畴。

第三节　职能战略

◇ 市场营销战略　　　　　◇ 采购战略
◇ 研究与开发战略　　　　◇ 人力资源战略
◇ 生产运营战略　　　　　◇ 财务战略

职能战略概述见表3-49。

表3-49　　　　　　　　　　职能战略概述

定义	又称职能层战略，主要涉及企业内各职能部门，如营销、财务、生产、研发（R&D）、人力资源、信息技术等，如何更好地配置企业内部资源，为各级战略服务，提高组织效率
包括	市场营销、研究与开发、生产运营、采购、人力资源、财务管理等（记忆技巧：参考波特价值链） 其中，市场营销、研究与开发和生产运营为三大传统核心职能

一、市场营销战略

市场营销战略是企业市场营销部门根据公司总体战略与业务单位战略规划，在综合考虑外部市场机会及内部资源状况等因素的基础上，确定目标市场，选择相应的市场营销策略组合，并予以有效实施和控制的过程。

市场营销战略计划的制订是一个相互作用的过程，是一个创造和反复的过程。

✓概述总结如图3-5所示。

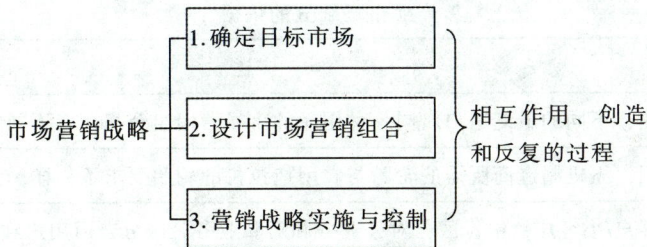

图3-5 概述总结图

（一）确定目标市场（如图3-6所示）

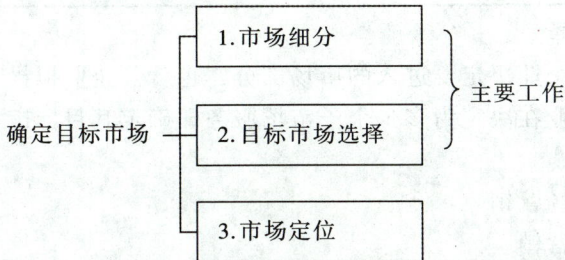

图3-6 确定目标市场

1.市场细分

（1）消费者市场细分的依据（见表3-50）。

表3-50　　　　　　　消费者市场细分的依据

细分依据	描述
地理细分	按照消费者所在的地理位置以及其他地理变量（包括城市农村、地形气候、交通运输等）来细分消费者市场
人口细分	按照人口变量（包括年龄、性别、收入、职业、教育水平、家庭规模、家庭生命周期阶段、宗教、种族、国籍等）来细分消费者市场
心理细分	按照消费者的生活方式、个性等心理变量来细分消费者市场
行为细分	按照消费者购买或使用某种产品的时机、消费者所追求的利益、使用者情况、消费者对某种产品的使用率、消费者对品牌（或商店）的忠诚程度和消费者对产品的态度等行为变量来细分消费者市场

（2）产业市场细分的依据。　✔选择题高频考点。

细分产业市场的变量，有一些与消费者市场细分变量相同，如追求利益、使用者情况、使用程度、对品牌的信赖程度、购买准备阶段、使用者对产品的态度等。

产业市场细分的依据见表3-51。

考霸笔记
选择题高频考点，掌握四种细分，具体内容理解即可。

考霸笔记
【案例】淘宝店家将消费者分成了两类：江浙沪和非江浙沪。

营销战略中的人口细分与PEST分析中的人口因素的区别是什么？

考霸笔记
【案例】脑白金："年轻态健康品"，电视广告受众是老头和老太太。

考霸笔记
【案例】美特斯邦威："不走寻常路"，抓住消费者的求异心理。

如何准确区分心理细分和行为细分？

考霸笔记
【案例】怕上火就喝王老吉。

表3-51　　　　　　　　　　　产业市场细分的依据

细分依据	详述
最终用户	描述：不同的最终用户对同一种用品的市场营销组合往往有不同的要求
	案例：飞机制造商所需的轮胎与农用拖拉机的轮胎要求不一样
顾客规模	大客户/小客户：银行区分对公业务和对私业务，区分普通用户和VIP用户
其他变量	许多公司实际上不是用一个变量，而是用几个变量，甚至用一系列变量来细分产业市场

2.目标市场选择

目标市场就是企业决定要进入的市场部分，也就是企业拟投其所好、为之服务的那个顾客群。企业在决定为多少个子市场服务即确定其目标市场涵盖战略时，有3种选择：

（1）无差异市场营销

（2）差异市场营销

（3）集中市场营销

目标市场涵盖战略见表3-52。

表3-52　　　　　　　　　　　目标市场涵盖战略

市场目标选择	描述
无差异市场营销	企业在市场细分之后（不考虑各子市场的特性，而只注重子市场的共性），决定只推出单一产品，运用单一的市场营销组合，力求在一定程度上适合尽可能多的顾客的需求（利润往往来源于不起眼的地方）
差异市场营销	企业决定同时为几个子市场服务，设计不同的产品，并在渠道、促销和定价方面都加以相应的改变，以适应各个子市场的需要
集中市场营销	企业集中所有力量（以一个或少数几个性质相似的子市场作为目标市场），试图在较少的子市场上占领较大的市场份额

上述三种目标市场涵盖战略事实上是企业业务单位战略中的3种基本战略在营销战略中的体现，3种战略各有利弊，企业在选择时需考虑以下5个方面的主要因素，即企业资源、产品同质性、市场同质性、产品所处的生命周期阶段、竞争对手的目标市场涵盖战略。

3.市场定位

选择目标市场之后，下一步就是找出这些客户有哪些需要，也就是如何为企业产品进行市场定位。

企业产品的市场定位见表3-53。

表 3-53　　　　　　　　　　　　　市场定位

市场定位	概述	案例
市场定位的主要**方法**	①根据属性和利益定位	雀巢，最初定位是婴儿乳制品
	②根据价格和质量定位	麦德龙
	③根据用途定位	脑白金："年轻态健康品"
	④根据使用者定位	70后、80后饭吧
	⑤根据产品档次定位	"高端大气上档次" VS "低调奢华有内涵"
	⑥根据竞争局势定位	（百事公司）七喜：非可乐
	⑦各种方法组合定位	
市场重新定位需考虑的**因素**	①企业将自己的品牌定位从一个子市场转移到另一个子市场时的全部费用	
	②企业重新定位后的收入有多少	

> **考霸笔记**
> 了解即可，冷门考点。

> **考霸笔记**
> 知道一下，以备出选择题。

（二）设计市场营销组合（如图 3-7 所示）

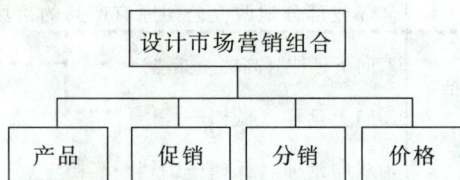

图 3-7　设计市场营销组合

> 设计市场营销组合需要掌握到什么程度？

1.产品策略

✓ 产品策略概述（如图 3-8 所示）

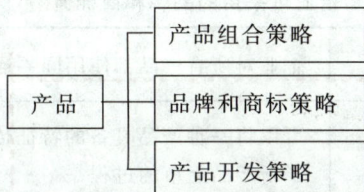

图 3-8　产品策略

> **考霸笔记**
> 建议关注，理解即可，该知识点是后续知识点的理解基础，一般不单独考查。第一遍学习可能没感觉，但强化阶段巩固时应能掌握。

（1）产品组合策略。

产品组合的含义见表 3-54。

表 3-54　　　　　　　　　　　　　产品组合的含义

产品组合		某一企业所生产或销售的全部产品大类、产品项目的组合
其中	产品大类（产品线）	产品类别中具有密切关系的一组**产品**
	产品项目	某一品牌或产品大类由价格、功能及其他属性来区别的具体**产品**

> **考霸笔记**
> 【案例】华为手机P系列、Mate系列。

> **考霸笔记**
> 华为手机P系列的P8、P9。

产品组合策略详述见表 3-55。

表 3-55　　　　　　　　　　产品组合策略详述

产品组合的宽度、长度、深度和关联性	宽度	一个企业有多少产品大类
	长度	一个企业的产品组合中所包含的产品项目的总数
	深度	产品大类中每种产品有多少花色、品种、规格
	关联性	一个企业的各个产品大类在最终使用、生产条件、分销渠道等方面的密切相关程度
产品组合策略类型	扩大产品组合	包括：拓展产品组合的宽度、长度和加强产品组合的深度
	缩减产品组合	当市场不景气或原料、能源供应紧张时，缩减产品大类或产品项目反而可能使总利润上升
	产品延伸	全部或部分地改变公司原有产品的市场定位，具体做法有：①向下延伸（高档→低档）②向上延伸（低档→高档）③双向延伸（低档←中档→高档）

（2）品牌和商标策略。

企业可采用的品牌和商标策略见表 3-56。

表 3-56　　　　　　　　　　企业可采用的品牌和商标策略

①单一的企业名称	特征	企业对所有产品都使用同一商标【案例】飞利浦。
	优点	可以将一种产品具备的特征传递给另一种产品，从而简化了新产品上市的过程
②每个产品都有不同的品牌名称	特征	每个产品都有不同的品牌名称
	适用情形	如果企业生产的产品在市场中的定位不同，或者市场被高度细分，则企业通常对每个产品都采用不同的品牌名称
③自有品牌	特征	零售商销售自有品牌
	目的	使客户建立对该零售商而不是产品生产商的忠诚度

（3）产品开发策略。

产品开发策略见表 3-57。

表3-57　　　　　　　　　　　　　产品开发策略

产品开发的原因	①企业具有较大的市场份额和较强的品牌实力，并在市场中具有独特的竞争优势 ②市场中有潜在增长力 ③客户需求的不断变化需要新产品。持续的产品更新是防止产品被淘汰的唯一途径 ④需要进行技术开发或采用技术开发 ⑤企业需要对市场的竞争创新作出反应
产品开发的投资风险	①在某些产业中，缺乏新产品构思 ②不断变小的细分市场使得市场容量降低 ③产品开发涉及复杂的研发过程，失败的概率很高 ④企业通常需要进行许多产品构思来开发好产品，因而费用高昂 ⑤即便产品获得成功，但是由于被市场中的竞争者"模仿"并加以创新和改良，因而新产品的生命周期可能较短
产品开发的筛选	筛选流程包括：业务分析、开发、测试上市和商品化 需要考虑的问题： ①该产品是否符合企业目标、企业战略、资源和竞争力 ②潜在客户是否喜欢这一产品。如果是，他们是否能购买该产品 ③该产品在市场上能否获利 ④在技术上和商业上，该产品是否能证明投资的合理性 ⑤市场测试是否符合预期要求。客户、经销商和竞争者的反应如何

2.促销策略（见表3-58）

表3-58　　　　　　　　　　　　　促销策略

目的			赢得潜在客户的注意；产生利益；激发客户的购买渴望；刺激客户的购买行为
促销组合	含义		企业将其产品或服务的特性传达给预期客户的方式
	构成要素	广告促销	在媒体中投放广告，使潜在客户对企业产品和服务产生良好印象。广告促销要仔细考虑广告的时间、地点、频率和形式【案例】恒源祥，羊羊羊。
		营业推广	采用非媒体促销手段，为鼓励客户购买产品或服务而设计。例如，试用品、折扣、礼品等
		公关宣传	宣传企业形象，为企业及其产品建立良好的公众形象。例如：宣传企业履行社会责任。
		人员推销	企业的销售代表直接与预期客户进行接触

3.分销策略（见表3-59）

表3-59　　　　　　　　　　　　　分销策略

含义				确定产品到达客户手上的最佳方式
提示				分销策略应当与价格、产品和促销三个方面密切相关
分销渠道的类型	直接分销	含义		产品不经过中间商而直接从生产商到消费者
	间接分销	含义		利用了中间商（批发商、零售商或可能两者）的分销系统。传统的多层式。
		优点		有利于生产商集中资源扩大核心业务而不必在分销渠道上投入大量资金，从而获得较高的投资回报率
		类型	独家分销	在每个地域市场仅使用一家零售商 区域代理制。
			密集分销	通过许多商店销售产品 适用于快消品。

4.价格策略

✓ 价格策略概述（见表3-60）

表3-60 价格策略概述

目标	①通过利用需求价格弹性和成本信息使利润最大化——经济学理论中的目标
	②实现投资的目标回报率（如ROI或ROCE指标）。这一目标会导致采用成本导向定价法
	③实现目标市场份额（比如，采用渗透定价法）
	④当市场对价格非常敏感时，目标是增强竞争力而不是领导市场

✓ 定价策略（见表3-61）

表3-61 定价策略

	含义	对市场不同部分中的类似产品确定不同的价格
产品差别定价法	经济学原理	如果对所有产品确定相同的价格，那么其价格会低于购买力最强的客户细分市场（无价格弹性的需求）愿意支付的价格，从而损失收益；但是其价格又会高于购买力稍弱的客户细分市场（价格弹性的需求）愿意支付的价格，从而损失销量。对前者定高价、对后者定低价能够使企业的收益最大化
	实施的关键	不同市场必须具有不同的弹性，并且实施差别定价的市场间的"渗漏"必须很小，这样才能保持市场的相对独立性 （理解，真题考查过）
	方法	①细分市场 ②地点 ③产品的版本 ④时间 ⑤动态定价
产品上市定价法	渗透定价法	**含义** 在新产品投放市场时确定一个非常低的价格
		目的 抢占销售渠道和消费者群体，使竞争者较难进入市场
	撇脂定价法	**含义** 在新产品上市之初确定较高的价格，并随着生产能力的提高逐渐降低价格
		目的 在产品生命周期的最初阶段获取较高的单位利润

【总结】市场营销战略（如图3-9所示）。

考霸笔记
大致了解，选择题冷门知识点，几乎不考。

定价策略会怎么考？需要注意什么？

考霸笔记
考情分析：主观题冷门考点，该部分内容理解即可，能用自己的话表述。

考霸笔记
①【案例】公交车学生卡、老人卡。
②【案例】江浙沪包邮。
③【案例】iPhone7、iPhone6s。
④【案例】空调反季节促销；旅游旺季淡季之分。
⑤【案例】机票：价格和需求成正比。

基于动态定价和基于时间定价的区别是什么？

```
                              ┌ 消费者市场细分：地理、人口、心理、行为
                    ┌ 市场细分 ┤
              ┌确定目标         └ 产业市场细分：最终用户、顾客规模、其他变量
              │  市场  ┤ 目标市场选择：无差异市场营销、差异市场营销、集中市场营销
  市场营销     │        └ 市场定位
  战略      ┤            ┌ 产品组合策略——产品大类、产品项目
              │      ┌ 产品┤ 品牌和商标策略
              │      │     └ 产品开发策略
              └设计市场┤ 促销：广告促销、营业推广、公关宣传、人员推销
                营销组合┤ 分销
                      │      ┌ 产品差别定价法：细分市场、地点、产品的版本、时
                      └ 价格 ┤  间、动态定价
                             │                    ┌ 渗透定价法
                             └ 产品上市定价法 ┤ 撇脂定价法
```

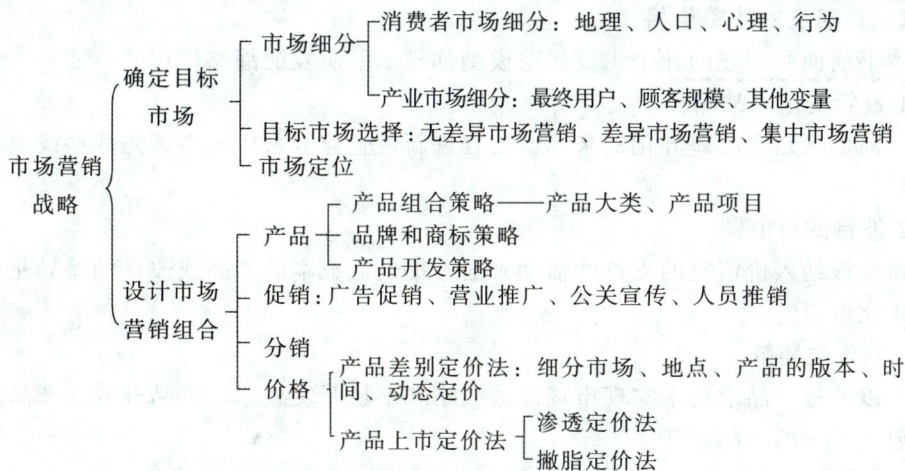

图3-9 市场营销战略图

研究与开发战略需要掌握哪些内容？

二、研究与开发战略

✓ 研究与开发战略概述（见表3-62）

表3-62　　　　　　　　　研究与开发战略概述

概述	研究与开发，简称研发，是组织层面的企业创新	
目的	改良产品或改良流程	
内容	基础研究	取得新的科学技术知识的初始研究，没有明显的商业用途或实际目的
	应用型研究	具有明显的商业用途或实际目的的研究
	开发型研究	在开始商业运作之前利用现有的科学技术知识来生产新产品或系统
提示	研发战略并不能独立于企业的其他部分单独进行	
研发任务	①转化复杂技术，使流程与当地的原材料相适应，使流程与当地的市场相适应，根据特殊的标准和规范来改进产品	
	②诸如产品开发、市场渗透或市场差异化等战略的实施需要成功地开发新产品，或者极大地改良老产品	

考霸笔记　考试题型：主观题、客观题。考试频率：冷门考点，近几年考查频率略有提升。

（一）研发的类型与动力来源（见表3-63）

表3-63　　　　　　　　　研发的类型与动力来源

类型	产品研究——新产品开发	新产品开发是竞争优势的主要来源，是实施差异化战略的企业战略保障体系中的关键环节
		风险：可能花费大量的资金
		注意事项： ①必须谨慎控制新产品的开发过程 ②项目筛选是非常必要的
	流程研究	流程研究关注于生产产品或提供服务的流程，旨在建立有效的流程来节约资金和时间，从而提高生产率
动力来源	需求拉动	描述：市场的新需求拉动创新以满足需求
		注意：需求拉动对研发部门和市场部门的协调有较高的要求
	技术推动	描述：创新来自发明的应用

考霸笔记　适当关注大标题，多选题冷门考点，其余部分通读，有印象即可。

考霸笔记　产品研究：【案例】iPhone。流程研究：【案例】用卫星买鸡蛋的沃尔玛。

（二）研发的战略作用

本书前面所阐述的几个主要战略模型都显示了研发的战略作用：

1.波特的基本战略

产品创新是产品差异化的来源。流程创新使企业能采用成本领先战略或差异化战略。

2.波特的价值链

研发被纳入价值链的支持性活动。通过提供低成本的产品或改良的差异化产品可以强化价值链。

3.安索夫矩阵

可以通过产品求精来实现市场渗透战略和市场开发战略。产品开发和产品多元化需要更显著的产品创新。

4.产品的生命周期

产品研发会加速现有产品的衰退，因而需要研发来为企业提供替代产品。

（三）研发定位（见表3-64）

表3-64　　　　　　　　　　　　　研发定位

研发定位	详细描述
①成为向市场推出新技术产品的企业	这是一个富有魅力的、令人兴奋的战略 特点：风险较大
②成为成功产品的创新模仿者	特点：启动风险和成本最小 适用条件：必须由先驱企业开发第一代新产品并证明存在该产品的市场，然后由跟随的企业开发类似的产品 要求：企业拥有优秀的研发人员和优秀的营销部门
③成为成功产品的低成本生产者	通过大量生产与先驱企业开发的产品相类似但价格相对低廉的产品来成为低成本生产者 特点：与前两种战略相比其所需的研发费用较低 要求：企业对工厂和设备进行不断投资

（四）研发政策

最成功的企业所采用的研发策略能够将外部机会与内部优势紧密相连，并且研发战略与企业目标紧密相关，而制定得当的研发政策是这一过程中的关键环节。研发政策一般考虑以下方面：

（1）强化产品或流程改良。

（2）强化应用型研究的基础。

（3）成为研发领导者或跟随者。

（4）开发智能化技术或手动流程。

（5）对研发投入高额、适中或低额资金。

（6）在企业内部进行研发或者将研发外包。

（7）利用大学或私营企业的研究力量。

✓鼓励创新性构思的政策

（1）必须给予创新财务支持，并可以通过为研发和市场研究投入资金以及为新构思投入风险资金来实现。

（2）必须使员工有机会在一个能够产生创新构思的环境中工作，这需要适当的管理风格和组织结构。

（3）在适当情况下，企业应集中于招聘具有必备创新技能的员工，应对员工进行培训并使其与时俱进。

（4）管理层能够积极地鼓励员工和客户提出新构思，下级员工参与到开发决策中来能够鼓励他们更多地参与开发项目并为项目的成功付出努力。

（5）组建开发小组并建立相关管理机构。

（6）由专门的管理者负责从环境中或从企业的内部沟通中获取与创新构思有关的信息。

（7）战略计划应有助于创新目标的达成；对于成功实现目标的员工应给予奖励。

三、生产运营战略

生产运营战略是企业根据目标市场和产品特点构造其生产运营系统时所遵循的指导思想，以及在这种指导思想下的一系列决策规划、内容和程序。

生产运营战略与企业内流程的设计、实施和控制有关，它主导着将投入（材料、人工、其他资源、信息和客户）转化为产出（产品和服务）的整个过程。

生产运营职能被视作三大传统核心职能（生产运营、市场营销、研究与开发）之一。

（一）生产运营战略所涉及的主要因素和阶段（见表3-65）

表3-65　　　　　　　　生产运营战略所涉及的主要因素和阶段

主要因素	批量	大批量	资本密集型流程→专门化较高 & 单位成本较低
		小批量	无法实现专业化分工→系统化程度较低 & 单位产出成本较高
	种类	种类繁多	优点：企业具有灵活性并能够适应个别客户的需求
			缺点：工作较为复杂 & 单位成本较高
		种类有限	优点：标准化、常规的运营程序 & 较低的单位成本
			缺点：适应客户差异化需求时灵活性较差
	需求变动	变动较大	较低的产能利用率 & 成本较高
		需求稳定	较高的产能利用率 & 成本较低
	可见性	可见性是指生产运营流程为客户所见的程度	
		可见性高	员工技巧要求高 & 单位成本较高
		可见性低	员工技巧要求低 & 单位成本较低
主要阶段	①确定生产运营目标		
	②将业务战略或营销战略转化为生产运营战略，即确定工作得以具体完成的方式		
	③通过与竞争者的绩效相比较来评估企业当前的运营绩效		
	④以缺口分析为基础来制定运营战略		
	⑤执行战略，并通过对环境变化作出反应来不断地检查、改善和改良战略		

（二）产能计划　（通读）

1.产能（见表3-66）

表3-66　　　　　　　　　　产能

产能的含义	企业在指定时间内能够完成的最大工作量
提高产能的途径	• 引进新技术、设备和材料 • 增加员工或机器的数量 • 增加轮班的次数或增添其他生产设备

总结生产运营战略所涉及的主要因素对单位成本的影响。

考霸笔记：考试题型：选择题。

备考建议：需掌握四因素的名称，理解其内涵（可见性考得较多）。

2.产能计划详述（见表3-67）理解即可。

表3-67 产能计划详述

含义	确定企业所需的生产能力以满足其客户不断变化的需求的过程			
目标	使企业产能与客户需求之间的差距最小化			
类型	领先策略（进攻型策略）	含义	根据对需求增长的预期增加产能	
		目标	将客户从企业的竞争者手中吸引过来	
		劣势	过量的产能→企业成本上升	
	滞后策略（保守型策略）	含义	仅当企业因需求增长而满负荷生产或超额生产后才增加产能	
		特性	能降低生产能力过剩的风险但也可能导致潜在客户流失	
	匹配策略（稳健型策略）	含义	少量地增加产能来应对市场需求的变化	
		平衡方法	①资源订单式生产	订单→资源→生产
			②订单生产式生产	资源→订单→生产
			③库存生产式生产	资源→生产→订单

（三）准时生产系统（JIT）

1.准时生产与准时生产系统概述（见表3-68）

表3-68 准时生产与准时生产系统概述

准时生产	准时生产方法是指生产的产品能够精准地满足客户在时间、质量和数量上的需求，而无论客户是产品的最终用户还是处于生产线上的其他流程	
适用情形	服务型企业	目的：降低库存
	制造型企业	目的：消除客户排队的现象 要求：消除任务的专业化，更为灵活地运用劳动力

侧栏笔记：

产能计划类型的记忆技巧。

考霸笔记
选择题较冷门考点，建议熟悉三种产能计划类型的名称，理解相关含义。

考霸笔记
选择题高频考点，着重关注流程的顺序！
①【案例】建筑企业在签订承建桥梁等合同之后才去采购原材料（易错点）。
②【案例】咖啡馆。
③【案例】快消品。

如何快速理解JIT？需要掌握到什么程度？

考霸笔记
了解，有印象即可，选择题冷门考点。

2.准时生产系统详述（见表3-69）

表3-69　　　　　　　　　　　准时生产系统**详述**

关键要素	（1）**不断改进** （2）**消除浪费** 它是指通常意义上的浪费。浪费共有7种类型： ①生产过剩的浪费 ②等待的浪费 ③搬运的浪费 ④加工的浪费 ⑤库存的浪费 ⑥动作的浪费 ⑦不良产品的浪费 （3）良好的工作场所整理 （4）缩短生产准备时间 （5）企业中所有员工的参与　高频。
优点	（1）库存量小，减少了仓储空间，节约了租赁和保险费用 （2）由于仅在需要时才取得存货，因此降低了花费在存货上的运营成本 （3）降低了存货变质、陈旧或过时的可能性 （4）避免因需求突然变动而导致大量产成品无法出售的情况出现 （5）由于JIT着重于第一次就执行正确的工作这一理念，因而减少了检查和返工他人所生产的产品的时间
缺点	（1）由于仅为不合格产品的返工预留了最少量的库存，因而一旦生产环节出错则弥补空间较小 （2）生产对供应商的依赖性较强，如果供应商没有按时配货，则整个生产计划都会被延误 （3）由于企业按照实际订单生产所有产品，因此并无备用的产成品来满足预期之外的订单

四、采购战略

采购概述见表3-70。

表3-70　　　　　　　　　　　采购**概述**

含义	企业取得所用的材料资源和业务服务的过程
任务	识别潜在供应商；对潜在供应商进行评价；招标；报价；就价格及支付事项进行谈判；下订单；跟踪已下达的订单；检查进货，以及对供应商付款

考霸笔记
选择题考点，要求在理解的基础上，适当掌握关键词。比较"有库存"和"零库存"来理解七种浪费。

考霸笔记
优缺点是选择题和主观题相对冷门的考点。建议掌握缺点的关键字：比较少，性价比高；抓住优点的核心关键词：节约各种成本，减少各种浪费。

考霸笔记
对照平时网购进行理解，通读有印象即可，系选择题几乎不考的考点。

第三章

（一）货源策略

当企业确定应从哪个供应商进行采购时可以考虑的策略见表3-71。

表3-71　　　当企业确定应从哪个供应商进行采购时可以考虑的策略

策略	优点	缺点
单一货源策略	①能与供应商建立较为稳固的关系 ②便于信息的保密 ③能产生规模经济 ④随着与供应商关系的加深，采购方更可能获得高质量的货源	①若无其他供应商，则该供应商的议价能力就会增强 ②采购方容易受到供应中断的影响 ③供应商容易受到订单量变动的影响
多货源策略	①能够取得更多的知识和专门技术 ②一个供应商供货中断产生的影响较小 ③供应商之间的竞争有利于对供应商压价	①难以设计出有效的质量保证计划 ②供应商的承诺较低 ③疏忽了规模经济
由供应商负责交付一个完整的子部件	①允许采用外部专家和外部技术 ②可为内部员工安排其他任务 ③采购方能够就规模经济进行谈判	①第一阶供应商处于显要地位 ②竞争者能够使用相同的供应商，因此企业在货源上不太可能取得竞争优势

（二）采购组合

企业可通过考虑以下4个领域来取得最佳的采购组合，见表3-72。

表3-72　　　　　取得最佳的采购组合可考虑的4个领域

采购组合	描述
质量	原材料质量决定了产品质量
数量	综合考虑两大因素：保有库存的成本 & 库存不足导致的生产延误
价格	关注一段时期内的最佳值，即应考虑质量、交货、订单的紧急度、库存保有要求等
交货	交货时间及可靠性

（三）采购经理的职责　2017年新增，通读即可。

当采购具有战略重要性时，最高级别的采购经理应当是董事会成员或者至少应向执行总监报告。采购经理的职责见表3-73。

表3-73　　　　　　　采购经理的职责

采购经理的职责	具体描述
1.成本控制	确保企业能够长期取得与质量相匹配的衡工量值
2.管理投入	从供应商处采购企业所有领域的设备
3.生产投入	为生产部门取得材料、零部件、组件、消耗品以及固定设备
4.供应商管理	定位供应商并与供应商进行交易
5.获取信息，用于评价各种采购方案	获取有关以下事项的信息，用于评价各种采购方案：可用性、质量、价格、分销以及供应商
6.维持库存水平	

五、人力资源战略

（一）人力资源战略的作用

人力资源管理是取得、开发、管理和激发企业的关键资源的一种战略性和一贯性方法，企业可借此实现可持续竞争优势的目标。

人力资源战略的作用：确保在适当的时间、适当的地点有可利用的适当的人力资源。

（二）人力资源战略的主要内容

有效的人力资源战略应包括现实的计划和程序。具体包括如下事项：

（1）精确识别出企业为实现短期、中期和长期的战略目标所需要的人才类型。

（2）通过培训、发展和教育来激发员工潜力。

（3）应尽可能地提高任职早期表现出色的员工在员工总数中所占的比重。

（4）招聘足够的、有潜力成为出色工作者的年轻新就业者。

（5）招聘足够的、具备一定经验和成就的人才，并使其迅速适应新的企业文化。

（6）确保采取一切可能的措施来防止竞争对手挖走企业的人才。

（7）激励有才能的人员实现更高的绩效水平，并激发其对企业的忠诚度。

（8）创造企业文化，使人才能在这种文化中得到培育并能够施展才华。

（三）人力资源规划（见表3-74）

表3-74　　　　　　　　　　　　　人力资源规划

人力资源规划的 层次	人力资源总体规划	在计划期内人力资源管理的总目标、总政策、实施步骤和总预算的安排
	人力资源业务计划	包括人员补充计划、分配计划、提升计划、教育培训计划、工资计划、保险福利计划、劳动关系计划、退休计划等
人力资源规划的 **步骤**		①调查、收集和整理涉及企业战略决策和经营环境的各种信息 ②根据企业或部门实际确定人力资源规划的期限、范围和性质。建立企业人力资源信息系统，为相关预测工作准备精确而翔实的资料 ③在分析人力资源供给和需求影响因素的基础上，采用以定量为主结合定性分析的各种科学方法对企业未来人力资源供求进行预测 ④制订人力资源供求平衡的总计划和各项业务计划

> 考霸笔记
> ★较重要，选择题高频考点。

（四）招聘与选拔 （从未考过，通读，以防万一）

1.招聘计划

招聘计划包括：

（1）说明招聘的职位的准确性质。

（2）确定该工作所需的技术、态度和能力。

（3）确定该职位理想候选人的要求。

（4）确定吸引求职者的手段，如广告。

2. 招聘方式（见表3-75）

表3-75　　　　　　　　　　招聘**方式**

内部招聘	优点	①晋升现有员工的方式能调动员工积极性，培养员工的忠诚度，激发员工的工作热情，并且有助于鼓舞员工的整体士气 ②通过使用管理现有员工掌握的信息和数据进行选拔，对招聘对象是否适合该工作的判断更加准确 ③能节约大量招聘和选拔时间及费用 ④如果招聘后还需要培训，内部招聘的员工能够更快地适应培训的要求
	缺点	①未被选拔的员工容易产生负面情绪；或者员工晋升后成为以前同事的主管，管理会比较困难 ②最适合该工作的员工未必在企业内部，内部招聘可能导致人才选拔的局限性 ③外部招聘员工可能带来有利于企业发展的新理念和新思维，而内部招聘人员难以实现 ④内部招聘机制可能诱发拉关系或骄傲自满等不良习气
外部招聘	优缺点	与内部招聘正好相反
	注意事项	①当企业无法在内部找到具有特殊技术和技能的员工时，外部招聘必不可少 ②企业外部的人员具有在其他企业中工作的经验，因而外部招聘通常能给企业带来新的思想和不同的工作方法。但是，也应当认识到外部招聘的人员可能难以改变其做事方式并且难以适应新技术和新方法

（五）继任计划（见表3-76）（从未考过，通读）

表3-76　　　　　　　　　　继任计划

描述	继任计划是指发现并追踪具有高潜质的雇员的过程 其实施过程涉及人力资源培训与开发、职业生涯管理和绩效测评等方面
基本要求	①计划应当重点关注未来的需求，特别是战略和文化上的要求 ②计划的制订和实施应当由高级管理层主导，各级管理层也负有重要责任，不应将继任计划看作只是人力资源部门的责任 ③对相关管理人员的发展表现作出评估 ④评估应当客观，应当由一个以上的评估人对各位管理者进行评估

（六）激励和奖励机制（从未考过，通读）

激励员工可以采用多种方法，比如，提供职业保障；给予物质激励；制定自我实现目标以及制定企业或企业内团队的发展目标等。

激励和奖励机制的实施应着重以下几点：

（1）企业在制定工作实施方面的决策时，允许员工参与其中；

（2）应当尽可能使工作变得有趣，使员工有满足感；

（3）将员工个人的努力融入团队和小组工作中，相互交流观点并营造出相互支持的氛围；

（4）确保激励结果与战略目标的实现相关联。

（七）绩效评估

绩效评估有助于目标的制定和实现。绩效评估还能发现能力差距和业绩差距，并为激励机制的实施提供相关信息。

对个人进行评估可以采用的方法见表3-77。

表3-77 　　　　　　　　　 对个人进行评估可以采用的**方法**

考霸笔记
较重要，选择题较冷门考点，知道表格中的几种评估方法即可。

评估方法	概述
员工的等级评定	根据员工的总体绩效为员工评级
评级量表	个人绩效拆分成若干特征或绩效领域，如可接受工作的数量、工作质量以及主动性等
核对表	提供给评分者一份与工作绩效相关的表述清单。评分者必须为每个员工选择最恰当的表述
自由报告	为每个员工完成一份与工作绩效相关的报告。这一方法可以在评估过程中给予充分的自由度
评估面谈（关键环节）	通常与上述的评分方法之一结合使用 能够为员工提供反馈，员工通过这些反馈能够发现自身的优缺点，并能够讨论提高其未来绩效所需采取的措施

（八）员工的培训和发展　从未考过，通读。

员工培训概述见表3-78。

表3-78 　　　　　　　　　　 员工培训概述

特点	员工培训是指组织为实现自身和员工个人的发展目标，有计划、系统地为员工提供学习机会或训练，使之提高、完善、改进与工作相关的知识、技能、能力以及态度等素质，以适应并胜任职位工作的战略性人力资本投资活动
构成要素	受训学员、培训主题、培训教材、培训师资、培训活动、培训条件

1.员工培训的详述（见表3-79）

表3-79 　　　　　　　　　　 员工培训的详述

流程		培训需求分析；培训目标设置；培训计划设计；培训实施；培训评估
需求分析	层次	包括组织分析、人员分析和任务分析
	方法	主要有： ①观察法 ②关键人员访谈法 ③问卷法 此外，还包括分级讨论法、测试法、文献调查法、记录报告法、自我评价法、工作样本法等
培训计划的确定		①进行课程描述 ②确定培训目标 ③制订培训方案
培训方法的选择		培训方法的选择应遵循以下几个原则： ①从成人特点出发 ②从学员需求出发 ③从培训目标出发 ④从实际效果出发 ⑤从创新开拓出发
常用的培训模式		①独立办学培训模式 ②联合型培训模式 ③全面委托型培训模式 ④"学习型组织"培训模式
培训结果的评估		评估的主要方法有：员工提交培训总结；召开座谈会；征集反馈意见；检查员工行为改进情况；撰写培训结果评估报告

2.职业生涯（见表3-80）

表3-80　　　　　　　　　　　　　　　职业生涯

含义	也称职业规划，就是指一个人对一生的各个阶段所从事的工作、职务或职业发展道路进行的设计或计划
影响因素	①需求与职业的匹配 ②性格与职业的匹配 ③兴趣与职业的匹配 ④能力与职业的匹配 ⑤社会环境与职业的匹配

六、财务战略

（一）财务战略的概念

1.财务战略VS财务管理（见表3-81）

表3-81　　　　　　　　　　　　　　财务战略VS财务管理

财务战略	财务管理
主要涉及财务性质的战略	属于财务管理的范畴
主要考虑财务领域全局的、长期的发展方向问题	与传统的财务管理相区别

2.财务战略VS经营战略（非财务战略）（见表3-82）

表3-82　　　　　　　　　　财务战略VS经营战略（非财务战略）

	财务战略	经营战略（非财务战略）
主要考虑	资金的使用和管理的战略问题	
主要强调	必须适合企业所处的发展阶段并符合利益相关者的期望	与外部环境和企业自身能力相适应

3.财务战略的分类（见表3-83）

表3-83　　　　　　　　　　　　　　财务战略的分类

筹资战略	狭义的财务战略仅指筹资战略，包括资本结构决策、筹资来源决策和股利分配决策等
资金管理战略	资金管理涉及的实物资产的购置和使用，是由经营战略而非财务职能指导的，资金管理只是通过建议、评价、计划和控制等手段，促进经营活动创造更多的价值 资金管理的战略主要考虑如何建立和维持有利于创造价值的资金管理体系

（二）财务战略的确立

在追求实现企业财务目标的过程中，高层财务管理人员必须作出以下方面的决定：筹资来源、资本结构和股利分配政策等。

1.筹资来源

（1）融资渠道与方式。

①内部融资（见表3-84）。

表3-84 内部融资

含义	企业可以选择使用内部留存利润来进行再投资。留存利润是指企业分配给股东红利后剩余的利润（最普遍采用的方式）。但企业的一些重大事件，比如并购，仅仅依靠内部融资是远远不够的，还需要其他的资金来源
优点	管理层在作此融资决策时不需要听取任何企业外部组织或个人的意见
缺点	要求企业有足够的盈利能力，而对于那些陷入财务危机的企业来说压力是很大的，因而这些企业就没有太大的内部融资空间

②股权融资（权益融资）（见表3-85）。

表3-85 股权融资（权益融资）

含义	企业为了新的项目而向现在的股东和新股东发行股票来筹集资金
优点	当企业需要的资金量比较大时（比如并购），股权融资就占很大优势（不需定期支付利息和本金）
缺点	股份容易被恶意收购从而引起控制权的变更，并且股权融资方式的成本也比较高

③债权融资（见表3-86）。

表3-86 债权融资

贷款	包括	短期贷款（年限短于一年）
		长期贷款（年限长于一年）
	优点	（相比股权融资）融资成本较低，融资的速度较快，并且方式也较为隐蔽
	缺点	当企业陷入财务危机或者企业的战略不具备竞争优势时，还款的压力会增加企业的经营风险
租赁	含义	企业在一段时期内租用资产的债务形式
	优点	企业可以不必为购买某项资产进行融资。此外，租赁很有可能使企业享有更多的税收优惠。租赁可以增加企业的资本回报率，因为它减少了总资本
	缺点	资产的所有权不属于企业（资产的有限权利）

考霸笔记 ★关注：租赁属于债权融资。

④资产销售融资（见表3-87）。

表3-87 资产销售融资

含义	企业销售其部分有价值的资产进行融资，这也是企业进行融资的主要方式
优点	简单易行，并且不用稀释股东权益
缺点	比较激进，一旦操作了就无回旋余地 如果销售的时机选择得不准，销售的价值就会低于资产本身的价值

考霸笔记 从未考过，若有时间通读即可。

（2）企业融资能力的限制

在理解了企业的几种主要融资方式后，管理层还需要了解限制企业融资能力的两个主要方面，见表3-88。

表3-88   **债务融资面临的困境和股利支付面临的困境**

债务融资面临的困境	债务融资要求企业按照合同进行利息支付，利率一般是固定的，并且利息的支付还有两个方面的要求： ● 利息支付一定优先于股利支付 ● 无论企业的盈利状况如何，企业都必须支付利息
股利支付面临的困境	企业在作出股利支付决策时同样也会遇到两难的境地： 如果企业有股东分配较多的股利，那么企业留存的利润就较少，进行内部融资的空间相应缩小

考霸笔记
只考过一个选择题，若有时间通读即可。

2.融资成本与最优资本结构（见表3-89）

表3-89   **融资成本与最优资本结构**

估计和计算融资成本	①用资本资产定价模型（CAPM）估计权益资本成本	
	②用无风险利率估计权益资本成本	
	③长期债务资本成本	
	④加权平均资本成本：权益资本成本与长期债务资本成本的加权平均	
最优资本结构	资本结构是权益资本与债务资本的比例	
	影响因素	代理成本对于企业的实际融资决策也有影响
		大多数经理倾向于内部融资而不是外部融资
		其他考虑因素：企业的举债能力、管理层对企业的控制能力、企业的资产结构、增长率、盈利能力以及有关的税收成本 难以量化的因素：企业未来战略的经营风险；企业对风险的态度；企业所处行业的风险；竞争对手的资本成本与资本结构（竞争对手可能有更低的融资成本以及对风险不同的态度）；影响利率的潜在因素，如整个国家的经济状况

3.股利分配策略

讨论股利分配策略应重点关注两方面内容，见表3-90。

表3-90　　　　决定股利分配的因素和股利政策

决定股利分配的**因素**	①留存供未来使用的利润的需要 ②分配利润的法定要求 ③债务契约中的股利约束 ④企业的财务杠杆 ⑤企业的流动性水平 ⑥即将偿还债务的需要 ⑦股利对股东和整体金融市场的信号作用	
股利政策	固定股利政策	含义：每年支付固定或者稳定增长的股利 特征：为投资者提供可预测的现金流量，减少管理层将资金转移到盈利能力差的活动的机会，并为成熟的企业提供稳定的现金流
	固定股利支付率政策	含义：股利支付率等于企业发放的每股现金股利除以企业的每股盈余 特征：投资者无法预测现金流，这种方法也无法表明管理层的意图或者期望，并且如果盈余下降或者出现亏损，这种方法就会出现问题
	零股利政策	将企业所有剩余盈余都投回本企业中。在企业成长阶段通常会使用这种股利政策，并将其反映在股价的增长中
	剩余股利政策	只有在没有现金净流量为正的项目的时候才会支付股利

（三）财务战略的选择

1.基于产品生命周期的财务战略选择。

（1）财务风险与经营风险的**搭配**。

✓**概述**

- 经营风险的大小是由特定的经营战略决定的。
- 财务风险的大小是由资本结构决定的。

✓经营风险与财务风险的搭配（如图3-10所示）。

经营风险	高经营风险 低财务风险	高经营风险 高财务风险
	低经营风险 低财务风险	低经营风险 高财务风险

财务风险

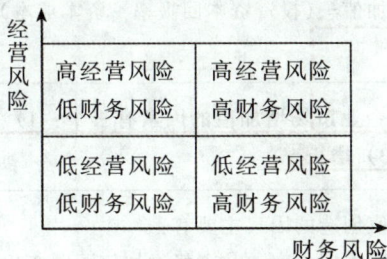

图3-10　经营风险与财务风险组合图

【总结与结论】

①经营风险与财务风险的反向搭配，是可以同时符合权益投资人和债权人的期望的现实搭配。

②"双高搭配"符合风险投资人的要求，不符合债权人的要求。

③"双低搭配"符合债权人的要求，不符合权益投资人的期望，也不是现实的搭配。

（2）产品生命周期不同阶段的财务战略（见表3-91）。

表3-91 **产品生命周期不同阶段的财务战略**（选择题高频考点，几乎每年必考）

	企业的发展阶段			
	导入期	成长期	成熟期	衰退期
经营风险	非常高	高	中等	低
财务风险	非常低	低	中等	高
资本结构	权益融资	主要是权益融资	权益+债务融资	权益+债务融资
资金来源	风险资本	权益投资增加	保留盈余+债务	债务
股利	不分配	分配率很低	分配率高	全部分配
价格/盈余倍数	非常高	高	中	低
股价	迅速增长	增长并波动	稳定	下降并波动

2.基于创造价值或增长率的财务战略选择

创造价值是财务管理的目标，也是财务战略管理的目标。为了实现财务目标，必须找到影响创造价值的主要因素，以及它们与创造价值之间的内在联系。

（1）影响价值创造的主要因素（见表3-92）。

表3-92 **影响价值创造的主要因素**

要点	阐释
企业的市场增加值	企业市场增加值=企业资本市场价值－企业占用资本=权益增加值+债务增加值
影响企业市场增加值的因素	市场增加值=（投资资本回报率－资本成本）×投资资本÷（资本成本－增长率） ★影响企业市场增加值的因素有三个：1）投资资本回报率；2）资本成本；3）增长率
影响价值创造的因素	影响价值创造的因素主要有： ①投资资本回报率：与市场增加值同向变化 ②资本成本：与市场增加值反向变化 ③增长率：当"投资资本回报率－资本成本"为正值时，增长率与市场增加值同向变化；当"投资资本回报率－资本成本"为负值时，增长率与市场增加值反向变化 ④可持续增长率

（2）销售增长率、筹资需求与创造价值（见表3-93）。

表3-93　　　　　销售增长率、筹资需求与创造价值

	具体状况	指标体现
现金状况	现金短缺	销售增长率>可持续增长率
	现金剩余	销售增长率<可持续增长率
	现金平衡	销售增长率=可持续增长率
价值创造情况	创造价值	投资资本回报率>资本成本
	减损价值	投资资本回报率<资本成本

✓结合现金状况与价值创造情况（见表3-94）

表3-94　　　　　结合现金状况与价值创造情况

内容	具体状况	应对思路
现金短缺	创造价值的现金短缺	应当设法筹资以支持高增长，创造更多的市场增加值
	减损价值的现金短缺	应当降低增长率以减少价值减损
现金剩余	创造价值的现金剩余	应当用这些现金提高增长率，创造更多的价值
	减损价值的现金剩余	应当把钱还给股东，避免更多的价值减损

（3）价值创造和增长率矩阵。

财务战略矩阵（如图3-11所示）：在矩阵中把创造（减损）价值（投资资本回报率-资本成本）和现金余缺（销售增长率-可持续增长率）联系起来。财务战略矩阵可以作为评价和制定战略的分析工具。

投资资本回报率-资本成本（大于零，创造价值）

	创造价值 现金剩余	创造价值 现金短缺	
销售增长率-可持续增长率（小于零，现金剩余）			销售增长率-可持续增长率（大于零，现金短缺）
	减损价值 现金剩余	减损价值 现金短缺	

投资资本回报率-资本成本（小于零，减损价值）

图3-11　财务战略矩阵

①增值型现金短缺（见表3-95）。（★★重点关注，考的频率较高）

考霸笔记
模型基于一系列的假设。需要理解，该知识点是后续知识点的基础，不会单独命题。

如何理解四个因素所形成的具体状况？

财务战略矩阵。

考霸笔记
矩阵为选择题高频考点，几乎每年必考。要求能判断每种情形属于什么状况，并能掌握每种情形位于哪个象限。

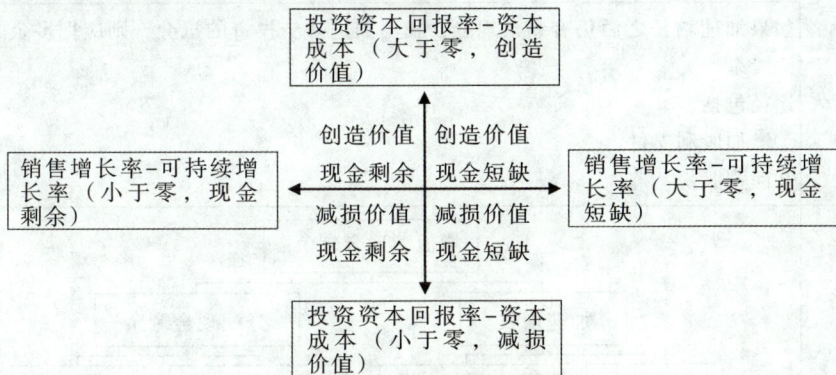

表 3-95 **增值型现金短缺**

<table>
<tr><td>情况</td><td colspan="2">投资资本回报率－资本成本＞0&销售增长率－可持续增长率＞0</td></tr>
<tr><td>矩阵位置</td><td colspan="2">第一象限</td></tr>
<tr><td rowspan="2">财务战略</td><td>高速增长是暂时的</td><td>通过借款来筹集所需资金</td></tr>
<tr><td>高速增长是长期的</td><td>①提高可持续增长率，包括提高经营效率（提高税后经营利润率和周转率）和改变财务政策（停止支付股利、增加借款），使之向销售增长率靠拢
②增加权益资本（增发股份、兼并成熟企业），提供增长所需资金</td></tr>
<tr><td>财务战略选择</td><td colspan="2">
</td></tr>
</table>

考霸笔记 重点是解决现金短缺的问题。提高盈利能力，提高周转率，增加资本。

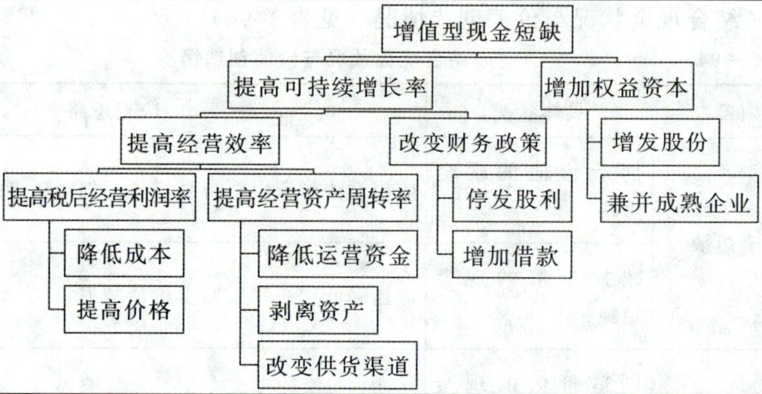

②增值型现金剩余（见表 3-96）。

表 3-96 **增值型现金剩余**

<table>
<tr><td>情况</td><td>投资资本回报率－资本成本＞0 & 销售增长率－可持续增长率＜0</td></tr>
<tr><td>矩阵位置</td><td>第二象限</td></tr>
<tr><td rowspan="2">财务战略</td><td>首选的战略是利用剩余的现金加速增长
途径包括：
①内部投资
②收购相关业务</td></tr>
<tr><td>如果加速增长之后仍有剩余现金，找不到进一步投资的机会，则应把多余的钱还给股东
途径包括：
①增加股利支付
②回购股份</td></tr>
<tr><td>财务战略选择</td><td>
</td></tr>
</table>

考霸笔记 重点是如何利用剩余现金。

考霸笔记 重点是解决价值减损的问题，可提高投资资本回报率或降低资本成本。

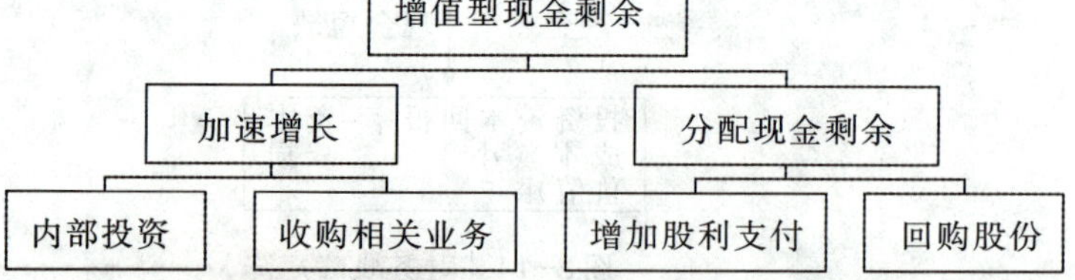

③减损型现金剩余（见表 3-97）。

表3-97　　　　　　　　　　　　　　减损型现金剩余

情况	投资资本回报率－资本成本＜0 & 销售增长率－可持续增长率＜0
矩阵位置	第三象限
财务战略	首选的战略是提高投资资本回报率，途径有： ①提高税后经营利润率 ②提高经营资产周转率 在提高投资资本回报率的同时，如果负债比率不当，可以适度调整，以降低平均资本成本 如果企业不能提高投资资本回报率或者降低资本成本，就应该将企业出售
财务战略选择	

④减损型现金短缺（见表3-98）。

表3-98　　　　　　　　　　　　　　减损型现金短缺

情况	投资资本回报率－资本成本＜0 & 销售增长率－可持续增长率＞0
矩阵位置	第四象限
财务战略	①如果盈利能力低是本公司的独有问题，并且觉得有能力扭转价值减损局面，则可以选择"彻底重组"；否则，应该选择出售 ②如果盈利能力低是整个行业的衰退引起的，则应该选择的财务战略是"尽快出售"以减少损失
财务战略选择	

【总结】总体策略　　解题套路。

对于创造价值的，先解决现金（短缺筹集，剩余去投资或分配）。

对于减损价值的：

①先处理减损（提高投资资本回报率，减低资本成本）→还能抢救一下。

②再考虑现金，当现金不足的时候→放弃"治疗"。

第四节　国际化经营战略

◇ 企业国际化经营动因　　　　　◇ 国际化经营的战略类型

◇ 国际市场进入模式　　　　　　◇ 新兴市场的企业战略

国际化经营战略是企业在国际市场上对三个层次战略的具体应用，同时，国际化经营战略也有其独特性。

考霸笔记
本节理论性较强，比较生涩，好在考点集中，学习起来以理解为主，背诵量对比前三节相对较少。

一、企业国际化经营动因（如图3-12所示）

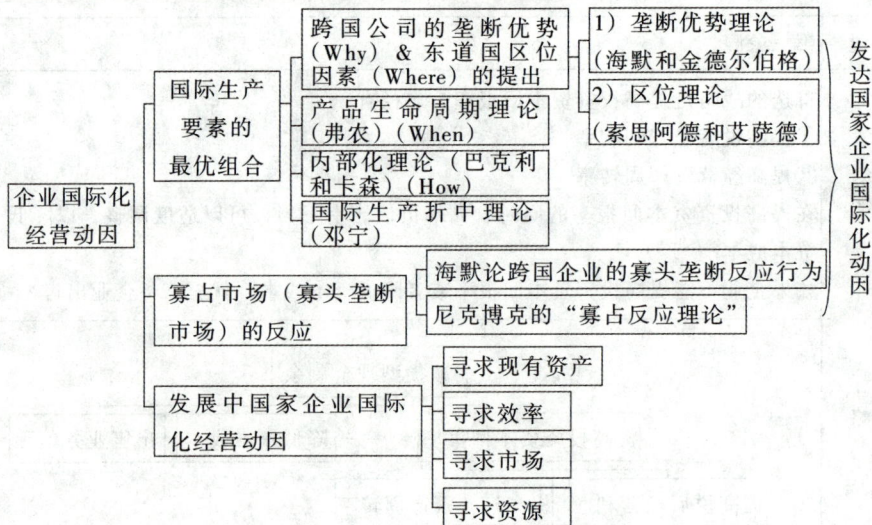

图3-12　企业国际化经营动因图

（一）国际生产要素的最优组合

1.垄断优势理论（Why）（见表3-99）

表3-99　　　　　　　　　　　垄断优势理论（Why）

提出者	海默&金德尔伯格
观点	市场不完全导致了对外直接投资
市场不完全	①产品和生产要素市场不完全 ②由规模经济导致的市场不完全 ③由政府干预引起的市场不完全 ④由税负与关税引起的市场不完全
垄断优势	跨国企业在不完全竞争下取得的各种垄断优势有： ①来自产品市场不完全的优势，如产品差别、商标、销售技术与操纵价格等 ②来自生产要素市场不完全的优势，包括专利与工业秘诀、资金获得条件的优惠、管理技能等 ③企业拥有的内部规模经济与外部规模经济
解释情况	第二次世界大战之后发达国家企业对外直接投资，发达国家之间直接投资由下面的寡占市场（寡头垄断市场）反应理论解释

2.区位理论（Where）（见表3-100）

表3-100　　　　　　　　　　　区位理论（Where）

提出者	索思阿德&艾萨德
观点	国际市场的不完全性会导致各国之间的市场差异，即在生产要素价格、市场规模、市场资源供给等方面存在着不同的差异。如果国外市场的这些差异为准备投资的一国企业带来了有利的条件，企业就会发生对外直接投资　★较重要。
影响因素	影响区位优势的主要因素有：生产要素、市场定位、贸易壁垒、经营环境等　知道一下。

3.产品生命周期理论（When）（见表3-101）

表3-101　　　　　　　产品生命周期理论（When）

提出者	弗农（Vernon）
提示	将垄断因素与区位因素结合起来的动态分析
理论概述	从产品的研发和生产角度分为三个阶段：产品创新→成熟→标准化

【考霸笔记】 选择题较冷门的考点，注意与波特生命周期理论的区别。

【辨析】波特生命周期（产业环境分析）：

划分依据：以产业销售额增长率曲线的拐点划分。

四个阶段：导入期、成长期、成熟期、衰退期。

【考霸笔记】 两种生命周期的出发点不同。

4.内部化理论（How）（见表3-102）

表3-102　　　　　　　　内部化理论（How）

提出者	巴克利&卡森
提示	内部化理论是由市场不完全与垄断优势理论发展起来的
市场不完全	在内部化理论中，市场不完全是指由于某些市场失效，以及由于某些产品的特殊性质或垄断势力的存在，导致企业市场交易成本增加
内部化理论的基本假设	①企业在市场不完全的情况下从事经营的目的是追求利润最大化 ②当生产要素特别是中间产品市场不完全时，企业有可能统一管理经营活动，以内部市场代替外部市场 ③内部化越过国界时就会产生国际企业

什么是内部化优势？什么是区位优势？

5.国际生产折中理论（见表3-103）

表3-103　　　　　　　国际生产折中理论

提出者	邓宁（Dunning）
提示	国际生产折中理论至今仍然是对跨国公司和对外直接投资研究影响最大的理论框架
理论概述	所有权优势+内部化优势+区位优势=对外直接投资 所有权优势＋内部化优势=出口贸易 所有权优势=技术转移

【考霸笔记】 选择题要考的考点，一般考查知识点的直接还原。

（二）寡占市场（寡头垄断市场）的反应

对企业跨国经营的行为，一些学者更侧重于从企业所面临的市场角度，特别是从跨国公司投资产业大都属于寡占市场特征的角度进行研究。

【考霸笔记】 理解即可，一般考查选择题。

1.海默论跨国企业的寡头垄断反应行为（见表3-104）

表3-104　　　　　海默论跨国企业的寡头垄断反应行为

提出者	海默
观点	发达国家之间的对向或交叉直接投资，必须利用寡占反应行为加以解释
寡占反应行为	各国寡占企业通过在竞争对手的领土上建立地盘来加强自己在国际竞争中的地位

2.尼克博克的"寡占反应理论"（见表3-105）

表3-105　　　　　　尼克博克的"寡占反应理论"

提出者	尼克博克	
理论背景	第二次世界大战期间美国企业对外直接投资主要是由寡占行业少数几家寡头公司进行的，它们的投资又大多在同一时期成批发生	
理论观点	对外直接投资区分为"进攻性投资"与"防御性投资"	
进攻性投资	在国外市场建立第一家子公司的寡头公司的投资	弗农的产品周期理论解释 **主动**。
防御性投资	同一行业其他寡头成员追随率先公司建立子公司	寡占反应行业所决定 **被动**。

（三）发展中国家企业国际化经营动因

2006年，UNCTAD《世界投资报告》对于发展中经济体和转型期经济体日益成为世界重要的对外投资来源这一趋势进行了调查与研究，提出影响发展中国家跨国公司对外投资决策的四大动机与三大竞争优势。

1.发展中国家跨国公司对外投资的主要动机（见表3-106）

表3-106　　　　　发展中国家跨国公司对外投资的主要动机

资产利用战略	①寻求市场		以寻求市场为主要动机的投资主要形成区域内和发展中国家内部的外国直接投资
	②寻求效率		主要是较先进（因而劳动力成本较高）的发展中国家跨国公司进行这种投资
		驱动因素	母经济体生产成本上涨，特别是劳动力成本
			发展中国家公司所面临的竞争压力正在推动它们向海外扩展
		一般情形	一般集中在几个产业（诸如电气和电子产品及成衣和纺织品），且大多面向发展中国家
	③寻求资源		寻求资源型的外国直接投资大多在发展中国家
资产扩展战略	④寻求现成资产		主要是发展中国家跨国公司向发达国家投资 其主要动机是主动获取发达国家企业的品牌、先进技术与管理经验等现成资产

2.发展中国家跨国公司对外投资的主要竞争优势　从未考过，适当关注。

与发达国家跨国公司外向投资相比，发展中国家跨国公司对外直接投资有3个方面的优势，这些优势主要体现在对发展中国家投资的层面上。

（1）发展中国家跨国公司的对外直接投资对发展中东道国的一大优势是具有更大的创造就业机会的潜力。

（2）发展中国家跨国公司的技术和经营模式一般比较接近于发展中东道国公司所用的技术和经营模式，这意味着有益联系和技术吸收的可能性较大。

（3）发展中国家跨国公司在进入模式上往往更多地采取新建投资的方式而不是并购，在发展中东道国的投资尤其如此。就此而言，它们的投资更有可能直接推动提高发展中国家的生产能力。

二、国际市场进入模式

企业进入国外市场的模式一般有出口、对外股权投资、非股权形式等几种。每一种进入模式都有各自的利与弊。

（一）出口

1.目标市场选择

目标市场的区域路径见表3-107。

表3-107　　　　　目标市场的区域路径

传统方式	高新技术产品	发达国家→类似的发达国家→发展中国家 发展中国家→类似的发展中国家→发达国家
	初级产品和低端产品	发展中国家→发达国家
新型方式		原因：经济全球化背景下，许多产业中的全球分工体系已经形成，全球同步使用新产品。不论是发达国家还是发展中国家，该产业中的高新技术产品出口的国别路径是：先到发达国家（特别是美国），以占领世界最大市场，然后再走向发展中国家

2.选择分销渠道与出口营销（见表3-108）

表3-108　　　　　　　　**选择分销渠道与出口营销**

渠道特点	①一般说来，国际分销渠道比国内分销渠道更复杂，涉及更多的中间环节
	②国际分销渠道的成本通常比国内分销渠道高
	③出口商有时必须通过与国内市场不同的分销渠道向海外市场进行销售
	④国际分销渠道通常为公司提供海外市场信息，包括产品在市场上的销售情况及其原因

贸易中介	商品的所有权	代理人&分销商	
	对销售渠道的控制方法	直接法	公司拥有并管理分销渠道（控制能力强，信息充分，成本高）
		间接法	分销渠道独立于公司之外（成本低，控制能力弱，信息不足）

3.出口市场上的定价

针对海外市场一般有4种定价策略：

（1）定价偏高，以期获得大于国内市场的收益。

（2）制定使海外市场与国内市场收益水平接近的价格。

（3）在短期内定价较低，即使收益偏低甚至亏损也在所不惜。

（4）只要在抵消变动成本之后还能增加利润，就按能把超过国内市场需求量的产品销售出去的价格定价。

（二）对外股权投资

对外股权投资涉及对东道国企业的股权参与，与出口方式相比，是一种控制程度更强、参与程度更强的进入方式。对外股权投资包括对外证券投资与对外直接投资。

1.对外证券投资（见表3-109）

表3-109　　　　　　　　**对外证券投资**

含义	个人或机构取得外国证券，但并不控制该企业或参与管理
优点	购买外国股票可能出于若干重要战略因素的考虑： ①证券投资可能成为直接投资的前奏 ②证券投资可以作为企业长期计划的一部分，因为它可能有助于加强技术、许可证和销售协议 ③证券投资也是扩大企业在其他国家利益的一种方法
缺点	①证券投资虽然涉及所有权问题，但很少或没有涉及管理和控制问题，不能管理企业所持有的资产 ②证券投资很难充分发挥该公司的技术或产品的优势

2.对外直接投资

✓ 对外直接投资概述（见表3-110）

表3-110　　对外直接投资概述

含义	企业将管理、技术、营销、资金等资源以自己控制企业的形式转移到目标国家（地区），以便能够在目标市场充分地发挥竞争优势
优点	①缩短了生产和销售的距离，减少了运输成本 ②可利用当地便宜的劳动力、原材料、能源等生产要素，降低制造成本 ③能随时获得当地市场的信息和产品的信息反馈，从而可根据市场的需求来调整生产 ④使企业跨越东道国政府的各种贸易和非贸易壁垒，有时还能享受东道国提供的某种优惠
缺点	投资进入需要大量的资金、管理和其他资源的投入，这就意味着风险更大，灵活性更差

✓ 对外直接投资方式（全资子公司与合资）

（1）全资子公司（独资经营）（见表3-111）。

表3-111　　全资子公司

含义	由母公司拥有子公司全部股权和经营权【案例】万达欧洲地产投资有限公司。
优点	①管理者可以完全控制子公司在目标市场上的日常经营活动，并确保有价值的技术、工艺和其他一些无形资产都留在子公司 ②可以摆脱合资经营在利益、目标等方面的冲突问题，从而使国外子公司的经营战略与企业的总体战略融为一体【对照】齐心协力，一致对外。
缺点	①这种方式可能得耗费大量资金，公司必须在内部集资或在金融市场上融资以获得资金 ②由于成立全资子公司需要占用公司的大量资源，所以公司面临的风险可能会很高 ③由于没有东道国企业的合作与参与，全资子公司难以得到当地的政策与各种经营资源的支持，规避政治风险的能力也明显小于合资经营企业

（2）合资经营（见表3-112）。

表3-112　　合资经营

含义	协议共同投资的各方各按一定比例的股份出资，共同组成一家具有法人地位、在经济上独立核算、在业务上独立经营的企业
动因	①加强现有业务 ②将现有产品打入国外市场 ③将国外产品引入国内市场 ④一种新业务经营
优点	①可以减少国际化经营的资本投入 ②有利于弥补跨国经营经验不足的缺陷 ③有利于吸引和利用东道国合资方的资源，如东道国合资方在当地市场的信誉，融资与销售渠道，同当地银行和政府官员的公私关系以及它们具有的生产、技术、管理和营销技能等
缺点	由于合资企业由多方参与投资，因而协调成本可能过大。协调问题又主要表现在以下两个方面： ①合资各方目标的差异 ②合资各方文化的差异

（三）非股权形式

非股权形式包括合约制造、服务外包、订单农业、特许经营、许可经营、管理合约及其他类型的合约关系，跨国公司通过这些关系协调其在全球价值链的活动并影响东道国公司的管理，而并不拥有其股份。

✓对外直接投资与贸易之间的中间道路——非股权形式（如图3-13所示）

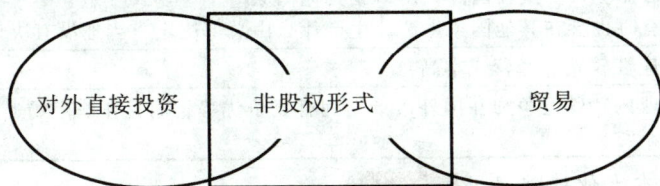

```
对外直接投资     非股权形式     贸易
```

图3-13　非股权形式图

【回顾】进入海外市场的方式（如图3-14所示）

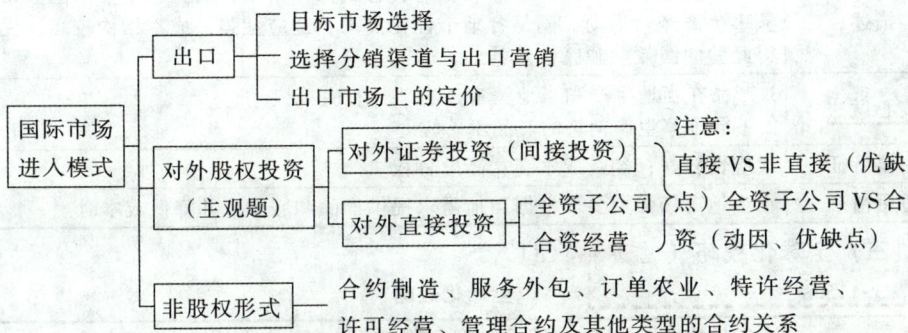

```
                  ┌ 目标市场选择
            出口 ─┼ 选择分销渠道与出口营销
                  └ 出口市场上的定价

国际市场    对外股权投资    ┌ 对外证券投资（间接投资）      注意：
进入模式    （主观题）      │                              直接VS非直接（优缺
                            └ 对外直接投资 ┌ 全资子公司    点）全资子公司VS合
                                           └ 合资经营      资（动因、优缺点）

            非股权形式 ── 合约制造、服务外包、订单农业、特许经营、
                          许可经营、管理合约及其他类型的合约关系
```

图3-14　海外市场进入方式图

三、国际化经营的战略类型

企业国际化经营的战略基本上有4种类型，这4种战略可以通过"全球协作程度"和"本土独立性和适应能力"所构成的两维坐标体现出来，如图3-15所示。

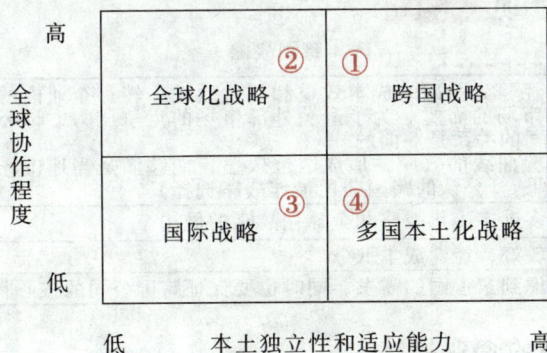

```
高 ┌─────────────┬─────────────┐
   │     ②       │     ①       │
全  │   全球化战略  │   跨国战略   │
球  ├─────────────┼─────────────┤
协  │     ③       │     ④       │
作  │   国际战略    │  多国本土化战略│
程  │             │             │
度 低└─────────────┴─────────────┘
     低   本土独立性和适应能力   高
```

图3-15　国际化经营的战略类型

快速理解国际化经营的战略类型。

考霸笔记
考试题型：选择题（高频）、主观题（冷门）。
备考建议：全面掌握4种战略类型的名称和核心做法（判断依据）。

（一）国际战略（见表3-113）

表3-113　　　　　　　　　　　　　　国际战略

描述	企业将其具有价值的产品与技能转移到国外的市场，以创造价值的举措。产品开发的职能留在母国，而在东道国建立制造和营销职能，总部一般严格地控制产品与市场战略的决策权
★核心做法	1.产品生产一般在国内，出口到其他国家 2.有时也会在其他国家生产，生产什么由总部决定，当地没有决策权
主要特征	适应性较差；经营成本高
适用情形	企业的特殊竞争力在国外市场上拥有竞争优势，而且在该市场上降低成本的压力较小时

（二）多国本土化战略（见表3-114）

表3-114　　　　　　　　　　　　多国本土化战略

描述	将自己国家所开发出的产品和技能转移到国外市场，而且在重要的国家市场上从事生产经营活动。满足各地个性化需求，适应性强；成本结构较高，无法获得经验曲线效益和区位效益
★核心做法	1.产品在当地生产和当地销售，当地具有决策权 2.不同国家生产销售的产品不一样
主要特征	适应性较好；经营成本高；高度分权
适用情形	在当地市场强烈要求根据当地需求提供产品和服务，并降低成本时

（三）全球化战略（见表3-115）

表3-115　　　　　　　　　　　　全球化战略

描述	向全世界的市场推销标准化的产品和服务，并在较有利的国家集中地进行生产经营活动，由此形成经验曲线和规模经济效益，以获得高额利润。企业采取该战略的目的是实施成本领先战略，通过提供标准化的产品来促使不同国家的习俗和偏好趋同
★核心做法	1.生产什么由总部统一决定，产品生产的不同环节配置在不同国家 2.不同国家生产销售的产品一样
主要特征	适应性较差；经营成本低；高度集权
适用情形	在成本压力大而当地特殊要求小的情况下

（四）跨国战略（见表3-116）

表3-116　　　　　　　　　　　　跨国战略

描述	形成以经验为基础的成本效益和区位效益，转移企业内的特殊竞争力，同时注意当地市场的需要。为了避免外部市场的竞争压力，母公司与子公司、子公司与子公司的关系是双向的 运用经验曲线的效应，形成区位效益，能够满足当地市场的需求，达到全球学习的效果。（公认的跨国公司最佳战略选择）
★核心做法	综合了多国本土化战略和全球化战略的做法
主要特征	适应性较好；经营成本低
适用情形	充分考虑到东道国的需求，同时也要保证跨国公司的核心目标和技能的实现

四、新兴市场的企业战略

新兴市场是指一些市场发展潜力巨大的发展中国家。这类国家对世界经济的发展具有较大的推动作用，其进出口贸易在全球贸易中占有越来越重要的地位。

（一）按产业特性配置资源

在争夺新兴市场的大战中，强大的跨国公司并非占尽优势。新兴市场上的本土企业都必须关注两个问题：第一，你所在产业面临的全球化的压力有多大？第二，你所在公司优势资源的跨国转移能力怎样？

1.认识不同产业面临的不同压力

在估计全球化压力所产生的影响时，必须认识到各种不同的产业面临的压力是不同的。在各种产业中，全球化和地方化的压力在强度上也不同。很少有产业承受了极端的全球化或地方化的压力。

2.评估企业自身的优势资源

新兴市场中的大部分本土企业拥有一些资源，这些资源使其在本土市场上具有竞争优势。例如，本土的销售网络等。诸如此类的优势资源，可以成为本土企业成功捍卫本国市场的后盾。

不仅如此，本土企业的某些优势还可能成为向其他市场扩张的利刃。这种资源越多，企业在国外获得成功的机会就越大。

（二）本土企业的战略选择

✓本土企业的战略选择

将产业所面临的全球化压力和新兴市场本土企业可以转移的资源作为两个变量（如图3-16所示）：

高 产业的全球化程度 低	"躲闪者" 通过转向新业务或缝隙市场避开竞争	"抗衡者" 通过全球竞争发动进攻
	"防御者" 利用国内市场的优势进行防御	"扩张者" 将企业的经验转移到周边市场
	适合于本国市场	可以向海外移植

新兴市场本土企业优势资源

图3-16 本土企业的战略选择

1."防御者"（Defender）（见表3-117）

表3-117 "防御者"（Defender）

特征	全球化压力较小，可转移的优势资源少
相关战略	面对来势汹汹且实力雄厚的外国竞争对手，防御者要做的就是利用本土优势进行防御 ①把注意力集中于喜欢本国产品的客户，而不考虑那些崇尚国际品牌的客户 ②频繁地调整产品和服务，以适应客户特别的甚至是独一无二的需求 ③加强分销网络的建设和管理，缓解国外竞争对手的竞争压力
★注意	①不要试图赢得所有客户 ②不要一味模仿跨国竞争对手的战略

2."扩张者"（Extender）（见表3-118）

表3-118 "扩张者"（Extender）

特征	全球化压力不大，自身的优势资源可以移植到海外
相关战略	可以不仅仅局限于保住现有市场，它们可以通过合理运用可移植的优势资源，并以其在本地市场的成功为平台，向其他市场扩张。慎重并有选择地将海外扩张战略用于企业的核心资源，不仅可以增加企业收入，还能促进规模经济，同时也能获得颇有价值的国际化经营的经验
★注意	在向海外延伸本土优势时应当注意寻找在消费者偏好、地缘关系、分销渠道或政府管制方面与本国市场相类似的市场，来最有效地利用自己的资源

快速区分新兴市场中本土企业的战略选择类型。

第三章

考霸笔记
考试题型：选择题，但也可以考查主观题。备考指导：需全面掌握战略选择的名称以及大致的相应核心做法。

考霸笔记
【案例】上海家化：六神花露水70%的市场占有率。

3. "躲闪者"（Dodger）（见表3-119）

表3-119   "躲闪者"（Dodger）

特征	全球化压力大，自身的优势资源只能在本土发挥作用
相关战略	在全球化压力很大的产业中，躲闪者不能仅仅指望公司的本土资源，还必须重新考虑自身的商业模式。在这种情况下，企业最好的选择可能是以下几个： ①与跨国公司建立合资、合作企业 ②将企业出售给跨国公司 ③重新定义自己的核心业务，避开与跨国公司的直接竞争 ④根据自身的本土优势专注于细分市场，将业务重心转向价值链中的某些环节 ⑤生产与跨国公司产品互补的产品，或者将其改造为适合本国人口味的产品
注意	躲闪者战略可能是4种战略中最难付诸实施的一种，因为躲闪者必须对其战略进行大手术，而且必须在跨国公司将其淘汰出局前完成（关键在于选择突破口，并攻克）

4. "抗衡者"（Contender）（见表3-120）

表3-120   "抗衡者"（Contender）

特征	全球化压力大，企业优势资源可以转移到其他市场
相关战略	在全球范围内对抗 尽管在全球竞争中发达国家跨国公司具备诸多优势，但新兴市场的企业也可以羽翼渐丰，最后成长为跨国公司。作为抗衡者，通常不得不权衡各种机会和制约因素： ①不要拘泥于在成本上竞争，而应该比照行业中的领先公司来衡量自己的实力 ②找到一个定位明确又易于防守的市场 ③在一个全球化的产业中找到一个合适的突破口 ④学习从发达国家获取资源，以克服自身技能的不足和资本的匮乏

【对照记忆】参考游击战（见表3-121）

表3-121   参考游击战

战略选择	特征/情形	相关战略
躲闪者	敌强我弱	避敌主力，等待机会
抗衡者	敌强我强	狭路相逢勇者胜
防御者	敌弱我弱	以守为攻
扩张者	敌弱我强	乘胜追击，扩大战果

智能测评

在线练习	我要提问
扫码在线做题　　扫码看答案	扫码答疑
本书"本章同步强化训练"均配备二维码，打开微信"扫一扫"即可完成在线测评，查看本章详细的测评反馈报告，了解知识掌握情况，也可扫码直接看答案噢。 快来扫码做题吧！	本书配备答疑专用二维码，打开微信"扫一扫"，即可完成在线提问，获取专业老师全面个性化解答，让学习问题不再拖延。 快来扫码提问吧！

本章同步强化训练

一、单选题

1.甲公司为牙膏制造企业，市场上牙膏品牌众多，竞争激烈，为了实现规模经济，减少竞争压力，甲应当选择以下哪种发展战略（　　）？

A.横向一体化　　　B.纵向一体化　　　C.差异化战略　　　D.成本领先战略

2.神大钢铁公司为确保公司铁矿资源与煤炭的稳定供应，成功收购了甲铁矿石企业，同时与龙潭煤炭公司签订了长期购销协议。神大钢铁公司的发展战略属于（　　）。

A.前向一体化战略　　B.多元化战略　　　C.密集型战略　　　D.后向一体化战略

3.纵向一体化战略是指企业沿着产品或业务链向前或向后，延伸和扩展企业现有业务的战略。以下属于纵向一体化战略主要风险的是（　　）。

A.内部经营整合风险　　　　　　　　B.购买群体之间需求差异变小

C.不熟悉新业务领域所带来的风险　　D.竞争对手的进入与竞争

4.某商场年末开展活动，当天凡是持有该商场合作银行信用卡的顾客一律给予八折优惠，该商场采取的战略为（　　）。

A.产品开发战略　　B.市场开发战略　　C.市场渗透战略　　D.多元化战略

5.甲公司是一家知名的灌汤菜餐厅，在全国有100多家门店，为了在行业中始终保持领先地位，公司在内部设立了研究所。其紧跟市场需求变化，定期开发特色菜上市，赢得了消费者的好评。根据上述描述，甲公司采取的发展战略类型是（　　）。

A.市场开发战略　　B.市场渗透战略　　C.产品开发战略　　D.多元化战略

6.甲公司是一家生产胰岛素药物的企业，近年来随着糖尿病患者的增加，甲公司决定投资研发一款新的胰岛素注射器，方便患者自行注射时使用，甲采用的这种战略属于（　　）。

A.前向一体化　　B.后向一体化　　C.非相关多远　　D.相关多元化

7.甲公司是一家生产销售电冰箱的公司，如果其打算实施相关多元化战略，那么该公司可以选择的发展方向是（　　）。

A.生产空调　　　B.生产服装　　　C.金融　　　D.房地产

8.下列企业采用的成长型战略中，属于多元化成长战略的是（　　）。

A.甲碳酸饮料生产企业通过按季更换饮料包装、在各传统节日期间附赠小包装饮料等方式增加市场份额

B.乙汽车制造企业开始将其原在国内生产销售的小型客车出口到南美地区

C.丙洗衣粉生产企业通过自行研发，开始生产销售具有不同功效的洗发水

D.丁酸奶生产企业新开发出一种凝固型酸奶，并将其推向市场

9.甲公司是一家肉类加工企业，其主打产品是火腿肠。2013年，其以70亿美元收购乙养猪及猪肉生产企业，并承担乙23亿美元的债务，其中79亿美元是银行贷款。按收购资金来源分类，甲公司的并购类型为（　　）。

A.杠杆收购　　B.非杠杆收购　　C.产业资本并购　　D.后向并购

10.以下关于并购类型的表述中，错误的是（　　）。

A.金融资本并购的目的不是谋求产业利润

B.非杠杆收购可以对外借债

C.敌意并购后，企业整合上会比友善并购困难

D.按并购双方所处的产行业分类，可以分为横向并购和纵向并购

11.甲企业是一家奶粉生产企业，其根据不同年龄段消费者将奶粉分为婴幼儿奶粉、儿童奶粉、中年人奶粉和老年人奶粉；又根据消费者不同时段需求，将奶粉分为早餐奶粉、午餐奶粉、晚餐奶粉。甲公司实施的战略是（　　　）。

    A.差异化战略　　　　B.成本领先战略　　　C.非相关多元化战略　D.相关多元化战略

12.甲公司是一家手表生产商，具备优质手表生产的成本优势和研发优势。经过市场调研，甲公司发现高端定制手表有较好的市场需求。甲公司拟与经验丰富的产品设计顾问合作，进军高端定制手表行业且预计能取得成功。根据上述情形，下列选项中最适合甲公司选择的战略是（　　　）。

    A.成本领先战略　　　　B.集中化战略　　　C.一体化战略　　　D.非相关多元化战略

13.轿车生产企业华美公司起步初期，国内汽车市场基本被跨国公司巨头瓜分殆尽。华美公司生存和发展的唯一途径就是走低价低值路线。过去国内汽车市场一直流传一句话，"卖一辆高档车赚一辆中档车；卖一辆低档车只能赚一辆自行车"。华美公司的轿车在入市时只是一般低档车价格的1/2，其利润的微薄可想而知。依据基本竞争战略的"战略钟"分析，华美公司当时的竞争战略是（　　　）。

    A.集中成本领先战略　　　　　　　　　B.混合战略

    C.失败战略　　　　　　　　　　　　　D.成本领先战略

14.下列各项中，属于造成产业零散的原因的是（　　　）。

    A.技术不确定性　　　　　　　　　　　B.战略不确定性

    C.成本的迅速变化　　　　　　　　　　D.市场需求多样导致高度产品差异化

15.每到年关，甲网上商城会举办"年货节"。消费者进入甲网上商城可以领取年货节购物津贴折扣券，例如：每满300元减40元，每满600元减80元。甲网上商城的这种行为属于以下哪种促销策略（　　　）。

    A.广告宣传　　　　　B.营业推广　　　　C.公关宣传　　　　D.人员推销

16.甲航空公司根据客座率调整机票价格。而这导致离起飞时间越近，机票价格越高。甲航空公司的定价策略为（　　　）。

    A.动态定价　　　　　B.基于时间定价　　C.基于地点定价　　D.渗透定价

17.下列各项中，关于研发的定位表述错误的是（　　　）。

A.成为成功产品的创新模仿者的启动风险和成本最小

B.成为成功产品的创新模仿者要求企业拥有优秀的研发人员和优秀的营销部门

C.成为成功产品的低成本生产者要求企业对工厂和设备进行不断的投资

D.成为成功产品的低成本生产者的风险较大

18.甲公司是一家国际船舶制造企业。甲公司在与其客户签订船舶制造合同后，才向各主要部件供应商发出采购订单。甲公司采用的平衡产能与需求的方法是（　　　）。

    A.订单生产式生产　　B.资源订单式生产　C.库存生产式生产　D.滞后策略式生产

19.甲是一家面包店，原材料采用批量购买的方式进行采购。其面粉从A企业购买，酵母从B企业购买，鸡蛋从C企业购买，糖从D企业购买，甲面包店采用的货源策略是（　　　）。

    A.单一货源策略　　　　　　　　　　　B.多货源策略

C.由供应商负责交付一个完整的子部件　　　　D.集中定向采购策略

20.甲公司为家电企业，2017年公司的业务数据如下：投资回报率20%，资本成本16%，可持续增长率15%，销售增长率17%。根据以上信息，适合甲公司采用的财务战略是（　　　）。

A.提高可持续增长率　　　　　　　　　　　B.增加股利支付

C.提高投资回报率　　　　　　　　　　　　D.彻底重组

21.以下关于产品生命周期不同阶段的风险情况及采取的财务战略说法错误的是（　　　）。

A.导入期经营风险非常高，财务风险非常低，采用权益融资，主要资金来源为风险资本，不分配股利

B.成长期经营风险高，财务风险低，主要是权益融资，权益投资增加，股利分配率很低

C.成熟期经营风险中等，财务风险中等，权益和债务融资并存，资金主要来源于保留盈余和债务，股利分配率高

D.衰退期经营风险低，财务风险低，权益和债务融资并存，资金主要来源于债务，股利全部分配

22.星星公司是美洲A国的汽车生产企业。最近，A国劳动力成本大幅上涨，使星星公司面临巨大的压力。星星公司管理层发现东南亚国家的劳动力成本较低，所以打算在东南亚投资建厂。根据以上信息可以判断，甲公司此次国际化经营的动因是（　　　）。

A.寻求市场　　　　　B.寻求现成资产　　　　C.寻求资源　　　　D.寻求效率

23.飞翔公司是国内一家奶粉生产企业。近年来，很多具有品牌优势的国外奶粉制造商纷纷涉足中国市场，竞争十分激烈。飞翔公司为了自身的长期发展，与新西兰乳品巨头甲公司结成战略联盟，双方以50%：50%的股权比例合资成立一家新公司，产品从奶粉扩展到各类奶制品。从战略选择角度看，飞翔公司扮演的角色可称为（　　　）。

A.防御者　　　　　　B.扩张者　　　　　　C.躲闪者　　　　　D.抗衡者

24.P公司是一家生产经营日化用品的跨国公司，其母公司设立在U国，并在其他国家设立了20余个子公司。在该公司的经营过程中，母公司将产品的研发技术和新产品提供给各个子公司，子公司也会把在当地畅销的产品提供给母公司和其他子公司。P公司国际化经营的战略类型属于（　　　）。

A.跨国战略　　　　　B.全球化战略　　　　C.多国本土化战略　　　D.国际战略

25.甲公司是一家生产护肤美容品的公司，总部和研发中心位于美国。该公司以主要国家和地区来划分战略业务单位，并授权各国的管理者根据消费需求、消费习惯等特征生产本土化产品。根据以上内容，甲公司所采用的国际化战略是（　　　）。

A.全球化战略　　　　B.多国本土化战略　　　C.国际战略　　　　D.跨国战略

二、多选题

1.前向一体化战略的主要目的有（　　　）。

A.增强对消费者需求变化的敏感性　　　　　B.确保原材料供应的可靠性

C.增强自身实力以获取竞争优势　　　　　　D.提高企业产品的市场适应性和竞争力

2.下列各项中，属于企业采取市场渗透战略的有（　　　）。

A.某酒店收购一家旅游公司，进入新的业务领域

B.甲公司通过与国外经销商合作的方式将其生产的智能手机出口至拉美国家

C.甲公司与乙航空公司发行联名卡，刷该银行信用卡的用户可累计航空里程积分

D.某超市为提高牙膏的销量，采用美化产品包装、买赠等促销措施

3.企业多元化经营的优点有（　　　）。

A.利用未被充分利用的资源　　　　　　B.当企业在原产业无法增长时找到新的增长点

C.为企业提供规模经济的成本优势　　　D.能够分散风险

4.甲公司是一家电力企业，由于预测未来很长一段时间内环境变化不大，而企业在前期经营相当成功，所以打算在目前的经营环境和内部条件下继续经营，甲公司目前采用的这种战略的优点有（　　　）。

A.可以充分利用原有生产经营领域中的各种资源

B.减少开发新产品和新市场所必需的巨大资金投入

C.降低开发新产品和新市场的开发风险

D.防止由于发展过快、过急造成失衡状态

5.下列属于采取收缩战略原因的有（　　　）。

A.企业失去竞争优势　　　　　　　　　B.整体经济形势下滑

C.大企业战略重组的需要　　　　　　　D.小企业的短期行为

6.2014年初，甲公司经营陷入困境。面对困境，甲公司采取了以下措施：高管减薪，加强广告宣传，委托其他公司生产本公司的产品。这些措施所体现的收缩战略的方式有（　　　）。

A.削减成本　　　　B.调整营销策略　　　　C.分包　　　　D.资产互换

7.甲公司服装事业部的经营持续严重亏损，2014年甲公司决定关闭服装事业部并进行清算，消息传出，立即引发了职工的抗议，当地政府要求甲就职工补偿和重新安置提出方案，甲公司股东担心其服装生产线专用性程度高难以对外出售，甲公司关闭服装事业部碰到的退出障碍有（　　　）。

A.退出成本　　　　　　　　　　　　　B.感情障碍

C.政府和社会约束　　　　　　　　　　D.固定资产的专用性程度

8.下列表述中，属于战略联盟动因的是（　　　）。

A.促进技术进步　　　　　　　　　　　B.避免经营风险

C.避免或减少竞争　　　　　　　　　　D.避开进入壁垒，迅速进入

9.甲公司是厨具公司，多年来一直坚持成本领先战略，强调改进产品工艺，提高生产效率，但是近年来连续出现亏损，从成本领先战略的风险角度分析，甲亏损的原因可能包括（　　　）。

A.消费者逐渐注重品牌

B.产业新进入者通过模仿甲公司，很快打入市场

C.技术革新，市场上出现有着更高技术水平的生产设备

D.甲为了实现成本领先战略，投入过高

10.新兴产业应选择适当的进入时机，以下哪种情况应当早期进入（　　　）。

A.产业中学习曲线很重要，经验很难模仿

B.顾客忠诚度高

C.企业的形象与声望对顾客至关重要，企业可因先驱者而发展和提高声望

D.为了塑造产业结构，需要付出开辟市场的高昂代价

11.下列属于蓝海战略内涵的是（　　　）。

A.打破价值与成本互替定律

B.根据差异化或低成本的战略选择，把企业行为整合为一个体系

C.创造并攫取新的需求

D.规避竞争

12.某企业生产推广食疗系列 A 产品，专门针对经常伏案工作和使用电脑工作的白领，喊出"经常用眼就喝 A"的口号，突出产品的护眼功效。该企业涉及到的消费者市场细分的依据有（　　）。

A.地理细分　　　　B.人口细分　　　　C.心理细分　　　　D.行为细分

13.关于准时生产系统的说法，下列选项正确的有（　　）。

A.没有备用的产成品来满足预期之外的订单需求

B.生产对供应商的依赖性较强

C.增加了检查和返工他人所生产的产品的时间

D.增加了花费在存货上的运营资本

14.甲公司决定在货源策略上采用单一货源策略，下列属于其优点的有（　　）。

A.便于信息的保密

B.随着与供应商的关系的加深，采购方更可能获得高质量的货源

C.可为内部员工安排其他任务

D.有利于对供应商压价

15.下列各项中，影响企业市场增加值的因素是（　　）。

A.投资资本回报率　　B.资本成本　　　　C.增长率　　　　D.可持续增长率

16.甲公司是一家制造和销售洗衣粉的公司。目前，洗衣粉产业的产品逐步标准化，技术和质量改进缓慢，洗衣粉市场基本饱和。处于目前发展阶段的甲公司具备的财务特征有（　　）。

A.财务风险高　　　　　　　　　　B.股价迅速增长

C.股利分配率高　　　　　　　　　D.资金来源于保留盈余和债务

17.甲公司财务数据显示，其资本成本为6%，投资回报率为8%，可持续增长率为9%，销售增长率为15%。经进一步分析，该公司的高速增长将持续较长时间。甲公司为支持其业务增长应采取的措施是（　　）。

A.增加短期借款　　　　　　　　　B.增加长期借款

C.提高可持续增长率　　　　　　　D.增加权益资本

18.发展中国家企业国际化经营动因包括（　　）。

A.寻求市场　　　　B.寻求效率　　　　C.寻求资源　　　　D.寻求现成资产

19.在以下进入国外市场的模式中，属于非股权安排形式的有（　　）。

A.合约制造　　　　B.对外证券投资　　　C.特许经营　　　　D.服务外包

三、简答题

1.智勤公司成立于2010年，是一家研究开发智能手机的企业。智勤公司从创立之初就做了大量的市场调研，发现智能手机市场上国内中低端品牌与国际高端品牌的技术差距正逐步缩小，消费者更多地关注产品价格，价格竞争开始成为市场竞争的主要手段。在此基础上，智勤公司对消费者的年龄进行了细分，将目标市场消费者的年龄定位在25至35岁之间。这个年龄段的年轻人经济相对独立，普遍处于事业的发展期，并且个性张扬，勇于尝试，对于新鲜事物的接受程度比其他年龄段的人更高。

为了适应目标顾客对价格敏感的特点，智勤手机以其"高性价比"走入大众视线。为了降低

智勤手机的成本和价格，智勤公司采取了以下措施：

（1）开创了官网直销预订购买的发售方式，减少了昂贵的渠道成本，使智勤手机生产出来之后，不必通过中间商就可以到达消费者手中。

（2）在营销推广方面，智勤公司没有使用传统的广告营销手段，而是根据消费者的不同类型，分别在智勤官网、QQ空间、智勤论坛、微信平台等渠道进行智勤手机的出售和智勤品牌的推广，在很大程度上采用粉丝营销、口碑营销的方式，有效降低了推广费用。

（3）采用低价预订式抢购模式。这种先预定再生产的方式使智勤公司的库存基本为零，大大减少了生产运营成本。

（4）智勤手机定价只有国际高端品牌的1/3，而其硬件成本要占其定价的2/3以上。为了既保证高性价比又不降低手机的产品质量，智勤公司为手机瘦身，把不需要的硬件去掉，把不需要的功能替换掉，简化框架结构设计，使用低成本的注塑材质工艺等。

（5）将手机硬件的研发和制造外包给其他公司，提高轻生产率，大大减轻了智勤成立之初的资金压力。

（6）实现规模经济。2011—2015年智勤手机的销售量突飞猛进地增长，进而为智勤手机通过规模经济降低成本和价格奠定了基础。

【要求】

（1）从市场情况和资源能力两个方面，简要分析智勤手机实施成本领先战略的条件。

（2）从确定目标市场和涉及营销组合两个方面，简要分析智勤手机的营销策略。

2.C国北方机床集团于1993年成立，主导产品是两大类金属切削机床。销售市场覆盖全国30多个省、自治区、直辖市，并出口N国、C国等80多个国家和地区。

G国S公司是一个具有140多年历史的知名机床制造商，其重大机床加工制造技术始终处于世界最高水平。但S公司内部管理存在诸多问题，其过高的技术研发成本造成资金链断裂。2004年初，S公司宣布破产。

2004年10月，北方机床集团收购了S公司全部有形资产和无形资产，北方机床集团在对S公司进行整合的过程中颇费心思，其首先采取"以诚信取信于G国员工"的基本策略，承诺不解雇一个S公司员工，S公司的总经理继续留任；其次，北方机床集团与S公司总经理多次沟通，谋求双方扬长避短、优势互补，使"混合文化形态"成为S公司未来的个性优势，以避免跨国并购可能出现的文化整合风险；最后，在运营整合方面，仍由S公司主要负责开发、设计及制造重要机械和零部件，组装则在C国完成，力求实现S公司雄厚的技术开发能力和C过劳动力成本优势的最佳组合。

整合后第二年，S公司实现2 000多万欧元的销售收入，生产经营状况已恢复到S公司历史最高水平。

然后，2008—2009年，受世界金融危机的影响，加上S公司内部原有的管理问题尚未彻底解决，公司陷入亏损困境。北方机床集团不得不开始更换S公司的管理团队，逐渐提高北方机床集团在S公司的主导地位。2010年，S公司经营情况有所好转，实现3 500万欧元的销售收入，但仍然处于亏损状态。

2012年，由于受到国内下游需求方——汽车、铁路等固定资产投资放缓的影响，北方机床集团销售收入同比下降8%，尽管如此，北方机床集团仍然表示将继续投资S公司项目，因为S公司承载着北方机床集团孜孜以求的核心技术和迈入国家高端市场的梦想，而且由于并购后在技术整合上存在缺陷，北方机床集团尚未掌握S公司的全部核心技术，集团计划到2015年对S公司投入近1亿欧元，同时招聘新的研发人员。

【要求】

（1）依据联合国贸易和发展会议（UNCTAD）2006年《世界投资报告》提出的影响发展中国家跨国公司对外投资决策的四大动机，简要分析北方机床集团跨国并购G国S公司的主要动机。

（2）简要分析北方机床集团并购G国S公司所面对的主要风险。

3.近年来，乡村旅游因其特有的自然资源、风俗民情和历史脉络而对游客产生了越来越强的吸引力。然而刚刚起步的乡村旅游大多充斥着廉价的兜售、毫无地方特色的"农家乐"的旅游揽客；忽视了其特有的文化内涵；对少数成功案例盲目效仿，对周边村落缺乏统一有效的协调和对比借鉴，出现了定位趋同、重复建设的现象。

Y地区的"人物山水"完全不同于传统旅游项目，它将震撼的文艺演出现场效果与旅游地实景紧密结合起来。置身于秀丽山水之中的舞台，让观众在观赏歌舞演出的同时将身心融于自然。山水实景构筑的舞台、如梦似幻的视觉效果，给观众带来了独特的体验。因为其将歌舞与风景结合在一起，所以同时赢得了观光客和民歌爱好者的喜爱。"人物山水"在运营上也有独到之处。剧组聘请了几百名演员，他们几乎都是当地的农户，没有经过系统的训练，以前也从未登台演出。对于以体现当地民情民风为主的"人物山水"来说，启用这些乡村百姓，让观众更直接地体验到"人物山水"是真正从山水和农民中产生的艺术和文化。没有大牌明星的加入，使得剧组成本降低，还给当地人民带来了经济利益，为当地旅游带来巨大的品牌效应。除此之外，大量游客因为观赏"人物山水"而在Y地区出入和停留，使一条原本幽静的山道成为当地政府开发的新景点，让人们看到了一个旅游产业带动周边产业发展的经济现象。

以文艺演出的形式推出的"人物山水"，用其独有的魅力吸引着一批又一批来到当地旅游的国内外游客。它不仅是一场文艺演出，更是当地旅游的经典品牌。

【要求】

（1）依据红海战略和蓝海战略的关键性差异，简要分析"人物山水"怎样体现了蓝海战略的特征。

（2）依据蓝海战略重建市场边界的基本法则（开创蓝海战略的路径），简要分析"人物山水"如何在竞争激烈的文化旅游领域，开创了新的生存与发展空间。

第四章
战略实施

本章导学

本章框架图

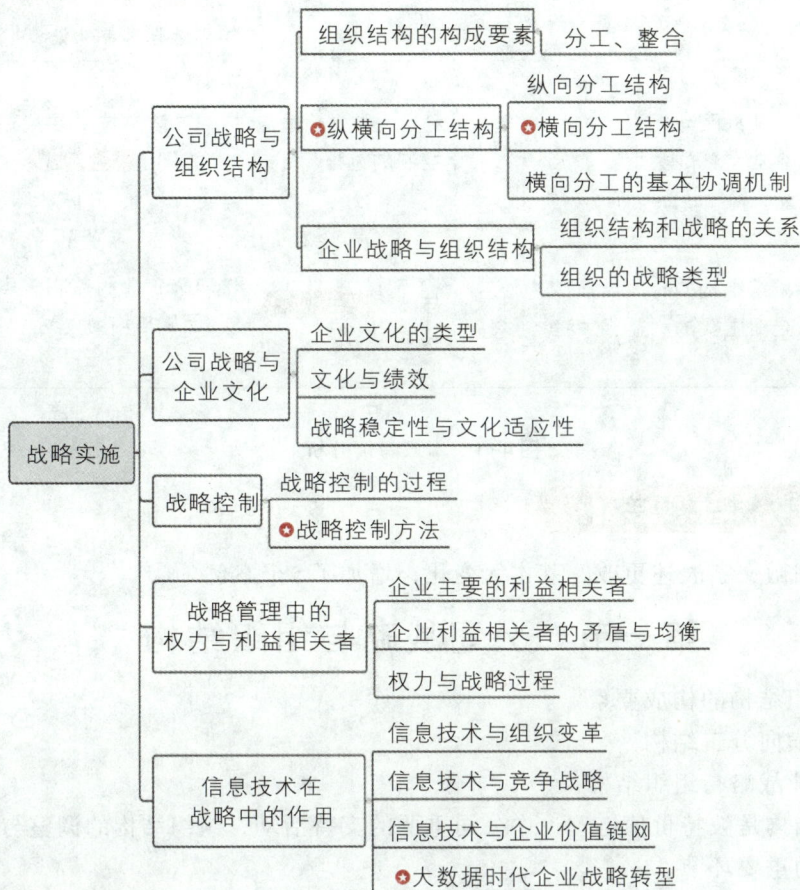

本章考情概述

当同学们看到这里，就意味着战略科目的备考已经完成了一半。同学们努力复习备考其实就是把通过CPA考试这一计划落实下去的方法。战略科目把这个过程称为"战略实施"，这也是战略管理流程的最后一步，本章主要介绍企业可以通过组织、文化和控制等方方面面将战略落实下去。

本章近年平均分值为6.5分，属于不大重要的考试章节，考试通常以选择题为主，少量考点可以联系其他章节，命制跨章节的主观题。近三年主要考点包括：（1）企业组织结构的构成要素；（2）纵横向分工结构；（3）战略与组织结构；（4）企业文化的类型；（5）文化与绩效；（6）战略稳定性与文化适应性；（7）战略控制的过程；

（8）战略控制方法；（9）企业主要的利益相关者；（10）企业利益相关者的利益矛盾与均衡；（11）权力与战略过程；（12）信息技术在战略管理中的作用。

从备考角度而言，本章理论性内容较多，记忆内容相对变少，也比较集中，易于备考。本章需关注的主观题考点有：（1）横向分工结构；（2）大数据时代企业战略转型。本章考情分析如图4-1所示。

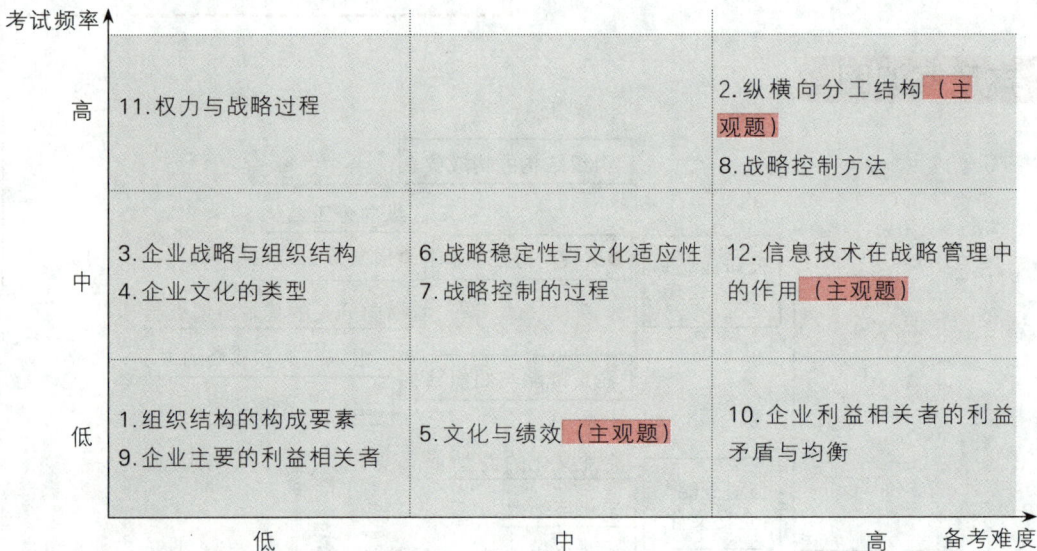

图4-1　本章考情分析

2019年教材主要变化

只有细微文字表述更改，基本无变化，增加了5个案例。

第一节　公司战略与组织结构

◇ 组织结构的构成要素
◇ 纵横向分工结构
◇ 企业战略与组织结构

组织结构是波特价值链理论中公司重要的支持活动，组织结构的调整与完善是战略实施的重要环节。

考霸笔记

考试题型：选择题。
考试频率：从未考过。
考试套路：知识点直接还原为主。
备考建议：知道标题，通读内容即可。

一、组织结构的构成要素

组织结构是组织为实现共同目标而进行的各种分工和协调的系统。组织结构的基本构成要素是分工与整合（见表4-1）。

表4-1　　　　　　　　　　　组织结构的构成要素

考霸笔记

【注意】纵向分工与横向分工的区别，理解即可，一般不单独考查。

分工	定义	为创造价值而对其人员和资源的分配方式（专业化）	
	分类	纵向分工	分配组织的决策权　解决的问题：一个人能管多少事？
		横向分工	分配人员、职能部门以及事业部　人往哪里放？部门是合并还是分开设立？
整合	定义	为实现预期的目标而用来协调人员与职能的手段（协调）	

总之，分工是将企业转化成不同职能及事业部的手段，而整合是将不同的部门结合起来。

考试题型：选择题。
考试频率：冷门。
考试套路：一般考查知识点的直接还原，近几年来以案例形式考查集权与分权组织的判断，并接着考查两者的特征。
备考建议：①知道标题，通读内容即可。
②理解集权与分权组织结构。

二、纵横向分工结构

（一）纵向分工结构

1.纵向分工结构的基本类型（见表4-2、表4-3）

表4-2　　纵向分工结构概述

定义	企业高层管理人员为了有效地贯彻执行企业的战略，选择适当的管理层次和正确的控制幅度，并说明连接企业各层管理人员、工作以及各项职能的关系
分类	①高长型组织结构；②扁平型组织结构

表4-3　　纵向分工结构详述

纵向分工结构	特点		优点	缺点
高长型组织结构	管理层次	较多	有利于内部控制（源于幅度较窄）	对市场变化的反应较慢（源于层次较多）
	控制幅度	较窄		
扁平型组织结构	管理层次	较少	及时地反映市场的变化（源于层次较少）	容易造成管理失控（源于幅度较宽）
	控制幅度	较宽		

【提示】

当企业达到一定规模时，企业便会使组织的管理层次保持在一定的数目上，尽可能地使组织结构扁平化。（理解：企业不可能无限地增加管理层次，要适度）

企业的管理层次过多，企业的战略难以实施，而且管理费用会大幅度增加。

2.纵向分工结构组织内部的管理问题

在讨论组织的层次时，不可避免地要讨论在不同的纵向分工结构中会遇到的管理问题。

（1）集权与分权（见表4-4）。

在企业组织中，集权与分权各有不同的适用条件，应根据企业的具体情况而定。

考霸笔记 一个人能管多少事？

考霸笔记 一般而言，3 000人以上的公司，达到8个或超过8个层次即为高长型组织结构。

考霸笔记 选择题冷门考点，一般考查知识点的直接还原。

怎么理解高长型组织结构和扁平型组织结构的特点？

表4-4　集权型结构与分权结构

		集权型组织结构	分权型组织结构
特征	决策权	决策权分配给顶部管理层（高级管理者拥有最重要的决策权力）	决策权分配到较低的层级
	管理层	一般拥有多级管理层	一般包含更少的管理层次
	管理幅度	比较窄，呈现出层级式结构	较宽，呈现出扁平型结构
优点		①易于协调各职能间的决策 ②易于对上下沟通的形式进行规范（比如利用管理账户） ③能与企业的目标达成一致 ④危急情况下能够做出快速决策（选择题高频考点，建议关注） ⑤有助于实现规模经济 ⑥这种结构比较适用于由外部机构（比如专业的非营利性企业）实施密切监控的企业，因为所有的决策都能得以协调　过于绝对，暂未考过，适当关注表述。	①减少了信息沟通的障碍 ②提高了企业反应能力 ③能够为决策提供更多的信息 ④对员工产生激励效应
缺点		①高级管理层可能不会重视个别部门的不同要求 ②由于决策时需要通过集权职能的所有层级向上汇报，因此决策时间过长 ③对级别较低的管理者而言，其职业发展有限	

【提示】近年来分权理论提倡将非关键性活动外包出去。

外包的优缺点见表4-5。

表4-5　外包的优缺点

外包	优点	①某些情况下由外包者提供服务可以比企业内部提供服务更好、更有效率 ②能够使企业将其资源和精力集中在关键的价值链活动上 ③能使组织结构扁平化
	缺点	过量的外包会使企业成为皮包企业，丧失主宰自身市场的技术和能力

（2）中层管理人员人数。

选择高长型结构时，要注意这种结构需要较多的中层管理人员，会增加行政管理费用。企业为了降低成本，使其结构效率化，应尽量减少管理层次。

（3）信息传递。

企业内部信息传递是企业组织管理中的一个重要环节。企业内部管理层次越多，信息在传递的过程中就越容易发生不同程度的扭曲，越不可能完整地到达信息传递的目的地。这样，也会增加管理的费用。因此，企业在选择高长型结构时，应比较慎重。

（4）协调与激励。

企业的管理层次过多时，会妨碍内部员工与职能部门间的沟通，<u>增加管理费用</u>。指挥链越长，沟通越困难，这会使管理失去弹性。特别是，在新技术企业里，如果采用高长型结构模式，企业通常会遇到各种障碍，导致不能有效地完成企业的目标。在这种情况下，企业应当采用扁平型结构。

在激励方面，<u>高长型组织中的管理人员在行使权力时，往往会受到各种限制</u>。结果，企业的管理人员容易产生<u>推诿现象</u>，不愿意承担责任。高层管理人员就需要<u>花费大量的时间从事协调工作</u>。而在扁平型结构中，一般管理人员拥有较大的职权，并可对自己的职责负责，效益也可以清楚地看出，并有较好的报酬。因此，扁平型结构比高长型结构更能调动管理人员的积极性。

【总结】（2）～（4）的内容归纳见表4-6。

表4-6　　　　　　　　　　　　　高长型组织结构

	高长型组织结构	结论
（2）中层管理人员人数	较多→行政管理费用↑	企业为了降低成本，使其结构效率化，应尽量减少管理层次
（3）信息传递	妨碍沟通+信息容易发生扭曲→管理费用↑	企业在选择高长型结构时，应比较慎重
（4）协调与激励	管理人员行使权力时，往往会受到各种限制→①推诿现象②管理人员需要花费大量时间从事协调工作	扁平型结构比高长型结构更能调动管理人员的积极性 【案例】海底捞："微笑发自内心"，体现了扁平型组织结构更能调动人员的积极性。

（二）**横向分工结构**

横向分工结构理论框架图如图4-2所示。

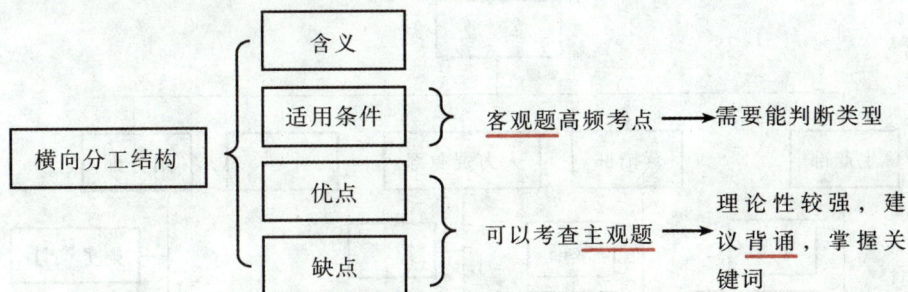

图4-2　横向分工结构理论框架图

考霸笔记

【案例】通用电器的"减肥"：韦尔奇就任通用电器公司CEO后，从1981年到1992年，该公司被裁撤的部门多达350个，管理层级由12层锐减至5层，副总裁由130名缩减至13名。这体现了企业为了降低成本，应尽量减少管理层次。

考霸笔记

【对照案例】copy不走样，参与的人越多，信息变形得越厉害。这体现了层次越多，信息在传递的过程中就越容易发生扭曲。

考霸笔记

考试题型：近年主要考查选择题，2012年左右曾流行考查主观题。
考试频率：较高频。
考试套路：一般以案例形式考查，需要考生判断横向分工的类型（灵活运用），同时还考查该种类型的组织分工的优缺点（知识点直接还原）。
备考建议：
①熟悉各种组织分工的适用情形。
②适当关注各种组织结构优缺点的关键词。

第四章

1.横向分工结构的基本类型（如图4-3所示）

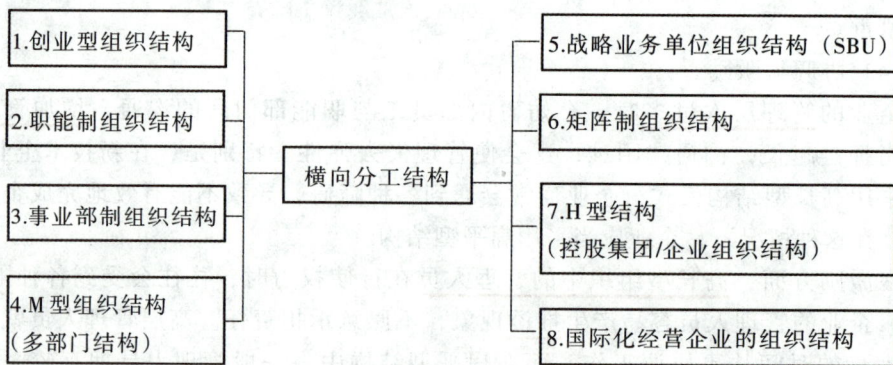

图4-3　横向分工结构基本类型图

（1）创业型组织结构（如图4-4所示，见表4-7）。

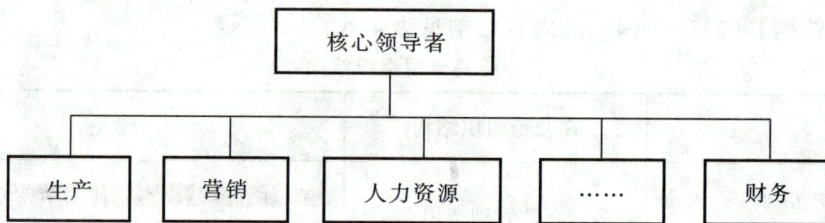

图4-4　创业型组织结构图

表4-7　创业型组织结构

基本含义	企业的所有者或管理者对若干下属实施直接控制，并由其下属执行一系列工作任务。企业的战略计划（若有）由中心人员完成，该中心人员还负责所有重要的经营决策
特点	弹性较小并缺乏专业分工，其成功与否主要依赖于该中心人员个人能力的强弱
适用情况	通常应用于小型企业

考霸笔记
老板说了算，其他成员主要充当执行者。

为什么创业型组织结构缺乏专业分工？

考霸笔记
或者：创业型企业/初创型企业，可能出现在文字描述的选择题中，适当关注不同的表述，别换个"马甲"就不认识了。

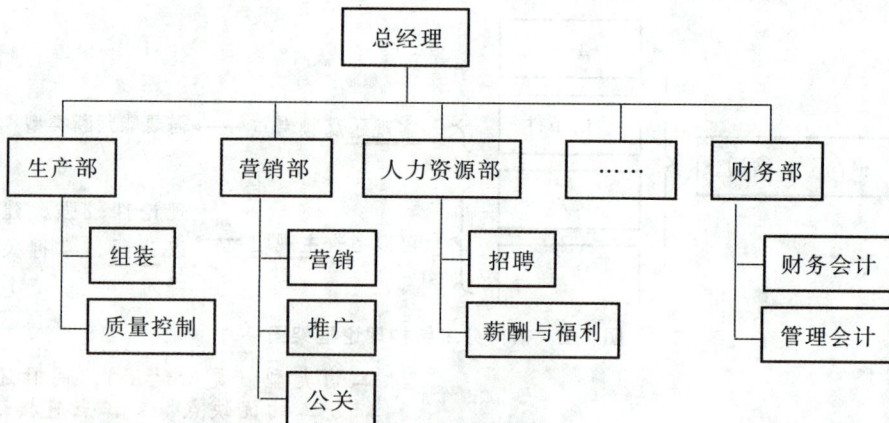

（2）职能制组织结构（如图4-5所示，见表4-8）。

职能制组织结构被大多数人认为是组织结构的典型模式。这一模式表明结构向规范化和专门化又迈进了一步。

图4-5　职能制组织结构图

表 4-8　　职能制组织结构

基本含义	按职能进行专业化分工，因此总经理可以从日常业务中解脱出来，更加关注职能协调、企业环境和发展战略问题
适用情况	单一业务企业
优点	①能够通过集中单一部门内所有某一类型的活动来实现规模经济 ②有利于培养职能专家 ③由于任务为常规和重复性任务，因而工作效率得到提高　（专职化的结果） ④董事会便于监控各个部门　（管住各部门领导就可以）
缺点	①由于对战略重要性的流程进行了过度细分，在协调不同职能时可能出现问题 ②难以确定各项产品产生的盈亏　（成本不易分摊） ③导致职能间发生冲突、各自为政，而不是出于企业整体利益进行相互合作 ④等级层次以及集权化的决策制定机制会放慢反应速度

为什么单一业务企业会采用职能制组织结构？

5264

怎么理解职能制组织结构的优点：董事会便于监控各个部门？

5265

考霸笔记

【注意】职能制组织结构的缺点是有战略性地位的，后续很多组织结构都是在职能制组织结构的基础上演变而来的，因此职能制组织结构的缺点会延续至后续的组织结构。

（3）事业部制组织结构（见表 4-9）。

表 4-9　　事业部制组织结构概述　　大致了解即可，从未考过。

产生原因	当企业逐步成长时，例如：产品线更多，消费者市场迅速扩张或企业进行跨地区经营（区域事业部），企业的协调活动就变得比较困难	
划分依据	按照产品、服务、市场或地区细分出不同的事业部： ①区域事业部制结构 ②产品/品牌事业部制结构 ③客户细分或市场细分事业部制结构	
各管理层次的作用	企业总部	负责计划、协调和安排资源
	事业部	承担运营和职能责任
强化观念	制定战略并不仅仅是高层管理者和领导者的任务	
	企业层、业务层和职能层的管理者都应在其各自的层级参与战略制定	

考霸笔记

产品/品牌事业部。

①区域事业部制结构（如图 4-6 所示，见表 4-10）。

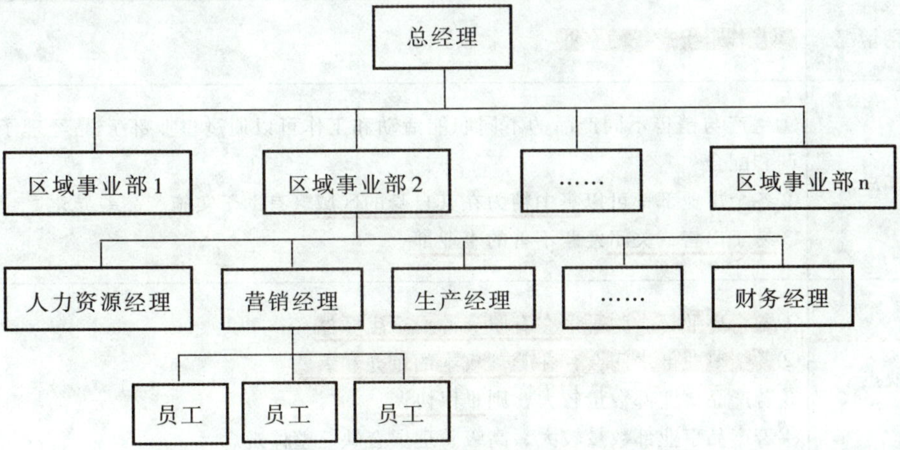

图 4-6　区域事业部制结构图

考霸笔记

适当关注，以防作为选择题一个选项进行考查（若考查，考查知识点的直接还原）。

第四章

表4-10   区域事业部制结构

基本含义	按照特定的<u>地理位置</u>来对企业的活动和人员进行分类
适用情况	企业在不同的地理区域开展业务
优点	①在企业与其客户的联系上，区域事业部制能实现<u>更好更快的地区决策</u> ②与一切皆由总部来运作相比，<u>建立地区工厂或办事处会削减成本费用</u> ③有利于海外经营企业<u>应对各种环境变化</u>
缺点	①<u>管理成本的重复</u>　　（【理解】每个区域事业部都包含了各种职能） ②难以处理<u>跨区域</u>的大客户事务

怎么理解区域事业部削减成本费用的同时，又存在管理成本的重复？

②产品/品牌事业部制结构（如图4-7所示，见表4-11）。

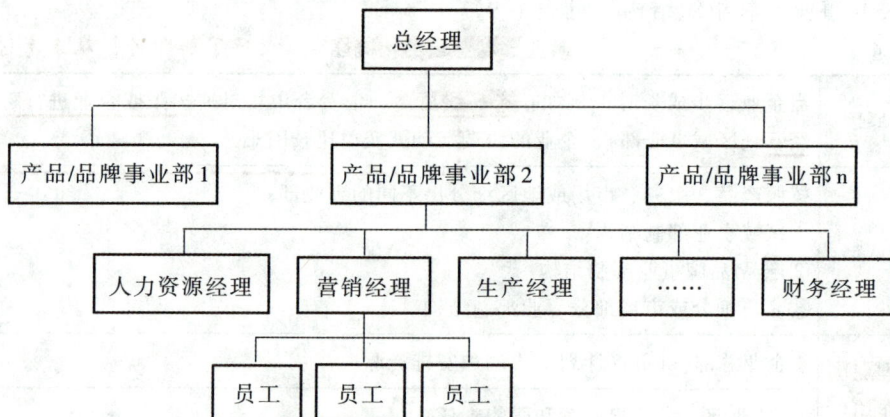

```
                          总经理
                            │
        ┌───────────────────┼───────────────────┐
        │                   │                   │
 产品/品牌事业部1      产品/品牌事业部2      产品/品牌事业部n
                            │
    ┌──────────┬───────────┼───────────┬──────────┐
    │          │           │           │          │
 人力资源经理  营销经理   生产经理   ……    财务经理
                │
          ┌─────┼─────┐
          │     │     │
         员工   员工   员工
```

图4-7　产品/品牌事业部制结构图

为什么产品/品牌部组织结构适用于具有若干生产线的企业？

表4-11   产品/品牌事业部制结构

基本含义	以企业<u>产品的种类</u>为基础设立若干产品部，而不是以职能或区域为基础进行划分
适用情况	<u>具有若干生产线的企业</u>
优点	①生产与销售不同产品的不同职能活动和工作可以通过事业部/产品经理予以协调和配合 ②各个事业部可以<u>集中精力在其自身的区域</u>（有助于实施产品差异化） ③<u>易于出售或关闭</u>经营不善的<u>事业部</u>
缺点	①<u>各个事业部会为了争夺有限资源而产生摩擦</u> ②<u>各个事业部之间会存在管理成本的重叠和浪费</u> ③若产品事业部数量较大，则难以协调 ④若产品事业部数量较大，高级管理层会<u>缺乏整体观念</u>

考霸笔记

继承了职能制组织结构的缺点。

③客户细分或市场细分事业部制结构（通读即可，一般不单独考查）

客户事业部制结构通常与销售部门和销售工作有关，批销企业或分包企业也可能采用这种结构，在这些企业中由管理者负责联系主要客户。

另一种方式是，将不同类型的市场按照客户进行划分，比如企业客户、零售客户或个人客户等。

（4）M型组织结构（多部门结构，如图4-8所示，见表4-12）。

通过产品线的增加，企业会不断扩张；随着企业规模的扩大，上述结构将不再适用。在这一阶段，具有多个产品线的企业应采用M型结构。

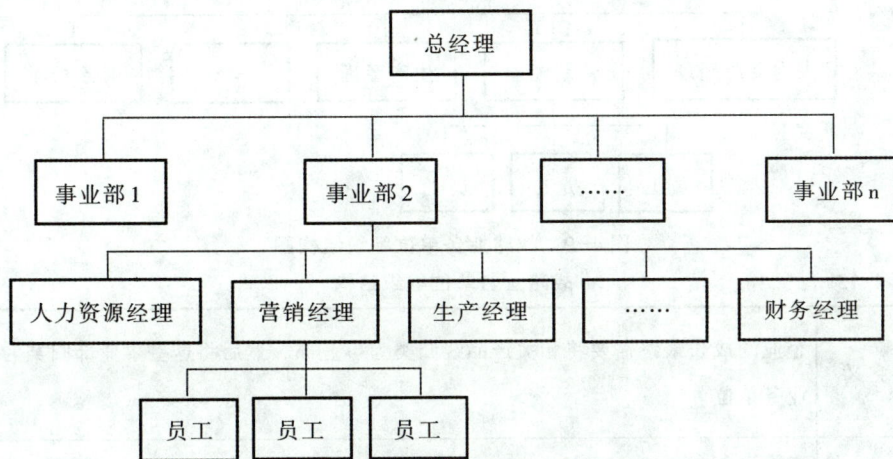

图4-8 M型组织结构图（多部门结构）

表4-12 M型组织结构（多部门结构）

基本含义	M型组织结构将该企业划分成若干事业部，每一个事业部负责一个或多个产品线
适用情况	具有多个产品线
优点	①便于企业的持续成长。随着新产品线的创建或收购，这些新产品线可能被整合到现有的事业部中，或者作为新开发的事业部的基础 ②由于每一个事业部都有其自身的高层战略管理者，首席执行官就有更多的时间分析各个事业部的经营情况并进行资源配置 ③职权被分派到总部下面的每个事业部，并在每个事业部内部进行再次分派 ④能够通过诸如资本回报率等对事业部的绩效进行财务评估和比较
缺点	①为事业部分配企业的管理成本比较困难并略带主观性 ②事业部之间争夺企业资源 ③当一个事业部生产另一事业部所需的部件或产品时，确定转移价格也会产生冲突

怎么区分M型组织结构和事业部制组织结构？

考霸笔记

通病：争夺资源。

（5）战略业务单位组织结构（SBU，如图4-9所示，见表4-14）。

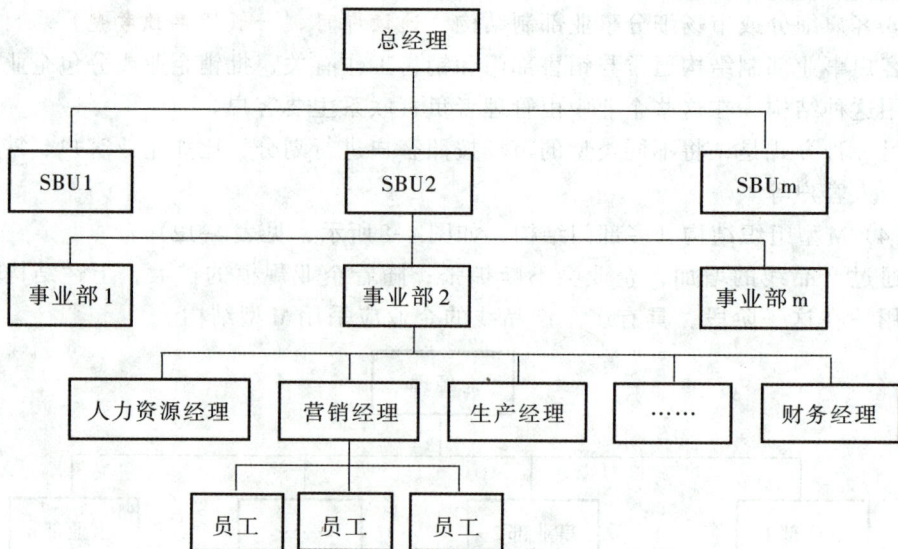

图4-9 战略业务单位组织结构图

表4-13 战略业务单位组织结构

基本含义	企业的成长最终需要将相关产品线归类为事业部，然后将这些事业部归类为战略业务单位
适用情况	规模较大的多元化经营企业
优点	①缩小了企业总部的控制跨度（管理幅度） ②由于不同的企业单元都向其上级领导报告其经营情况，因此控制幅度的缩小也减轻了总部信息过度的情况 ③这种结构使得具有类似使命的产品、市场或技术事业部之间能够更好地协调 ④由于几乎无须在事业部之间分摊成本，因此易于监控每个战略业务单位的绩效
缺点	①由于采用这种结构多了一个垂直管理层，因此总部与事业部和产品层的关系变得更加疏远 ②战略业务单位经理为了取得更多的企业资源会引发竞争和摩擦，而这些竞争会变成功能性失调并会对企业的总体绩效产生不利影响

怎么理解SBU缩小了企业总部的控制跨度？

（6）矩阵制组织结构（如图4-10所示，见表4-14）。

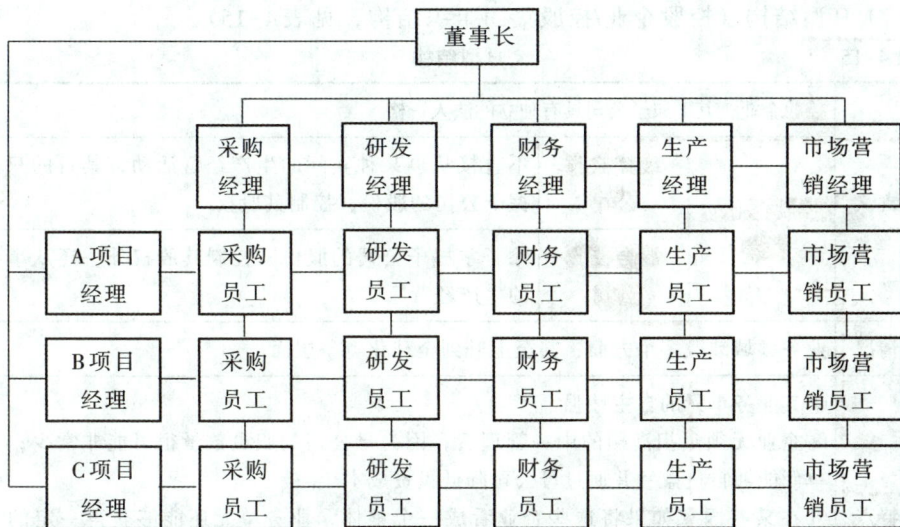

图4-10　矩阵制组织结构图

表4-14　　　　　　　　矩阵制组织结构

基本含义	一种具有<u>两个或多个命令通道</u>的结构，包含两条预算权力线以及两个绩效和奖励来源（员工拥有两个直接上级，其中一名上级负责产品或服务，而另一名负责职能活动） （关键特征：两条权力线）
适用情况	<u>非常复杂</u>项目中的<u>控制问题</u>　　（解题的突破口是解决问题）
优点	①由于项目经理与项目的关系更紧密，因而能<u>更直接地参与到与其产品相关的战略中来</u>，从而激发其动力 ②能更加有效地优先考虑关键项目，加强对产品和市场的关注，从而<u>避免职能型结构对产品和市场的关注不足</u> ③与产品主管和区域主管之间的联系更加直接，从而能够<u>作出更有质量的决策</u> ④实现了各个部门之间的协作以及各项技能和专门技术的相互交融 ⑤双重权力使得企业具有<u>多重定位</u>，这样职能专家就<u>不会只关注自身的业务范围</u>
<u>缺点</u>	①可能导致<u>权力划分不清晰</u>（比如谁来负责预算），并使<u>职能工作和项目工作之间产生冲突</u> ②双重权力<u>容易使管理者之间产生冲突</u>。如果采用混合型结构，非常重要的一点就是确保上级的权力不相互重叠，并清晰地划分权力范围。下属必须知道其工作的各个方面应对哪个上级负责 ③<u>管理层可能难以接受混合型结构</u>，并且管理者可能会觉得另一名管理者将争夺其权力，从而<u>产生危机感</u> ④协调所有的产品和地区会增加时间成本和财务成本，从而导致<u>制定决策的时间过长</u>

为什么矩阵制组织结构适用于非常复杂项目中的控制问题？

5270

考霸笔记

【理解】成也萧何，败也萧何→多个命令通道既是矩阵制结构的优点，同时也是它的缺点。

第四章

（7）H型结构（控股企业/控股集团组织结构，见表4-15）。

表4-15   H型结构

	控股企业，其下属子公司具有独立的法人资格		
基本含义	控股企业的类型	纯粹控股公司	不直接从事某种实际的生产经营活动，其目的只是掌握子公司的股份，控制其股权
		混合控股公司	除了掌握子公司的股份、控制其股权外，还从事自身的生产经营
适用情况	业务领域涉及多个方面，甚至上升到全球化竞争层面		
主要特点	①其业务单元的自主性强 ②企业无须负担高额的中央管理费，因为母公司的职员数量很可能非常少；业务单元能够自负盈亏并通过母公司降低投资成本 ③在某些国家如果将这些企业看成一个整体，业务单元还能够获得一定的节税收益 ④控股企业可以将风险分散到多个企业中，但是有时也很容易撤销对个别企业的投资		

万达集团组织结构图如图4-11所示。（【拓展案例】万达集团）

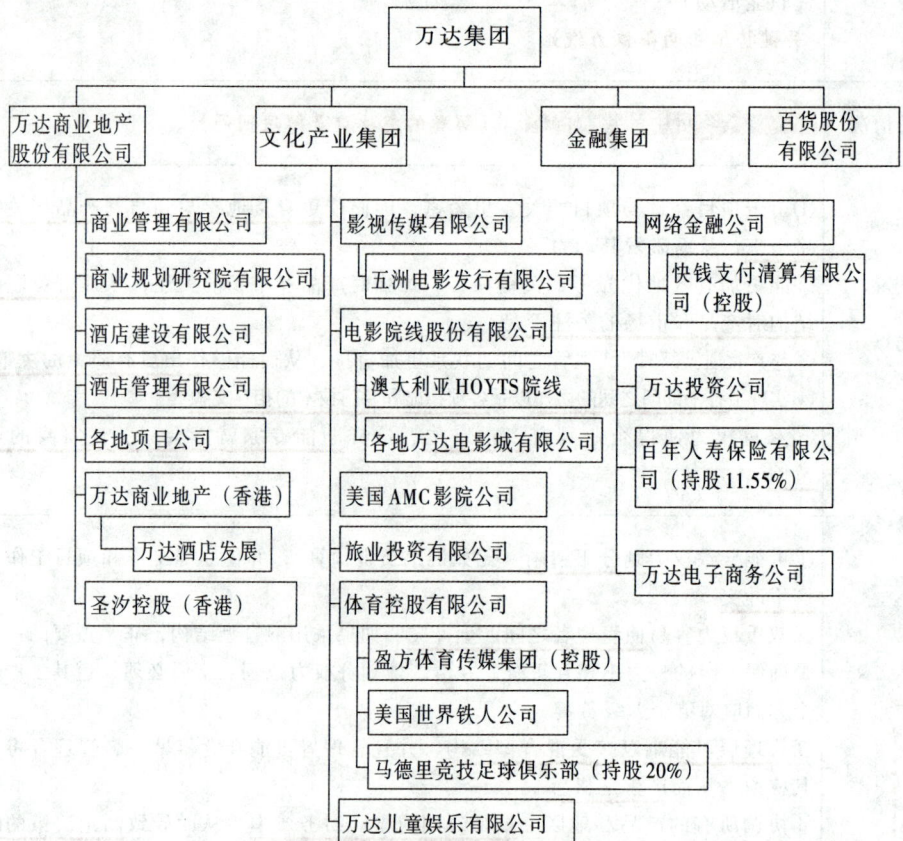

图4-11　万达集团组织结构图

（8）国际化经营企业的组织结构。

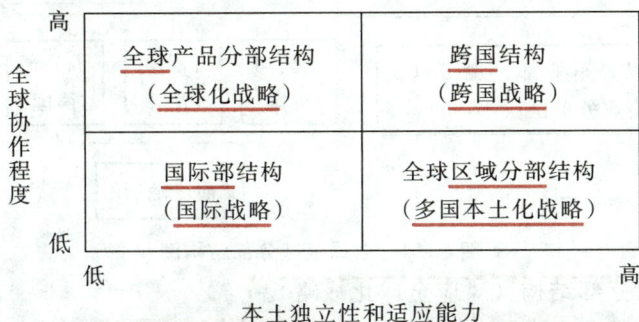

前文阐述了 7 种企业组织结构的基本类型，国际化经营企业的组织结构也包括在这 7 种类型之中，只不过范围扩展至国际市场甚至全球市场。

第三章阐述了企业国际化经营的战略基本上有 4 种类型，即国际战略、多国本土化战略、全球化战略与跨国战略，而这些战略所依托的组织结构如图 4-12 所示。

国际化经营企业的组织结构

图 4-12　国际化经营战略类型及与其相对应的组织结构

① 国际部结构（对应国际战略，如图 4-13 所示）。（通读，有印象即可）

国际战略是企业国际化经营早期的战略类型。这时企业全球协作程度低，产品对东道国市场需求的适应能力也较弱，企业多把产品开发的职能留在母国，而在东道国建立制造和营销职能。采用这种战略的企业往往采用国际部结构。

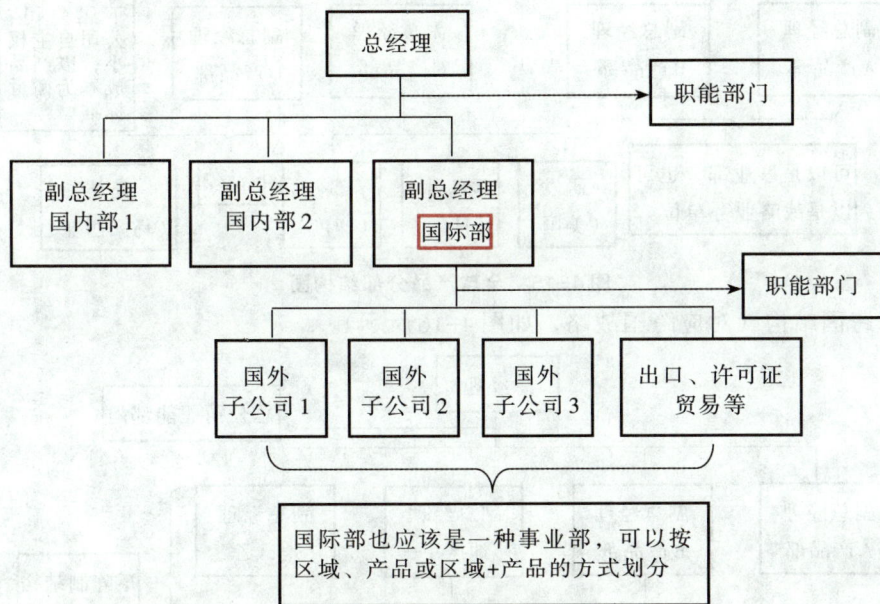

（设国际部，统管国外公司及其他机构）

图 4-13　国际部结构图

② 全球区域分部结构（对应多国本土化战略，如图 4-14 所示）。

多国本土化战略是根据不同国家的不同市场，提供更能满足当地市场需要的产品和服务的战略类型。采用这种战略的企业往往采用全球区域分部结构。

（各地区拥有一定的决策权、利润中心）

怎么记忆四种国际化经营企业的组织结构？

考霸笔记

考试题型：选择题。

考试频率：从未考过。

考试套路：以案例形式考查国际化经营战略的类型，之后问与之匹配的横向分工组织结构的类型。

备考建议：熟练辨析与各个国际化经营战略相对应的组织结构。

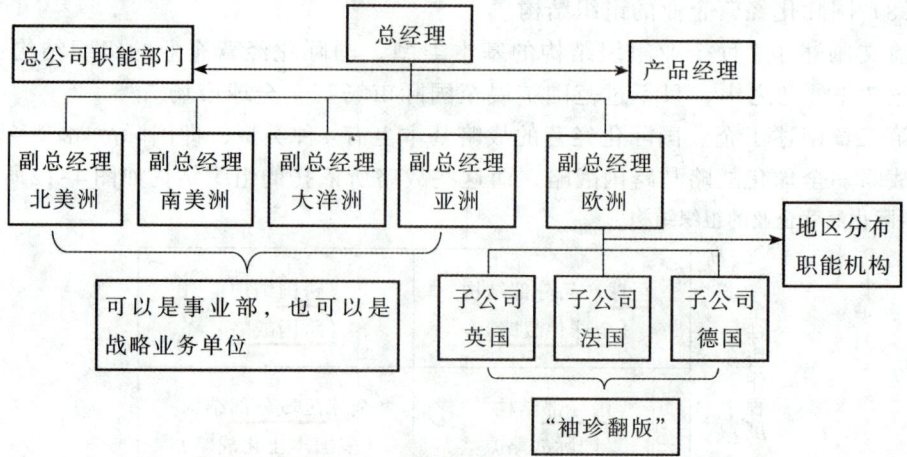

图 4-14　全球区域分部结构图

③全球产品分部结构（对应全球化战略）。

全球化战略是向全世界的市场推销标准化的产品和服务，并在较有利的国家集中进行生产经营活动，由此形成经验曲线和规模经济效益，以获得高额利润。采用这种战略的企业往往采用全球产品分部结构（如图 4-15 所示）。

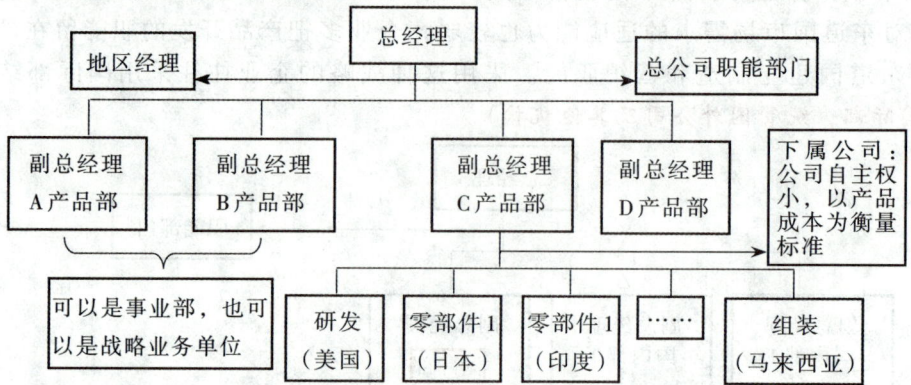

图 4-15　全球产品分部结构图

④跨国结构（对应跨国战略，如图 4-16 所示）。

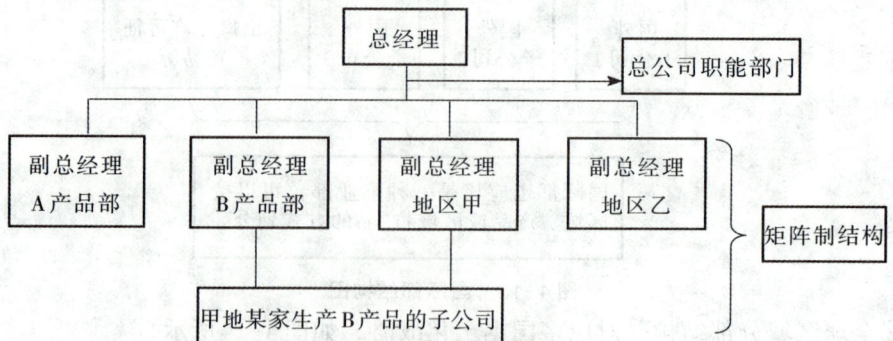

图 4-16　跨国结构图

跨国战略是将全球化战略的高效率与多国本土化的适应能力结合起来的战略类型。采用这种战略的企业试图通过发展混合型的结构来同时获得两种结构的优势。

【总结】7种横向分工的适用条件（见表 4-16）

表4-16　　　　　　　　　　7种横向分工的适用条件

横向分工组织结构		适用情况
创业型组织结构		通常应用于小型企业
职能制组织结构		单一业务企业
事业部制组织结构	区域事业部	企业在不同的地理区域开展业务
	产品/品牌事业部	具有若干生产线的企业
M型组织结构（多部门结构）		具有多个产品线
战略业务单位组织结构（SBU）		规模较大的多元化经营企业
矩阵制组织结构		非常复杂项目中的控制问题
H型结构（控股企业/控股集团结构）		业务领域涉及多个方面，甚至上升到全球化竞争层面

2.横向分工结构的基本协调机制

考试题型：考查选择题为主。

考查频率：原是选择题几乎不考的考点，近年来考查频率较高。

考试套路：考试一般以文字描述形式出现。考查知识点的直接还原，或将关键词嵌在案例中，考查知识点的灵活运用。

备考建议：需要了解6种协调机制及其特征，能根据案例作出判断。

协调机制就是建立在企业的分工与协调之上的制度。企业组织的协调机制基本上有以下6种类型（见表4-17）：

表4-17　　　　　　　　　　企业组织的协调机制

机制名称	图示		概述
（1）相互适应，自行调整		含义	是一种自我控制方式。组织成员直接通过非正式的、平等的沟通达到协调，相互之间不存在指挥与被指挥的关系，也没有来自外部的干预
		适用情形	①最简单的组织结构 ②十分复杂的组织
（2）直接指挥，直接控制		含义	组织的所有成员都按照一个人的决策和指令行事
（3）工作过程标准化		含义	组织通过预先制定的工作标准来协调生产经营活动
			【案例】麦当劳餐厅：标准化的工作流程、配餐机制，体现了工作过程标准化。

机制名称	图示	概述	
（4）工作成果标准化		含义	组织通过预先制定的 工作成果标准 来实现组织中各种活动的协调 【案例】创投型公司，瞄着共同的目标，以结果为导向，体现了工作成果的标准化。
（5）技艺（知识）标准化		含义	组织对其成员所应有的 技艺、知识加以标准化
		特点	属于超前的间接协调机制
（6）共同价值观		含义	组织内全体成员要对组织的战略、目标、宗旨、方针有共同的认识和共同的价值观念，充分地了解组织的处境和自己的工作在全局中的地位和作用，互相信任、彼此团结，具有使命感，使组织内的协调和控制达到高度完美的状态

【考霸笔记】

【案例】手术室里的医生与麻醉师，律师事务所里的律师，会计师事务所的注册会计师，其所从事的工作体现了技艺知识标准化。

【总结】6种基本协调机制的关系（见表4-18）。了解即可，注意关键词的表述（可能会将关键词嵌在案例中）。

表4-18　　6种基本协调机制的关系

企业情形	协调机制
企业组织简单	相互适应，自行调整
企业组织扩大后	直接指挥，直接控制
工作变得更加复杂	趋向标准化
工作任务相当复杂时	成果标准化/技艺标准化
在工作极其复杂、难以标准化时	互相适应，自行调整

【考霸笔记】

【对照案例】汶川地震，全国上下捐款、捐物、献血，体现了共同价值观的作用。

【考霸笔记】

6种协调机制并不是有你没我的关系。

【注意】

①不是一种简单的循环，而是螺旋式上升。（从未考过，适当关注）

②企业会根据不同任务的侧重点不同，混合使用6种协调机制。

三、企业战略与组织结构

考试题型：选择题、主观题。

考试频率：选择题爱考的考点，主观题冷门考点。

考试套路：一般考查知识点的直接还原。

备考建议：

①掌握大标题（能背）；②理解战略与组织的关系。

（一）组织结构与战略的关系（见表4-19）

组织结构的功能在于分工和协调，是保证战略实施的必要手段。通过组织结构，企业的目标和战略转化成一定的体系或制度，融进企业的日常生产经营活动中，发挥指导和协调的作用，以保证企业战略的完成。

表4-19　　组织结构与战略的关系

组织结构与战略		组织结构是保证战略实施的必要手段
组织结构服从战略理论（概述）	提出者	钱德勒
	理论概述	组织结构服从战略

【考霸笔记】

主观题考查钱德勒组织结构与战略之间的关系，该怎么办？

几乎不涉及，大致能对应人物和理论即可。

组织结构服从战略理论详述：

1.战略的前导性与结构的滞后性（见表4-20）

表4-20　　　　　　　　**战略的前导性与结构的滞后性**

战略的 前导性	含义	企业战略的变化快于组织结构的变化
	原因	企业一旦意识到外部环境和内部条件的变化提供了新的机会和需求，首先会在战略上作出反应，以此谋求经济效益的增长
结构的 滞后性	含义	企业组织结构的变化常常慢于战略的变化
	原因	组织内部机构的职责在变革的过程中常常含糊不清： ①新、旧结构交替有一定的时间过程 ②管理人员的抵制

从战略的前导性与结构的滞后性可以看出，经济发展时，企业不可错过时机，要制定出与发展相适应的经营战略与发展战略。战略制定出来以后，要正确认识组织结构有一定反应滞后性的特性，不可操之过急。但是，结构反应滞后时间过长将会影响战略实施的效果，企业应努力缩短结构反应滞后的时间，使结构配合战略的实施。

2.企业发展阶段与组织结构

企业发展到一定阶段，其规模、产品和市场都发生了变化。这时，企业会采用合适的战略，并要求组织结构做出相应的反应。

【注意】企业发展阶段与组织结构的关系（见表4-21）。

表4-21　　　　　　　**企业发展阶段与组织结构的关系**

发展阶段	企业特征	结构类型
1	简单的小型企业。只生产一种产品，或生产一个产品系列，面对一个独特的小型市场	从简单结构到职能结构
2	在较大的或多样化的市场上提供单一的或密切相关的产品与服务系列	从职能结构到事业部结构
3	在多样化的市场上扩展相关的产品系列	从事业部结构到矩阵结构
4	在大型的多元化产品市场进行多种经营，提供不相关的产品与服务	从事业部结构到战略业务单位结构

企业发展阶段、战略类型与组织结构的关系见表4-22。

表4-22　　　　　　**企业发展阶段、战略类型与组织结构**

发展阶段	战略类型	组织结构
产业发展初期	市场渗透战略	简单的结构或形式
产业进一步发展	市场开发战略	职能部门结构
产业增长后期	纵向一体化战略	事业部制结构
产业成熟期	多元化经营战略	矩阵结构/战略业务单位结构

考霸笔记
从某种意义上说，组织结构就是为战略服务的。

考霸笔记
滞后是正常的，但企业应该有意识地缩短滞后的时间。

第四章

考霸笔记
这是企业由小变大的过程，可以结合横向分工进行理解。

考霸笔记
【注意】教材表述被归纳成了两个表，这两个表是有冲突的，考试也一直没考这个地方，今后应该也会做规避。实在要考，也只能考查知识点的直接还原。

（二）组织的战略类型

战略的一个重要特性就是适应性。它强调企业组织要运用已有的资源和可能占有的资源去适应企业组织外部环境和内部条件为企业所发生的相互变化。这种适应是一种复杂的动态的调整过程，要求企业在加强内部管理的同时，不断推出适应环境的有效组织结构。在选择的过程中，企业可以考虑以下4种类型（见表4-23）：

表4-23　　　　　　　　　　　　　组织的战略类型

类型名称	含义	
防御型战略组织 【理解】钻井，找到一口井，就一直在那里，越挖越深，追求稳定的环境。	追求	稳定的环境
	开创性问题	创造一个稳定的经营领域，占领一部分产品市场
	工程技术问题	技术效率
	行政管理方面	采取"机械式"结构机制
	特点	适合于较为稳定的产业。但是，该产业也有潜在的危险，不可能对市场环境做重大的改变
开拓型战略组织 【理解】我们的目标是星辰大海，追求动态的环境。	追求	更为动态的环境
	开创性问题	寻求和开发产品与市场机会
	工程技术问题	技术具有很大的灵活性
	行政管理方面	结构应采取"有机的"机制
	特点	在不断求变当中可以减少环境动荡的影响，但它要冒利润较低与资源分散的风险。缺乏效率性，很难获得最大利润
分析型战略组织	追求	以最小的风险、最大的机会获得利润
	开创性问题	寻求新的产品和市场机会的同时，保持传统的产品和市场
	工程技术问题	在保持技术的灵活性与稳定性之间进行平衡
	行政管理方面	适应既稳定又变动的经营业务，使两种经营业务达到平衡 可以由分析型组织的矩阵结构解决
	特点	如果分析型组织不能保持战略与结构关系的必要平衡，它最大的危险就是既无效能又无效率
反应型战略组织 （实际上是被动反应）	含义	在对其外部环境的反应上采取一种动荡不定的调整模式，缺少在变化的环境中随机应变的机制。往往会对环境变化和不确定性做出不适当的反应，随后又会执行不力，对以后的经营行动犹豫不决。结果，反应型组织永远处于不稳定的状态
	原因	(1) 决策层没有明文表达企业战略 (2) 管理层次中没有形成可适用于现有战略的组织结构 (3) 只注重保持现有的战略与结构的关系，忽视了外部环境条件的变化
	结论	一个企业组织如果不是存在于经营垄断或被高度操纵的产业里，就不应采取反应型组织形态

第二节　公司战略与企业文化

◇ 企业文化的概念
◇ 企业文化的类型
◇ 文化与绩效
◇ 战略稳定性与文化适应性

一、企业文化的概念

（1）赫尔雷格尔：企业文化是企业成员共有的哲学、意识形态、价值观、信仰、假定、期望态度和道德规范。

（2）企业文化代表了企业内部的行为指针，它们不能由契约明确下来，但却制约和规范着企业的管理者和员工。

二、企业文化的类型

查尔斯·汉迪将文化类型从理论上分为 4 类：权力（Power）导向型、角色（Role）导向型、任务（Task）导向型和人员（People）导向型，该分类至今仍具有相当重要的参考价值。具体见表 4-24。

表 4-24　　　　　　　　　　　企业文化的类型

文化类型		含义
权力导向型	概述	掌权人试图对下属保持绝对控制，企业组织结构往往是传统框架。企业的变革主要由企业中心权力来决定
	优点	企业决策可以很快地作出，但其质量在很大程度上取决于企业经理人员的能力
	缺点	专横和滥用权力；可能因中层人员的低士气和高流失率而蒙受损失
	常见于	家族式企业和刚开创的企业
角色导向型	概述	尽可能追求理性和秩序，角色导向十分重视合法性、忠诚和责任。企业的权力仍在上层，十分强调等级和地位
	优点	具有稳定性、持续性的优点，可能导致高效率
	缺点	这类企业不太适合动荡的环境
	常见于	国有企业和公务员机构（官僚机构）

考霸笔记

考试题型：选择题。
考试频率：高频。
考试套路：一般以小案例的形式出现，要求考生根据案例描述判断企业文化的类型。
备考建议：熟悉企业文化的4个类型及其特征，能根据案例描述作判断。

考霸笔记

【案例】乔布斯时代的苹果，可以很快地作决策，其质量取决于乔布斯的能力。

考霸笔记

【对照】在其位谋其事，强调忠诚与责任。

为什么角色导向型可能导致高效率？

第四章

续表

文化类型		含义
任务导向型	概述	管理者关心的是不断地和成功地解决问题。采用的组织结构往往是矩阵式。实现目标是主导思想。强调的是速度和灵活性，专长是个人权力和职权的主要来源，并且决定一个人在给定情景中的相对权力
	优点	适应性强，在十分动荡或经常变化的环境中会很成功
	缺点	会给企业带来很高的成本
	常见于	新兴产业中的企业，特别是一些高科技企业
人员导向型	概述	企业存在的目的主要是为其成员的需要服务，员工通过示范和助人精神来互相影响，而不是采用正式的职权
	特点	这类文化中的人员不易管理，企业能给他们施加的影响很小
	常见于	俱乐部、协会、专业团体和小型咨询公司

三、文化与绩效

怎么理解企业文化创造价值的三个途径?

考试频率：极冷门。

考试套路：一般以小案例的形式出现，要求考生根据案例简述文化创造价值的三个途径（主观题极冷门），或直接考查知识点的直接还原（选择题极冷门）。

备考建议：通读即可，适当掌握文化创造价值的三个途径（一旦考查，性价比高）。

总经理们对文化与战略关系的研究最注重的是组织文化是否会影响组织的绩效。

1.企业文化为企业创造价值的途径

企业文化可以通过以下三个途径为企业创造价值：

①文化简化了信息处理。

②文化补充了正式控制。

③文化促进合作并减少讨价还价成本。

【注意】团体控制

团体控制是通过组织准则和价值系统的控制，其特征是组织中角色和任务的专业化降至很低的水平、长期雇佣、个人自我激励与负责和集体决策。

2.文化、惯性和不良绩效

文化与绩效相联系，是因为企业战略成功的一个重要前提是战略与环境相匹配。

【案例】柯达过于自信的企业文化，使其在竞争对手富士进入美国市场时没有迅速作出反击，体现了文化也会给企业带来不良绩效。

【理解】江山易改，本性难移。

当企业所面对的环境产生了变化，并显著地要求企业对此适应以求得生存时，文化对绩效的负面影响就变得重要起来。尤其是在一个不利的商业环境中，文化的不可管理性将使之成为一种惯性或阻碍变化的来源。

3.企业文化成为维持竞争优势源泉的条件

J.巴尼（J.Barney）给出了企业文化可以成为维持竞争优势的一个源泉的条件：

①文化必须为企业创造价值。

②作为维持竞争优势的一个源泉，公司文化必须是企业所特有的。

③企业文化必须是很难模仿的。

四、战略稳定性与文化适应性

考查战略与文化的关系，除了文化与绩效的关系外，还有一个重要的内容是分析企业战略稳定性与文化适应性。

战略稳定性：反映企业在实施一个新的战略时，企业的结构、技能、共同价值、生产作业程序等各种组织要素所发生变化的程度。

文化适应性：反映企业所发生的变化与企业目前的文化相一致的程度。

处理二者关系可以用下面的矩阵表示，如图4-17所示。

√战略稳定性与文化适应性

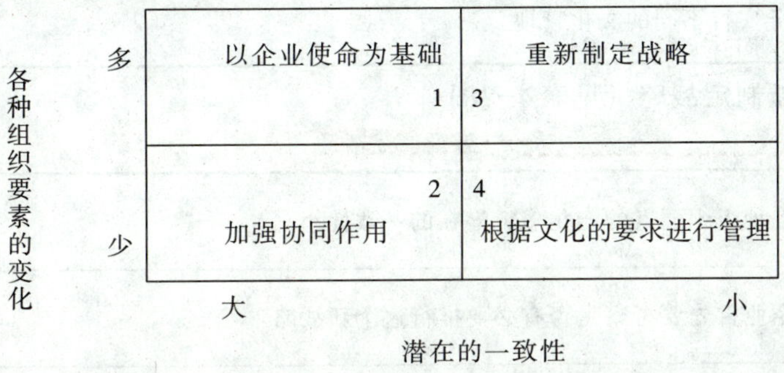

图4-17　战略稳定性与文化适应性

（一）以企业使命为基础（见表4-25）

表4-25　　　　　　　以企业使命为基础（第一象限）

特征	各种组织要素的变化多，潜在的一致性大
一般情形	这种企业多是那些以往效益好的企业，可以根据自己的实力，寻找可以利用的重大机会，或者试图改变自己的主要产品和市场，以适应新的要求
工作重点	①企业在进行重大变革时，必须考虑与企业基本使命的关系 ②发挥企业现有人员在战略变革中的作用 ③在调整企业的奖励系统时，必须注意与企业组织目前的奖励行为保持一致 ④考虑进行与企业组织目前的文化相适应的变革，不要破坏企业已有的行为准则

考霸笔记

联系"决定企业竞争优势的资源标准"来理解，企业文化属于因果含糊性资源，也是难以模仿的资源，能够给企业带来竞争优势。

考霸笔记

考试题型：选择题。
考试频率：近3年高频考点。
考试套路：一般以小案例的形式出现，要求考生根据案例判断战略稳定性的大小和文化适应性的高低，并会处理两者之间的关系。
备考建议：熟悉战略稳定性与文化适应性矩阵。

第四章

考霸笔记

【案例】万达海外买买买的战略转型与"国际万达，百年企业"，体现了其以使命为基础的管理方式。

考霸笔记

属于几乎不考的考点，但可以先让同学们根据案例判断处理方式，接着问该种处理方式的工作重点有哪些（多选题，考查知识点直接还原），建议了解即可。

（二）加强协调作用（见表4-26）

表4-26　　　　　　　　　　　加强协调作用（第二象限）

特征	各种组织要素的变化少，潜在的一致性大
一般情形	这类情况往往发生在企业采用稳定战略（或维持不变战略）时
工作重点	① 利用目前的有利条件，巩固和加强企业文化 ② 利用文化相对稳定的这一时机，根据企业文化的需求，解决企业生产经营中的问题

怎么理解根据文化进行管理？

（三）根据文化的要求进行管理（见表4-27）

表4-27　　　　　　　　　　　根据文化的要求进行管理

特征	各种组织要素的变化少，潜在的一致性小
总体思路	企业需要研究这些变化是否能给企业带来成功的机会
工作重点	企业可以根据经营的需要，在不影响企业总体文化一致的前提下，对某种经营业务实行不同的文化管理

怎么理解重新制定战略？

（四）重新制定战略（见表4-28）

表4-28　　　　　　　　　　　重新制定战略

特征	各种组织要素的变化多，潜在的一致性小
总体思路	企业首先要考察是否有必要推行这个新战略
工作重点	若没有必要推行新战略，则企业需要考虑重新制定战略 若有必要推行新战略，则需要进行重大变革，企业需要从以下四个方面采取管理行动： ①企业的高层管理人员要痛下决心进行变革，并向全体员工讲明变革的意义 ②为了形成新的文化，企业要招聘或从内部提拔一批与新文化相符的人员 ③改变奖励结构，将奖励的重点放在具有新文化意识的事业部或个人的身上，促进企业文化的转变 ④设法让管理人员和员工明确新文化所需要的行为，形成一定的规范，保证新战略的顺利实施

考霸笔记

【案例】IBM从制造到服务的战略转型，文化从"一流主义"到"服务用户、方便用户、以用户为导向"的转变，体现了如果有必要推行新的战略，就需要进行重大变革。

考霸笔记

属于几乎不考的考点，但可以先让同学们根据案例判断处理方式，接着问该种处理方式的工作重点有哪些（多选题，考查知识点直接还原），建议了解即可。

第三节　战略控制

◇ 战略控制的过程
◇ 战略控制方法

一、战略控制的过程

（一）战略失效与战略控制

1.战略失效与战略控制的概念

（1）战略失效（见表4-29）。

表4-29　　　　　　　　　　　　战略失效

含义	企业战略实施的结果偏离了预定的战略目标或战略管理的理想状态
原因	①公司管理者决策错误，使战略目标本身存在严重缺陷或错误 ②战略实施所需的资源条件与现实存在的资源条件之间出现较大缺口 ③用人不当，主管人员、作业人员不称职或玩忽职守 ④企业内部缺乏沟通，未形成凝聚力 ⑤战略实施过程中各种信息的传递和反馈受阻 ⑥企业外部环境出现了较大变化，而现有战略一时难以适应等

> **考霸笔记**
> 多选题极冷门考点。
> 备考建议：在理解的基础上，适当关注关键词。

【拓展案例】诺基亚，质量超好的锤子

自1996年以来，诺基亚作为手机制造商连续14年位列市场份额第一，但是在智能手机上却栽了个大跟头（战略失效），最终沦为质量超好的锤子。我们在此简述诺基亚战略失效的原因：

连续14年的市场份额第一使得诺基亚过于自信，对竞争对手的进入没有采取重大反击，因此遭遇了以iPhone为代表的智能手机的"狙击"。之后的4年由于安卓系智能手机的其他生产厂商的发力，终于，2013年诺基亚的手机市场份额缩小至几乎可以忽略不计。

连续多年的成功也使得诺基亚没有时刻关注市场的信息反馈，前任CEO约玛·奥利拉在回忆录中写到：根据从美国分销商得到的市场消息，认为市场不需要300美元以上的手机。

外患之下，诺基亚的管理者意识到公司需要变化，但是管理者却依然坚持按键手机10年不动摇，并且坚持不与安卓"同流合污"。

智能手机自然离不开操作系统，在安卓与iOS系统的围剿下，诺基亚对塞班系统信心满满，然而塞班系统过于老化，难以开发功能强大的应用吸引消费者。

有相关高管认为，放弃塞班系统加入安卓阵营是不错的选择，但是由于公司内部各派都不愿牺牲自己的利益作出让步，而导致提议未得到实施。

更有观点指出，诺基亚任命埃洛普为CEO（上任以来一直推出对微软有利的策略，而且最终将诺基亚的手机业务卖给了微软，使诺基亚正式退出手机市场）属于用人不当。

战略失效的类型见表4-30。

考霸笔记

考试题型：选择题。
考试频率：爱考。
考试套路：一般以案例形式出现，需要考生根据案例描述判断战略失效的类型。
备考建议：理解战略失效的三个类型的内涵。

考霸笔记

解题关键：①初期；②员工不理解不接受。

表4-30　　　　　　　　　　　　战略失效的类型

类型	发生时期	含　义
早期失效	战略实施初期	在战略实施初期，一方面，新战略还没有被全体员工理解和接受；另一方面，战略实施者对新的环境、工作还不适应，就有可能导致较高的早期失效率
偶然失效	偶然因素出现后	在战略实施过程中，偶然会因为一些意想不到的因素导致战略失效（解题关键：偶然性）
晚期失效	战略实施一段时间后	当战略推进一段时间之后，之前对战略环境条件的预测与现实变化发展的情况之间的差距，会随着时间的推移变得越来越大，战略所依赖的基础就显得越来越糟，从而使失效率大为提高

考霸笔记

【案例】诺基亚遭遇智能手机"滑铁卢"，这属于战略的晚期失效。

（2）战略控制。

战略控制是指监督战略实施进程，及时纠正偏差，确保战略有效实施，使战略实施结果符合预期战略目标的必要手段。如果没有达到既定的目标，控制的意向应当是修改企业战略或更好地实施该战略以使企业实现目标的能力得到提高。

战略控制和预算控制之间的差异见表4-31。

表4-31　　　　　　　　战略控制和预算控制之间的差异

战略控制	预算控制
期间比较长，几年到几十年不等	期间通常为一年以下
定性方法和定量方法	定量方法
重点是内部和外部	重点是内部
不断纠正行为	通常在预算期结束之后采用纠正行为

考霸笔记

选择题较高频的考点，一般考查知识点的直接还原，需要考生朋友辨析战略控制和预算控制。

2.战略控制系统

（1）战略控制系统的步骤。

正式的战略控制系统包括下列步骤：

①执行策略检查。

②根据企业的使命和目标，识别各个阶段业绩的"里程碑"（战略目标），对诸如市场份额、品质、创新、客户满意度等要素进行定量和定性。"里程碑"一般具有如下特征：

A.它是在标出关键性的成功因素之后被识别出来的；

B.它应当是长期目标的短期步骤；

C.它能使管理者有效地监视行动（例如，是否启动了一个新项目）及其结果（例如，是否成功启动了项目）。

考霸笔记

通读即可，从未考过。

③设定目标的实现层次。

④对战略过程进行正式监控。

⑤对于有效实现战略目标的业绩给予奖励。

战略控制系统的特点及考虑因素见表4-32。

表4-32　　　　　　　　　　　战略控制系统的特点及考虑因素

特点	程序的正式程度 & 能被识别的业绩评价指标数目
考虑因素	①链接性。如果在重要机构之间架起沟通的桥梁，那么应以避免破坏的方式进行合作 ②多样性。从多种系统中选择适合性较强的控制系统 ③风险。根据风险程度不同，选择不同的控制系统 ④变化 ⑤竞争优势。为控制目标，要区分两个类型的业务： 　●具有较弱竞争优势的业务：市场份额或质量是成功的源泉 　●具有较强竞争优势的业务：需要在更多地区获得成功

（2）战略性业绩计量。

战略性业绩计量的特征是：

①它重点关注长期的事项，对大多数企业而言可能是股东财富。

②它有助于识别战略成功的动因，如企业是如何长期创造股东价值的。

③它通过企业提高业绩来支持企业学习。

④它提供的奖励基础是基于战略性的事项而不仅仅是某年的业绩。

【提示】战略性业绩计量必须是可计量的、有意义的、持续计量的、定期重新评估的、战略定义或者与之相关的，并且是可接受的。

3.战略控制和成功关键因素

识别成功关键因素具有如下好处：

（1）识别成功关键因素的过程可以提醒管理层那些需要控制的事项，并显示出次要的事项。

（2）传统的预算控制可能使报告的成本与标准成本存在差异。而成功关键因素能够转化为按照相同方式定期报告的关键性业绩指标。

（3）成功关键因素能够保证管理层定期收到有关企业的关键信息，以指导信息系统的发展。

（4）它们能够用于将组织的业绩进行内部对比或者与竞争对手比较。

（二）企业经营业绩的衡量

1.衡量企业业绩的重要性

业绩衡量可能基于财务信息，也可能基于非财务信息。业绩衡量已经被公认为企业日常经营中的一部分。业绩衡量的主要目的有以下几点：

（1）业绩评价是整体控制或者反馈控制系统的一部分，提供了刺激任何必要的控制行为的必要反馈。

（2）业绩评价是与利益相关者群体沟通的重要组成部分。

（3）业绩评价与激励政策以及业绩管理系统紧密相关。

（4）由于管理层追求获得评价为满意的业绩，这会增加管理层的动力。

第四章

2.对衡量企业业绩的不同观点

（1）股东观。

观点：股东观认为企业应基于股东的利益而存在，应该把股东回报率作为企业业绩的衡量指标。（关注结论性的词句）

（2）利益相关者观。

考霸笔记

不同的人立场不一样，对企业的要求也不一致，他们之间会有利益冲突。【提示】本观点并不重要，还会在本章第四节予以阐述，理解即可。

利益相关者的含义：除股东之外，企业的利益相关者还包括企业的管理层、雇员、工会、客户、供应商，以及对企业具有影响力的政府机构。

观点：每个利益相关者在一定程度上都对该企业具有依赖性，他们会对企业作出相应的要求，这些要求很可能与其他利益相关者的利益相冲突。

3.关键性业绩指标

从多角度衡量业绩时，应当为每一个成功关键因素建立一个或多个关键性业绩指标，以便于比较。

4.比较业绩 （通读即可，从未考过）

（1）业绩的比较方法。

业绩的比较方法包括：

①在一个时点上的衡量结果需要与相应的值进行比较，比如过去的业绩、内部设定的目标、产业的平均水平、产业最好的水平，甚至世界最好的水平。

②衡量一段时间内的业绩可以使用趋势分析，结果可能是：改善的、不变的、下降的或不稳定的。衡量一段时间内的业绩也需要与相应的量进行比较。

（2）获取信息的途径（见表4-33）。

表4-33　　　　　　　　　获取信息的途径

内部信息	内部信息被广泛传播于整个企业	
	企业的外部人不容易获取企业内部的信息，因而很难精准地评价企业的业绩	
外部获取信息	财务信息	互联网、产业出版刊物、政府官方的统计数据、产业协会和产业顾问以及专家，都是获取信息的来源
	客户信息	市场份额的信息也可从上述财务信息的来源处获取市场研究机构有很多资料，其中一些信息是共享的
	内部管理指标	财务指标，如资产回报率（ROA）以及销售回报率能部分反映内部信息
	管理效率	其他信息也能在年度报告中找到，特别是相对比率，如平均每个员工的销售量以及每个商店的销售量
	学习和成长指标	这是最难评估的指标。虽然企业有很多可以表征其前景的领域，比如开发新产品、进军新的市场，以及传播知识的能力等，但这些都是不容易量化的

（3）对总体业绩的评价。在对单个部分进行评价后，接下来要做的就是对企业总体业绩进行评价（至少三年，趋势分析）。

二、战略控制方法

（一）预算与预算控制

1.预算与预算控制的目的

预算就是财务计划。短期计划试图在长期战略计划的框架内提供一个短期目标。目标通常是用预算的形式来完成的。预算是一个多目标的活动，并广泛应用于各个企业。

（1）强迫计划。

（2）交流思想和计划。

（3）协调活动。

（4）资源分配。

（5）提供责任计算框架。

（6）授权。

（7）建立控制系统。

（8）提供绩效评估手段。

（9）激励员工提高业绩。

2.预算的类型

编制预算最常用的方法有增量预算和零基预算。

（1）增量预算（Incremental Budgeting）。

增量预算的含义及优缺点见表4-34。

表4-34　　　　　增量预算的含义及优缺点

增量预算	含义	新的预算使用以前期间的预算或者实际业绩作为基础来编制，在此基础上增加相应的内容（关键特征：有基础，新的一年在上年的基础上编制）
	优点	①预算是稳定的，并且变化是循序渐进的 ②经理能够在一个稳定的基础上经营他们的部门 ③系统相对容易操作和理解 ④遇到类似威胁的部门能够避免冲突 ⑤容易实现协调预算
	缺点	①它假设经营活动以及工作方式都以相同的方式继续下去 ②不能拥有启发新观点的动力 ③没有降低成本的动力 ④它鼓励将预算全部用光以便明年可以保持相同的预算 ⑤它可能过期，并且不再和经营活动的层次或者执行工作的类型有关

（2）零基预算（Zero-based Budgeting）。

零基预算的含义及优缺点见表4-35。

表4-35　　　　　　　　　　　　　零基预算的含义及优缺点

零基预算	含义	在每一个新的期间必须**重新判断**所有的费用（**关键特征：没有基础**）
	优点	①能够识别和去除不充分或者过时的行动 ②能够促进更为有效的资源分配 ③需要广泛的参与 ④能够应对环境的变化 ⑤鼓励管理层寻找替代方法
	缺点	①它是一个复杂的、耗费时间的过程 ②它可能强调短期利益而忽视长期目标 ③管理团队可能缺乏必要的技能

（二）企业业绩衡量指标（通读即可，从未考过）

1.财务指标（见表4-36）

表4-36　　　　　　　　　　　　　　　财务指标

财务指标	具体项目
盈利能力和回报率指标	①毛利率 ②净利润率 ③已动用资本报酬率
股东投资指标	①每股盈余或市净率 ②股息率 ③市盈率
流动性指标	
负债和杠杆作用	

使用比率进行绩效评价的主要原因及其局限性见表4-37。

表4-37　　　　　　使用比率进行绩效评价的主要原因及其局限性

比率评价	
主要原因	**局限性**
①通过比较各个时期的相应比率很容易发现这些比率的变动 ②相对于实物数量或货币价值的绝对数，比率更易于理解 ③比率可以进行项目比较并有助于计量绩效 ④比率可以用作目标 ⑤比率提供了总结企业结果的途径，并可用于在类似的企业之间进行比较	①可比信息的可获得性 ②历史信息的使用 ③比率不是一成不变的 ④需要仔细解读 ⑤被扭曲的结果，经过会计的确认、估计与计量过程产生的财务指标本身很可能被扭曲 ⑥鼓励短期行为 ⑦忽略战略目标，例如顾客服务和创新 ⑧无法控制无预算责任的员工

2.非财务指标（见表4-38）

表4-38　　　　　　　　　　　　　非财务指标

含义	非财务业绩计量是基于非财务信息的业绩计量方法，可能产生于经营部门或者在经营部门使用，以监控非财务方面的活动
优点	能够很快提供，容易计算，容易理解并有效使用
缺点	可能容易受到一些市场因素等不可控变化的影响

怎么理解平衡计分卡的意义？

（三）平衡计分卡的业绩衡量方法

考试题型：选择题，2012年考查过主观题。

考试频率：几乎每年必考。

考试套路：一般为小案例，需要考生朋友判断案例描述了平衡计分卡的哪些角度，非常灵活。

备考建议：掌握平衡计分卡的四个角度，理解每个角度的含义，能熟灵活运用即可。

1.平衡计分卡的基本概念（见表4-39）

表4-39　　　　　　　　　　　　　平衡计分卡概述

定义	平衡计分卡表明了企业员工需要什么样的知识技能和系统，分配创新和建立适当的战略优势和效率，使企业能够把特定的价值带给市场，从而最终实现更高的股东价值
提出者	卡普兰（Kaplan）和诺顿（Norton）
衡量角度	财务角度、顾客角度、内部流程角度、创新与学习角度（需背诵原文）
意义	平衡了短期与长期业绩、外部与内部的业绩、财务与非财务业绩以及不同利益相关者的角度

考霸笔记：早年考查直接默写比较多，建议适当掌握原文，一旦考到主观题，性价比高。

图4-18是对平衡计分卡四个不同角度进行衡量的应用实例。

①理解思路：大多数是财务指标。

②四个角度相互独立，也存在很多指标同时适用两个角度的情形。

③案例形式重点考查的内容，需要同学们根据案例判断案例描述的是平衡计分卡的哪种或哪几种。

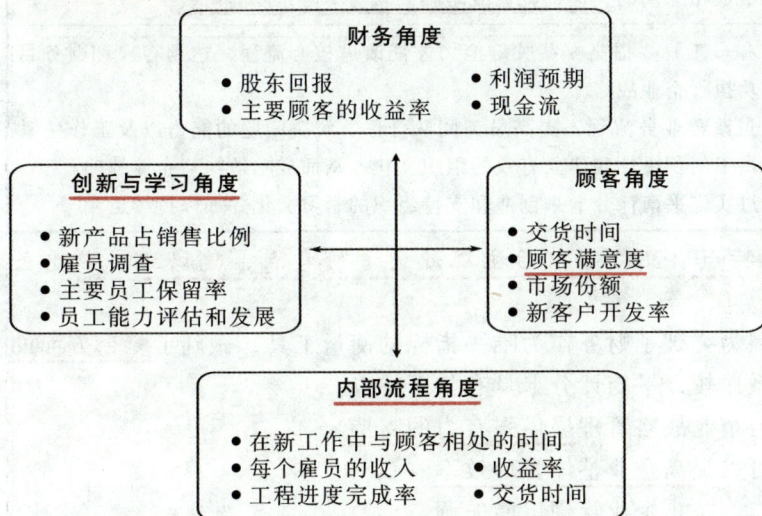

怎么理解平衡计分卡的4个角度？

财务角度
- 股东回报
- 主要顾客的收益率
- 利润预期
- 现金流

创新与学习角度
- 新产品占销售比例
- 雇员调查
- 主要员工保留率
- 员工能力评估和发展

顾客角度
- 交货时间
- 顾客满意度
- 市场份额
- 新客户开发率

内部流程角度
- 在新工作中与顾客相处的时间
- 每个雇员的收入
- 工程进度完成率
- 收益率
- 交货时间

图4-18　平衡计分卡实例

主要客户收益率与收益率有什么区别，为什么一个是财务角度，一个是内部流程角度？

顾客角度的交货时间和内部流程的交货时间一样吗？

（1）财务角度。

财务角度主要关注股东对企业的看法，以及企业的财务目标。它通常包括利润、销售增长率、投资回报率以及现金流。

（2）顾客角度（见表4-40）。

表4-40　　　　　　　　　　　　　　　　顾客角度

概述		最典型的客户角度：定义目标市场 & 扩大关键细分市场的市场份额 （适当了解，从未考过）
两个指标	滞后指标	目标市场的销售额（或市场份额）以及客户保留率、新客户开发率、客户满意度和盈利率
	领先指标	与客户满意度有关的驱动指标： 时间、质量、价格、可选性、客户关系和企业形象
设计角度目标要考虑的问题		①对目标市场提供的价值定位是什么 ②哪些目标最清楚地反映了对客户的承诺 ③如果成功兑现了这些承诺，在客户获取率、客户保留率、客户满意度和盈利率这几个方面会取得什么样的绩效

（3）内部流程角度（见表4-41）。

表4-41　　　　　　　　　　　　　内部流程角度

概述	流程再造对促进组织改进十分重要 设定目标的依据：企业战略和价值定位
设计角度目标要考虑的问题	①要在哪些流程上表现优异才能成功实施企业战略 ②要在哪些流程上表现优异才能实现关键的财务和客户目标

（4）创新与学习角度（见表4-42）。

表4-42　　　　　　　　　　　　创新与学习角度

概述	平衡计分卡最大的优点：把创新与学习列为四个角度中的一个
	平衡计分卡成功运用的关键：企业战略和创新与学习角度的衔接
设计角度目标要考虑的问题	①经理（和员工）要提高哪些关键能力才能改进核心流程，达到客户和财务目标从而成功执行企业战略 ②如何通过改善业务流程，提高员工团队合作、解决问题的能力以及工作主动性来提高员工的积极性和建立有效的组织文化，从而成功地执行企业战略 ③如何通过实施平衡计分卡来创造和支持组织的学习文化并加以持续运用

2.平衡计分卡的特点（2012年前后主观题爱考的考点，建议适当熟悉关键词）

平衡计分卡方法因为突破了财务作为唯一指标的衡量工具，做到了多个方面的平衡。与传统评价体系比较，平衡计分卡具有如下特点：

（1）平衡计分卡为企业战略管理提供强有力的支持。

（2）平衡计分卡可以提高企业整体管理效率。

（3）注重团队合作，防止企业管理机能失调。

（4）平衡计分卡可提高企业激励作用，提高员工的参与意识。

（5）平衡计分卡可以使企业信息负担降到最低。

3.平衡计分卡的作用 （2012年前后主观题爱考的考点，建议适当熟悉关键词）

（1）平衡计分卡的出现，使得传统的绩效管理从人员考核和评估的工具转变成为战略实施的工具。

（2）平衡计分卡的出现，使得领导者拥有了全面的统筹战略、人员、流程和执行四个关键因素的管理工具。

（3）平衡计分卡的出现，使得领导者拥有了可以平衡长期和短期、内部和外部，确保持续发展的管理工具。

（4）平衡计分卡被誉为近75年来世界上最重要的管理工具和方法。

（四）统计分析与专题报告

1.统计分析报告

（1）统计分析结果：可以通过表格式、图形式和文章式等多种形式表现出来。文章式的主要形式是统计分析报告，是全部表现形式中最完善的一种。

（2）统计分析报告：运用统计资料和统计分析方法，以独特的表达方法和结构特点，表现所研究事物本质和规律性的一种应用文章。

（3）统计分析报告的特点：

①统计分析报告以统计数据为主体；

②统计分析报告以科学的指标体系和统计方法来进行分析研究说明；

③统计分析报告具有独特的表达方式和结构特点（脉络清晰、层次分明；数据、情况、问题和建议融为一体）。

2.专题报告

（1）专题报告的定义：根据企业管理人员的要求，指定专人对特定问题进行深入、细致的调查研究，形成包括现状与问题、对策与建议等有关内容的研究报告，以供决策者参考。

（2）专题报告的意义：有助于企业对具体问题进行控制；有助于企业管理人员开阔战略视野；有助于企业内外的信息沟通。

（3）专题报告的作用：不仅能揭示有关降低成本、提高市场份额或更好地运用资本的奥秘，而且对战略目标的实现、战略时空的选择、战略措施的实施都有很大的益处。

第四节　战略管理中的权力与利益相关者

◇ 企业主要的利益相关者及其利益期望

◇ 企业利益相关者的利益矛盾与均衡

◇ 权力与战略过程

权力与利益相关者分析是公司战略分析的重要组成部分，公司战略的制定与实施和其各利益相关者利益与权力的均衡密不可分。

利益相关者的定义：对企业产生影响的，或者受企业行为影响的任何团体和个人。

如何简单地理解统计分析报告的特点？

考霸笔记

考试题型：选择题。

考试频率：较冷门。

考试套路：一般考查知识点直接还原。

备考建议：了解关键结论，能选即可。

第四章

一、企业主要的利益相关者及其利益期望

利益相关者的分类及其利益期望见表4-43。

表4-43　　　　　利益相关者的分类及其利益期望

利益相关者分类			利益期望
内部利益相关者	向企业投资的利益相关者	股东	①资本收益——股息、红利 ②利润最大化/股东价值最大化 ③争得多数股权（如果企业的投资者不止一方）
		机构投资者	
	经理阶层		销售额最大化
	企业员工		主要追求个人收入和职业稳定的极大化
外部利益相关者	政府		最直接的利益期望是对企业税收的期望
	购买者和供应者		在他们各自的阶段增加更多的价值
	债权人		企业有理想的现金流量管理状况，以及较高的偿付贷款和利息的能力
	社会公众		企业能够承担一系列的社会责任

二、企业利益相关者的利益矛盾与均衡

企业的发展是企业各种利益实现的根本条件，是企业利益相关者的共同利益所在。但是，由于利益相关者的利益期望不同，他们对企业发展的方向和路径也就有不同的要求，因而会产生利益的矛盾和冲突。这些矛盾和均衡主要表现在以下几个方面：

（一）投资者与经理人员的矛盾与均衡（见表4-44）

表4-44　　　　　投资者与经理人员的矛盾与均衡

提出者	理论名称	理论概述
鲍莫尔	"销售最大化"模型	经理：总是期望企业获得最大化销售收益 股东：利润包括红利的最大化 均衡结果：企业的产出量是在最大化销售收益产量和利润最大化的产出点之间选择一个中间点
马里斯	增长模型	经理：主要目标是公司规模的增长 均衡结果：企业的增长率确定在双方都能接受的一个区域内
威廉森	管理权限理论	经理：将按他们各自的最佳利益来使企业运转，最大化他们自己的效用函数，从而使他们的权力和声望最大化
		经理的效用函数体现在三个重要变量中： ①雇员开支（雇用人员的数量和质量） ②酬金开支（支出账目、高质量办公服务等） ③可支配的投资开支（超越严格经济动机，反映管理者权力和偏好的投资）
		主张：经理们必须有一种非同寻常的理性，经理们必须把他们的个人利益和作为经理本身所作出的决定区别开来

（二）企业员工与企业（股东或经理）之间的利益矛盾与均衡（见表4-45）

表4-45 企业员工与企业（股东或经理）之间的利益矛盾与均衡

提出者	列昂惕夫
模型名称	列昂惕夫模型
博弈双方	企业员工 VS 企业（股东或经理）
理论概述	企业员工代表企业工会决定工资，企业决定就业水平 员工：追求工资收入最大化和工作稳定（反映在企业就业水平高） 企业：追求利润最大化 均衡：选择最佳就业水平，在工资水平约束下实现企业利润最大化

（三）企业利益与社会效益的矛盾与均衡（见表4-46）

表4-46 企业利益与社会效益的矛盾与均衡

社会效益		代表所有企业外部利益相关者的共同利益
外部利益相关者对企业的共同期望	承担社会责任	①保证企业利益相关者的基本利益要求（税收、还债、保护股民的基本权益、正确处理与上下游的利益分配等） ②保护自然环境 ③赞助和支持社会公益事业（慈善事业等）
均衡		商业伦理（商业伦理的实质是一个企业或组织在社会中应发挥什么作用和负什么责任）

【总结】企业利益相关者的利益矛盾与均衡（见表4-47）

表4-47 企业利益相关者的利益矛盾与均衡各理论的总结

博弈双方	理论提出者	理论名称
投资者 VS 经理人员	鲍莫尔	"销售最大化"模型
	马里斯	增长模型
	威廉森	管理权限理论
企业员工 VS 企业（股东或经理）	列昂惕夫	列昂惕夫模型
企业利益 VS 社会效益		

【总结】均衡结果：组织呆滞。（了解即可，极冷门考点，从未考过）

企业最终确定的各种目标是一种妥协，最终的有效性几乎总是低于最大值。由于承认这种低效率，上述呆滞导致的额外"支付"由各成员分摊。

三、权力与战略过程

由于权力（Power）和与其相关的术语被广泛地运用于学术界和商业界，因而它们的含义很多且很容易混淆。

【辨析】权力 VS 职权（见表4-48）

表4-48　　　　　　　　　　**权力与职权的比较**

选择题较高频考点，一般考查知识点的直接还原。
【提示】职权是权力的一种。

	权　力	职　权
定义	个人或利益相关者能够采取（或者说服其他有关方面采取）某些行动的能力	管理职位所固有的发布命令和希望命令得到执行的一种权力
影响力	影响力在各个方面	沿着企业的管理层次方向自上而下
接受度	受制权力的人不一定能够接受这种权力	一般能够被下属接受
来源	来自各个方面	包含在企业指定的职位或功能之内
识别	很难识别和标榜	在企业的组织结构图上很容易确定

（一）企业利益相关者的权力来源

1.对资源的控制与交换的权力。（所有权的延伸）
2.在管理层次中的地位。（法定权、奖励权、强制权）
3.个人的素质和影响。（榜样权和专家权）
4.参与或影响企业的战略决策与实施过程。
5.利益相关者集中或联合的程度。（"人多力量大"，小股东联合等）

建议全面掌握五个来源，以防万一考查主观题（极冷门），性价比高。

权力　✖️➡️　职权

（二）在战略决策与实施过程中的权力运用

权力本身是战略管理过程中的重要基础，制定战略和有效地实施战略需要权力和影响力。如果用合作性和坚定性两维坐标来描述企业某一利益相关者在企业战略决策与实施过程中的行为模式，可以分为以下五种类型，如图4-19所示，见表4-49。

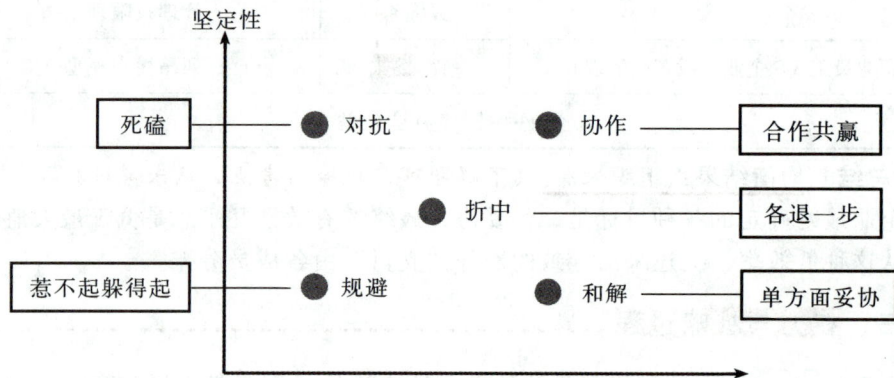

坚定性

死磕 —— 对抗　　　协作 —— 合作共赢

折中 —— 各退一步

惹不起躲得起 —— 规避　　　和解 —— 单方面妥协

图4-19　对待矛盾与冲突的行为模式

考试题型：选择题。
考试频率：较高频。
考试套路：一般考查小案例形式的案例分析，要求考生根据案例中的描述，判断权力运用类型。
备考建议：熟悉五个类型，理解其内涵。

表4-49　　　　　　对待矛盾与冲突的行为模式

对抗	特征	坚定行为 + 不合作行为
	目的	使对方彻底就范，根本不考虑对方的要求
和解	特征	不坚定行为 + 合作行为
	目的	保持或改进现存的关系
	处理方式	默认和让步
协作	特征	坚定行为 + 合作行为
	目的	力图寻求相互利益的最佳结合点，并借助于这种合作，使双方的利益都得到满足
折中	特征	中等程度的坚定性 + 中等程度的合作性行为
	目的	通过各方利益相关者之间的讨价还价，相互作出让步，达成双方都能接受的协议
	处理方式	折中模式既可以采取积极的方式，也可以采取消极的方式： ①积极的方式：对冲突的另一方作出承诺，给予一定的补偿，以求得对方的让步 ②消极的方式：以威胁、惩罚等要挟对方作出让步 多数场合，则是双管齐下
规避	特征	不坚定行为 + 不合作行为
	处理方式	以时机选择的早晚区分为两种情况： ①当预期将要发生矛盾与冲突时，通过调整来躲避冲突 ②当矛盾与冲突实际发生时主动撤出

考霸笔记

通读即可，结合图形理解不同行为模式的处理方法。有时，以下内容也会是案例的判断依据。

第五节　信息技术在战略管理中的作用

◇ 信息技术与组织变革
◇ 信息技术与竞争战略
◇ 信息技术与企业价值链网
◇ 大数据时代企业战略转型

考霸笔记

考试题型：选择题为主，偶尔涉及主观题。
考试频率：极冷门。
考试套路：可以联系第一章"战略变革"和第四章"组织结构变革"考查跨章节的简答题。选择题以知识点的直接还原为主。
备考建议：适当掌握大框架，性价比较高。

一、信息技术与组织变革

（一）信息技术与组织变革的关系

信息技术与组织变革是相互影响的关系，如图4-20所示。

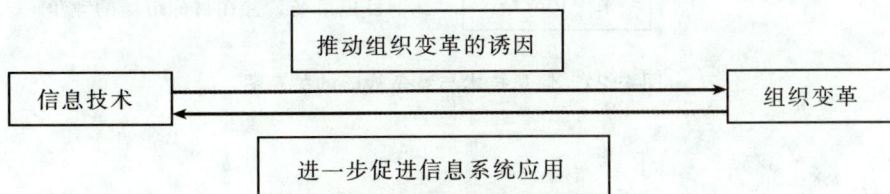

图4-20　信息技术与组织变革相互影响的关系图

考霸笔记

【理解】作用力与反作用力的关系。

二者相互影响，同时也受许多中介因素影响，如组织决策、组织政治、组织文化和组织环境等。

（二）信息技术与组织结构变革

（适当关注大标题，冷门考点、任何题型都有可能考查）

（1）支持组织扁平化调整。

（2）支持新型组织结构。

在信息技术的支持下，一些组织设计并采用了一些新型的组织结构以增强组织竞争力，其中最为重要的是团队结构和虚拟组织，见表4-50。

表4-50　　　　　　　　　　　　新型的组织结构

团队结构	是以团队作为协调组织活动的主要方式，团队成员在动机、价值取向和目标追求上具有高度的一致性，要求成员既是全才又是专才。团队具有高度的自主性，对大多数操作性工作负全部责任
虚拟组织	是组织扁平化在企业之间的形式，是当市场出现新机遇时，具有不同资源与优势的企业为了共同开拓市场，共同对付其他的竞争者而组织、建立在信息网络基础上的共享技术与信息，分担费用，联合开发、互利的企业联盟体

（三）信息技术与业务流程重组

业务流程重组是企业过程创新活动，需要人们用归纳推理的方式来看待信息技术和信息系统。信息处理能力以及计算机与互联网技术的连通性增加了组织信息和知识的存取性、存储量和传播性，不仅可以大大提高业务流程的效率，使现有过程运行得更快、更好，还可以使组织打破传统的规则，建立全新的工作方式。信息技术在重组业务流程中起到重要的作用。

二、信息技术与竞争战略

信息技术与竞争战略的关系如图4-21所示。

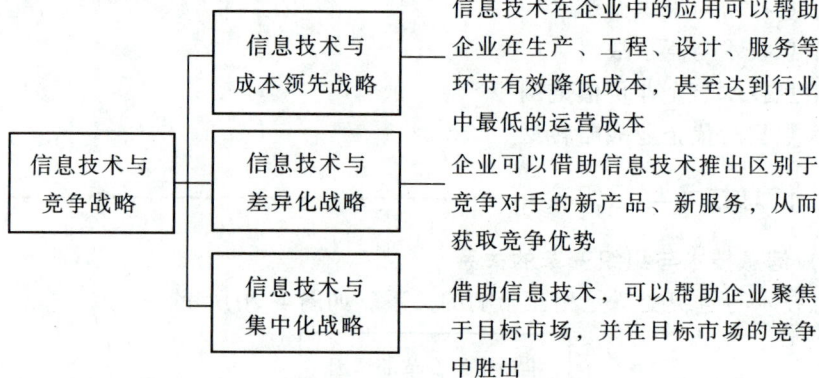

考霸笔记

考试题型：主观题、选择题。
考试频率：冷门。
考试套路：可以联系第三章"基本竞争战略"考查跨章节的简答题。选择题以知识点的直接还原为主进行考查。
备考建议：适当掌握关键词，性价比较高。

为什么信息技术可以帮助企业实现集中化战略？

为什么信息技术可以实现差异化战略？

信息技术与竞争战略
- 信息技术与成本领先战略 —— 信息技术在企业中的应用可以帮助企业在生产、工程、设计、服务等环节有效降低成本，甚至达到行业中最低的运营成本
- 信息技术与差异化战略 —— 企业可以借助信息技术推出区别于竞争对手的新产品、新服务，从而获取竞争优势
- 信息技术与集中化战略 —— 借助信息技术，可以帮助企业聚焦于目标市场，并在目标市场的竞争中胜出

图4-21　信息技术与竞争战略的关系图

三、信息技术与企业价值链网

(一)信息技术与企业价值链

(1)在价值链的每一个阶段,都可以考虑如何利用信息技术来提高运行效率,完善增值过程,为客户创造更多的价值。

(2)信息技术对价值链基本活动的支持,可以通过自动仓储系统和自动化运输调度系统来提升企业内外部物流运作效率,通过计算机控制的生产制造系统提升生产运作效率,通过计算机化的产品销售和服务系统提升销售与服务的效能。

(3)信息技术对价值链活动的支持,可以通过计算机辅助设计系统来提升技术研发效能,通过人力资源管理系统提升人力资源效能,通过计算机化订货系统提高采购效率,通过办公自动化技术或电子化的日程安排和消息传送系统提升基础管理。

(4)信息技术能够帮助企业全面渗透到企业价值链的各主要环节,有效降低成本,提升客户价值,赢得竞争优势。

(二)信息技术与企业价值网

1.价值网模型

(1)价值网是由利益相关者之间相互影响而形成的价值生成、分配、转移和使用的关系及其结构。

(2)价值网强调"以顾客为中心":

• 在专业化分工的生产服务模式下,把处于"价值链"上不同位置并存在密切关联的企业或者相关利益体整合在一起,建立一个以顾客为核心的价值创造体系,共同为顾客创造价值。

• 当顾客出现新的价值需求时,网络成员也可以联合起来进行共同研发,迅速满足顾客需求。

(3)整合与协作。

• 通过充分整合价值网络中相关成员的价值创造能力,可以更好地为顾客提供个性化的价值。

• 价值网成员建立的相互关系不是零和博弈下的背弃式竞争,而是基于双赢思想的紧密合作,成员公司之间建立合作关系能够实现核心能力优势互补,共担风险和成本,共享市场和顾客忠诚。

(4)价值网理论对价值链理论进行了拓展和提升。

• 价值网络是围绕顾客价值重构原有价值链,通过网络中不同层次和不同主体之间的互动关系而形成的多条价值链在多个环节上网状的联系和交换关系。由这些关系形成的网络将产生网络效应,处于每个网络节点上的个体或组织可以从这种聚合作用中创造或者获取更多的价值。

• 价值网在战略思维上发生了巨大的变化,它强调竞争和合作两个方面,这种竞争和合作的结合被称为合作竞争。

(5)与价值链相比,价值网侧重"以客户为本",很少以线性方式运作。

2.信息技术与企业生态系统（见表4-51）

表4-51   企业生态系统

企业生态系统	企业生态系统（Business Ecosystems）的概念建立在价值网理念的基础上，是有别于传统企业竞争模型的一种新的商业模型
主要特点	（1）由一个或少数几个企业统领着这个生态系统，并建造了平台以供其他专业定位企业应用。可以突破传统的组织边界限制，实现跨企业、跨区域、跨行业，甚至全球化的发展和合作
	（2）信息技术在企业生态系统建立与运作中扮演着强有力的角色。价值网络中的企业通过网络技术等构筑的信息系统平台凝聚在一起，形成整体运作的企业生态系统

考霸笔记
2018年新增，适当关注选择题（知识点直接还原），个别部分"大数据时代企业战略转型的主要方面"防备出主观题。

四、大数据时代企业战略转型

（一）大数据时代的数据分析

1.大数据

定义：大数据指所涉及的资料规模巨大，无法通过目前常规软件工具，在合理时间内达到撷取、管理、处理、整理成为有用信息的数据集合。

特征：（4个特征，需熟悉，以防考查知识点直接还原形式的多选题）

（1）大量性。数据量巨大。
（2）多样性。数据种类繁多。
（3）高速性。大数据处理时效性强。
（4）价值性。大数据价值巨大，但价值密度低。

2.大数据时代

大数据时代是指在大量数据信息基础上所形成的新型信息时代，是建立在通过互联网、物联网等现代网络渠道广泛大量数据资源收集基础上的数据存储、价值提炼、智能处理和展示，促进数据发挥价值的信息时代。

3.大数据时代的数据分析

数据分析是大数据处理流程的核心。大数据的价值产生于分析过程，从规模巨大的数据中挖掘隐藏的、有价值信息所进行的分析过程就是大数据分析。

大数据分析和传统数据分析最重要的区别在于数据量。

传统的数据分析是"向后分析"，分析的是已经发生的情况。大数据的数据分析是"向前分析"，具有预测性。

数据挖掘是在没有明确假设的前提下去挖掘信息、发现知识，用于指导以后的行动。

怎么理解大数据的主要特征？

【总结】大数据分析VS传统数据分析（见表4-52）

表4-52　　　　　　　　　　大数据分析VS传统数据分析

	大数据分析	传统数据分析
数据量（最重要的区别）	海量	相对较小
对数据处理技术的要求	高	相对较低
分析方向	向前分析（预测/优化未来）	向后分析（已经发生的情况）
主要针对的对象	各类数据（结构化数据+非结构化数据）	结构化数据

> 什么是结构化数据，它与非结构化数据有什么区别？

（二）大数据对企业战略决策模式的影响

1.决策依据

在大数据决策模式中，企业管理者可以利用大数据技术充分分析企业当前的经营能力、市场环境的要求，进而作出更加符合企业需求的管理决策。

2.决策主体

大数据的应用使得企业的管理决策活动从原本的管理层独立决策模式转化成全员决策模式，基于大数据的全员决策管理会为企业带来更多的经济利润。

3.决策技术与方法

（1）基于云计算的数据处理与分析技术。

（2）大数据下的知识发现技术。

（3）大数据下的决策支持系统。

> 什么叫大数据下的知识发现技术？

（三）大数据时代企业战略转型的主要方面（见表4-53）

表4-53　　　　　　大数据时代企业战略转型的主要方面

主要方面	详述
市场调研与预测	①市场需求调研与预测。②资金需要量预测。③现金流量预测
营销管理	①用户行为与特征分析。②企业重点客户的筛选。③客户分级管理。④改善用户体验。要改善用户体验，关键在于真正了解用户及他们所使用的企业的产品的状况，做最适时的提醒。⑤竞争对手监测与品牌传播。⑥品牌危机监测与管理
生产管理	①产品创新过程调研。②生产流程优化。③提高质量管理水平。④科学制订生产计划。⑤产品科学合理定价。⑥优化库存管理。⑦完善供应商管理。⑧实现产品生命周期管理。⑨提高固定资产利用率
应收账款管理	企业应当制定合理的应收账款政策，科学管理应收账款。为此，对客户进行信用调查就是首要工作。利用大数据技术可以在更大的范围内进行客户信用评级查阅、信用变化跟踪、以往失信记录查找等，从而对接近信用期、超过信用期的不同客户采用不同的收账政策

> **考霸笔记**
>
> 考情分析：新增内容，可考查主观题。
>
> 备考建议：需掌握四个方面的标题名称（大标题名称要背），以防主观题考查直接默写。

> 怎么区分大数据时代企业战略转型营销管理与生产管理？

（四）大数据时代企业战略转型面临的困难

1.数据容量问题

2.数据安全问题

3.数据分析与处理问题

（五）大数据时代企业战略转型的主要任务

1.树立大数据思维，转变经营管理模式。

2.优化专业人才队伍，提升对数据收集、挖掘与分析的能力。

3.加强基础设施建设，积极推进共享模式。

4.提高风险管理水平，确保企业与客户信息安全。

（1）客户个人数据管理。企业要有效控制消费者信息泄露的风险。

（2）企业数据管理。

（3）建立应急管理系统。

智能测评

在线练习		我要提问
扫码在线做题	扫码看答案	扫码答疑
本书"本章同步强化训练"均配备二维码，打开微信"扫一扫"即可完成在线测评，查看本章详细的测评反馈报告，了解知识掌握情况，也可扫码直接看答案噢。快来扫码做题吧！		本书配备答疑专用二维码，打开微信"扫一扫"，即可完成在线提问，获取专业老师全面个性化解答，让学习问题不再拖延。快来扫码提问吧！

本章同步强化训练

一、单选题

1.甲公司是一家内河航运公司，原主要经营水路客货运输业务。为抓住沿岸经济规模扩张和市场领域开放竞争的机遇，公司决定将水路客货运输业务上市筹集的资本金，主要投向已经涉及的物流、仓储、码头、旅游、宾馆、餐厅、航道工程、船舶修造、水难救生等多个业务领域。它通过采取兼并收购、战略联盟和内部开发的方式，实现了一体化和多元化成长战略，形成了规模，树立了品牌。为使公司成长战略得以协调实施，公司原有组织结构应当调整为（　　）。

A.区域事业部结构　　　　　　　　　　B.产品/品牌事业部结构

C.客户细分/市场细分事业部结构　　　　D.M 型企业组织结构（多部门结构）

2.某控股公司拥有多家各自独立经营的子公司，这些子公司可以自主作出战略决策。该公司的横向分工结构应为（　　）。

A.M 型组织结构　　　　　　　　　　B.战略业务单位组织结构

C.H 型结构　　　　　　　　　　　　D.矩阵制组织结构

3.甲公司是 A 国的一家高科技公司，其设计和研发职能在 A 国，在 B 国生产并采购零部件，在劳动成本低廉的 C 国进行组装，其可能适宜的横向分工组织结构为（　　）。

A.全球产品分部结构　　　　　　　　B.全球区域分部结构

C.国际部结构　　　　　　　　　　　D.跨国结构

4.甲公司是 C 国知名的，为餐饮、酒店、团体食堂提供供应解决方案的大型企业，它的采购商包括行业知名的餐饮巨头。其成功的原因在于其对产品的质量、味道、形状大小等都有严格的规定，甲公司采取的横向分工结构的基本协调机制为（　　）。

A.工作成果标准化　　　　　　　　　B.工作过程标准化

C.直接指挥，直接控制　　　　　　　D.技艺（知识）标准化

5.甲公司是全球知名的餐饮服务企业，甲公司对炸薯条和炸鸡块的时间都有统一规定，甲公司采取的横向分工结构的基本协调机制为（　　）。

A.工作成果标准化　　　　　　　　　B.工作过程标准化

C.直接指挥，直接控制　　　　　　　D.技艺（知识）标准化

6.甲公司对其外部环境通常采取一种动荡不定的调整模式的反应。甲公司组织的战略类型为（　　）。

A.防御型组织结构　　　　　　　　　B.开拓型组织结构

C.反应型组织结构　　　　　　　　　D.分析型组织结构

7.Z 公司致力于英语培训，由于国内英语培训有着良好的发展态势，公司在原有网络课程的基础上进行了更新改造，以持续保持市场份额。企业应考虑采用以下哪一种组织结构（　　）。

A.防御型组织结构　　　　　　　　　B.开拓型组织结构

C.反应型组织结构　　　　　　　　　D.分析型组织结构

8.甲公司是一家成功的家电企业，多年来致力于为消费者提供整套家电解决方案。随着互联网技术的兴起，公司于 2004 年制定并实施了进军智能家居领域的战略，通过建立"家庭网络标准产业联盟"，推出了一系列信息及多媒体共享的智能家居产品。同时，公司还对其组织结构进行了重大改革，管理制度也作了相应调整，并与企业多年形成的文化保持一致。根据战略稳定性与文化适应性矩阵的要求，甲公司在实施上述新战略时，应当（　　）。

A.加强协同作用　　　　　　　　　　B.重新制定战略

C.以企业使命为基础　　　　　　　　D.根据文化进行管理

9.甲公司是一家关注搜索的互联网公司，公司强调人员平等，没有明确的等级制度，组织结构比较扁平化，员工可以在工作中尽可能地发挥自己的专长和创意，人人都致力于努力为客户打造有着更好客户体验的产品。因此，甲公司的企业文化类型属于（　　）。

A.权力导向型　　　　　　　　　　　B.角色导向型

C.人员导向型　　　　　　　　　　　D.任务导向型

10.Z 公司属于多元化企业，其业务为生产春都牌火腿肠，该项业务由于没有跟上大数据时代的步伐，2016 年其经营逐步走向萎缩，从市场占有率极盛时的 70% 下降到 20% 左右。2018 年，Z 公司对春都牌火腿肠业务进行了债务重组。根据战略失效理论，公司失败的原因属于（　　）。

A.早期失效　　　　　　　　　　　　B.晚期失效

C.正常失效　　　　　　　　　　　　D.偶然失效

11.甲集团为了能够促进更为有效的资源配置，每年年底会根据未来的需求编制预算，甲集团编制预算采用的方法的优点是（　　）。

A.系统相对容易操作和理解

B.容易实现协调预算

C.鼓励管理层寻找替代方法

D.遇到类似威胁的部门能够避免冲突

12.中国政府价格管理部门要求一家中外合资企业降低其系列药价50%以上，这家公司中方股东出面与政府价格部门协商，最后达成减少降价品种的方案，这体现出管理层对待和处理冲突采取的策略是（　　）。

A.协作　　　　　　　　　　　　B.折中

C.和解　　　　　　　　　　　　D.规避

13.某企业管理层拟将该公司旗下的两家子公司合并以实现业务重组，致使这两家子公司的大部分员工面临工作环境改变甚至下岗的风险。这些员工联合起来进行了坚决的抗争，致使公司管理层放弃上述决定，公司员工对待和处理这场冲突采取的策略是（　　）。

A.协作　　　　　　　　　　　　B.对抗

C.和解　　　　　　　　　　　　D.规避

14.甲电力公司通过大数据分析发现了停电以后恢复供电时间的长短与客户满意度之间存在高度相关性，并依据具体的数据调整了服务战略，提高了客户满意度，根据上述信息，甲公司运用大数据分析影响的战略转型的主要方面是（　　）。

A.营销管理　　　　　　　　　　B.生产管理

C.市场调研与预测　　　　　　　D.成本管理

二、多选题

1.以下各项中，属于集权型组织结构的优点的有（　　）。

A.有助于实现规模经济　　　　　B.能够为决策提供更多的信息

C.易于协调各职能间的决策　　　D.危急情况下能够作出快速决策

2.一个企业之所以成为反应型组织，主要原因包括（　　）。

A.企业层没有明文表达企业战略

B.管理层次中没有形成可适用于现有战略的组织结构

C.只注重保持现有的战略与结构的关系而忽视了外部环境条件的变化

D.反应型组织缺乏效率性，很难获得最大的利润

3.企业以其目标或使命为出发点，计划组织结构。与其他组织结构相比，战略业务单元组织结构的优点有（　　）。

A.缩小企业总部的控制跨度

B.使企业总部与事业部和产品层关系更密切

C.使具有类似使命、产品、市场或技术的事业部能够进行更好的协调

D.更易于监控每个战略业务单元的绩效

4.顺通公司是一家快递公司，2016年，顺通公司开始使用平衡计分卡衡量公司业绩，并选取了业务量增长率、交货时间、主要员工保留率、预期利润等指标作为业绩衡量指标。上述指标涵盖的角度有（　　）。

A.创新与学习角度　　　　　　　　B.顾客角度

C.内部流程角度　　　　　　　　D.财务角度

5.甲公司是C国的互联网金融企业，业务量位居全国同行业前三甲。甲公司近期打算运用平衡计分卡提升顾客满意度，甲公司可以考虑改进的领先指标包括（　　）。

A.客户保留率

B.目标市场的销售额（或市场份额）

C.客户关系

D.企业形象

6.战略控制是指监督战略实施进度，及时纠正偏差，确保战略有效实施，使战略实施结构符合预期战略目标的必要手段，以下不符合战略控制的特点有（　　）。

A.期间通常为一年以下　　　　　　B.采用定量方法

C.重点是内部和外部　　　　　　　D.在控制结束后采用纠正行为

7.下列各项对权力与职权的概念的理解中，正确的有（　　）。

A.职权也是权力的一种类型

B.利益相关者内部的联合程度会影响其职权大小

C.榜样权和专家权是个人素质与影响的重要方面

D.权力只沿着企业的管理层次自上而下

8.现在大数据的优势在企业运营过程中日益突显，它对于一个企业未来的发展起着决定性的作用，然而许多企业还没有充分意识到数据的大量增加所带来的隐患，因此大数据时代企业应对战略转型的主要任务应该是（　　）。

A.树立大数据思维，转变经营管理模式

B.优化专业人才队伍，提升其对数据进行收集、挖掘与分析的能力

C.提高风险管理水平，确保企业与客户信息安全

D.加强基础设施建设，积极推进专有化模式

第五章
公司治理

本章导学

本章框架图

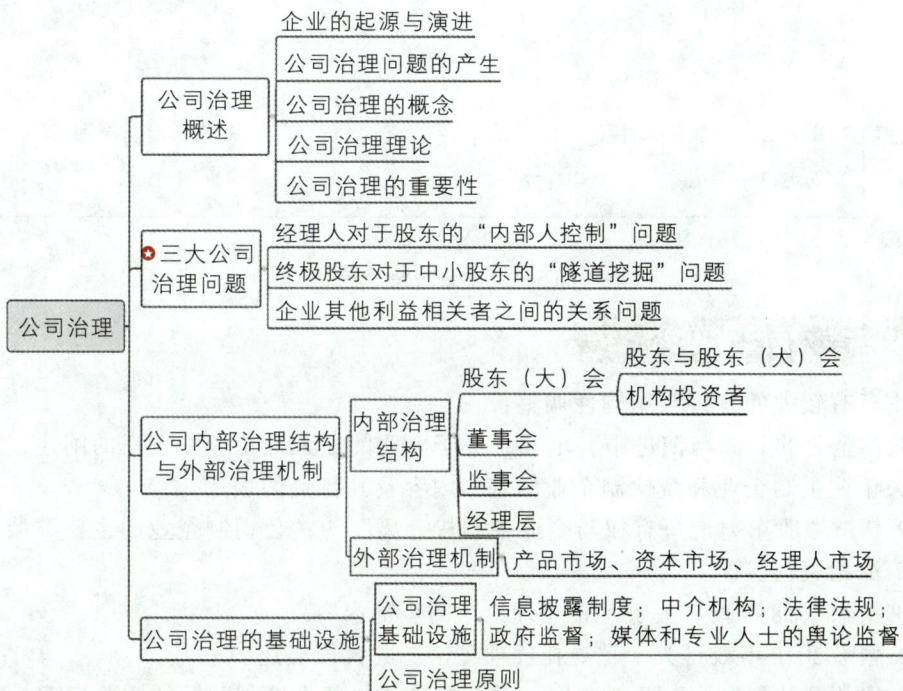

本章考情概述

　　同学们可以回忆一下小时候学习时，父母坐在身边陪读的感觉。大家都明白，学习的人是我们，但父母会对我们进行监督，以控制我们学习过程中开小差的频率。我们把这个场景换成公司和股东，公司交业绩，股东对公司进行监督和制衡，我们把这个情景称为"公司治理"。本章主要介绍公司治理的概念及相关理论、公司治理问题和一些影响公司治理效果的因素。

　　本章近年平均分值为2分，属于不重要的考试章节，考试通常以选择题为主，极少考查主观题。近三年主要考点包括：（1）公司治理的概念与理论；（2）三大公司治理问题；（3）公司内部治理结构与外部治理机制；（4）公司治理基础设施。

　　从备考的角度而言，本章理论性较强，考试一般以知识点直接还原的形式考查，灵活度较差。同学们备考可以阅读了解为主，需关注的主观题考点为：三大公司治理问题，需要同学们适当记忆治理问题的名称，熟悉相关治理问题的表现。

考霸笔记

本章不属于重要章节，一般考查一道客观题或者主观题中的一问。

本章以理解为主，记忆内容较少，集中在三大公司治理问题上。背诵起来重点突出，学习起来相对比较轻松。

第五章

本章考情分析如图5-1所示。

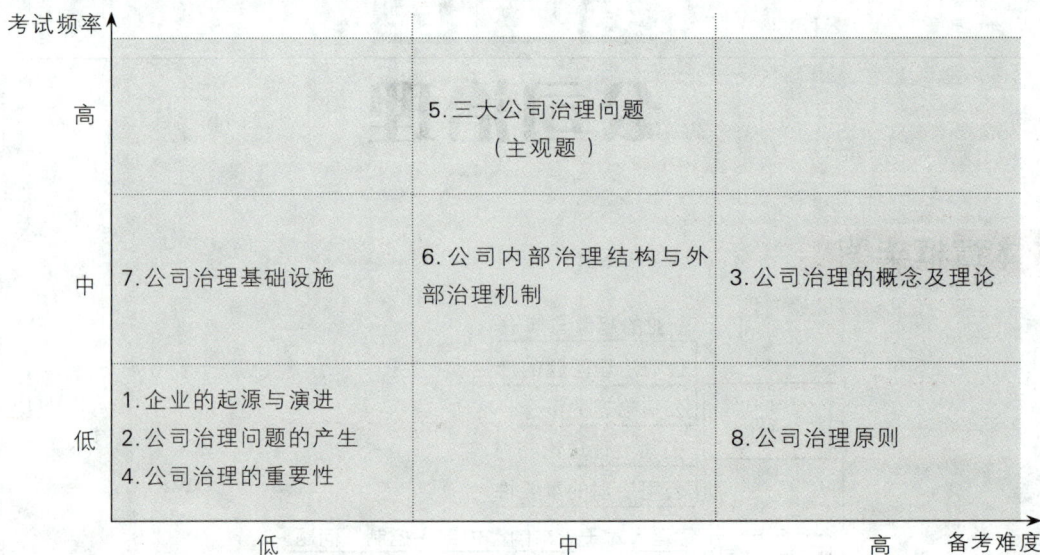

考试频率↑

高		5.三大公司治理问题 （主观题）	
中	7.公司治理基础设施	6.公司内部治理结构与外部治理机制	3.公司治理的概念及理论
低	1.企业的起源与演进 2.公司治理问题的产生 4.公司治理的重要性		8.公司治理原则

低　　　　　　　中　　　　　　　高　　备考难度

图5-1　本章考情分析

2019年教材主要变化

本章有较大的修订与结构性调整：

1.在企业的起源与演进中，增加了关于企业的法人地位业主责任的阐述，并修订了关于业主制企业和合伙制企业的基本内容及其特点的表述。

2.新增"股东财产所有权与企业控制权分离"与"公司制企业的主要类型及其特点"的相关内容。

3.删除2018年教材关于"企业理论"的全部内容。

4.删除2018年教材关于"委托代理理论"的大段表述。

5.按"勤勉与忠实"两个角度，重新修订了内部人控制问题的主要表现。

6.修订并新增"隧道挖掘问题的成因"。

7.重写"隧道挖掘问题的表现"（大量新增）。

8.新增如何保护中小股东的权益。

9.修订关于机构投资者的表述。

整体而言，本章变动让章节内容重点突出，删减了理论性极强的部分，对考生而言属于利好。

第一节　公司治理概述

考霸笔记
本节主要介绍企业类型的历史演进与基本理论，建议通读。

◇ 企业的起源与演进
◇ 公司治理问题的产生
◇ 公司治理的概念
◇ 公司治理理论
◇ 公司治理的重要性

一、企业的起源与演进（大致了解，为后面的笔记打好基础）

企业制度划分为**两大阶段**：以业主制企业和合伙制企业为代表的古典企业制度时期和以公司制企业为代表的现代企业制度时期。

随着生产经营规模的扩大和资本筹措与供应途径的变化，企业的形式经历了"单人业主制—合伙制—公司制"的发展。

（一）业主制企业（见表5-1）

业主制是最早存在的企业制度，其发源于工业革命时期由传统家庭作坊演变而来的手工工厂组织，是生产技术水平提高和市场规模扩大对专业化分工合作生产提出要求的必然产物。不具备法人资格，业主对企业的负债承担无限责任。

表5-1　　　　　　　　　　　　　　　　　业主制企业

优点	①企业内部组织形式简单，经营管理的制约因素少，经营管理类灵活，法律登记手续简单，容易创立和解散 ②企业的资产所有权、控制权、经营权、收益权均归业主所有，业主享有完全自主权，便于发挥其个人能动性、生产力及创造力 ③业主自负盈亏，对企业负债承担无限责任，因此业主会更加关注预算和成本控制以降低经营风险
缺点	①所有者只有一人，企业资产规模小，资金筹集困难，企业容易因资金受限而难以扩大生产和规模 ②企业所有权、收益权、控制权、经营权高度统归业主所有，使企业存续受制于业主的经营意愿、生命期、继承者能力等因素 ③企业经营者也只是所有者一人，当企业发展到一定规模后，限制在个人内的人力资本就很可能会影响组织决策的质量 ④因业主承担无限责任所带来的风险较大，企业为规避风险而缺乏动力进行创新，不利于新产业发展

（二）公司制企业

合伙制企业是由两个或多个出资人联合组成的企业。在合伙制企业中，企业归出资人共同所有、共同管理，并分享企业剩余或亏损，对企业债务承担无限责任。不具备法人资格，合伙人对企业的负债承担无限责任。

（三）公司制企业

在最简单的公司制企业中，公司由三类不同的利益主体组成：股东、公司管理者、雇员。与传统的企业或古典企业相比，股份公司具有以下三个重要特点：

1.有限责任制。

它有两层含义：一是公司以其全部法人财产对其债务承担有限责任；二是当公司破产清算时，股东仅以其出资额为限，对其公司承担有限责任。

2.股东财产所有权与企业控制权分离。

股东财产所有权与企业控制权两权分离是公司治理的基础，其最大优势是可以将掌握资产但缺乏管理能力的投资者与富有经营管理经验却缺乏资产的经理人结合在一起，实现企业资源与经营管理人员的最优组合，从而实现企业利润最大化的经营目标。缺点是职业经理人可能以权谋私损害所有者权益。

3.规模增长和公司的永续生命。

公司制企业初始即实现了产权与经营权的分离，所有者与法人财产权的分离，使企业实现永续运行，并使多元化经营发展更为可行。

二、公司治理问题的产生（见表5-2）

表5-2　　　　　　　　　　　公司治理问题的产生

现代公司制特征	特点	不利影响
股权结构的分散化	（1）明确、清晰的财产权利关系为资本市场的有效运转奠定了牢固的制度基础 （2）高度分散化的股权结构意味着作为公司所有权的供给者和需求者都很多，股票的买卖者数量越多，股票的交投就越活跃，股票的转让就越容易，规模发展就越快，公司通过资本市场投融资越便捷	（1）公司的股东们无法在集体行动上达成一致，从而提高了治理成本 （2）对公司的经营者的监督弱化，特别是大量存在的小股东，他们不仅缺乏参与公司决策和对公司高层管理人员进行监督的积极性，而且也不具备这种能力 （3）分散的股权结构使得股东和公司其他利益相关者处于被机会主义行为损害、掠夺的风险之中
所有权和控制权的分离	现代公司已由受所有者控制转变为受经营者控制	股东利益目标就有可能与经营管理者的利益目标发生偏离，甚至冲突

三、公司治理的概念

（一）公司治理的定义　　（掌握狭义、广义、泛广义范围）

狭义的公司治理是指所有者（主要是股东）对经营者的一种监督与制衡机制，即通过一种制度安排，合理地配置所有者和经营者之间的权利和责任关系。它是借助股东大会、董事会、监事会、经理层所构成的公司治理结构来实现的内部治理。其目标是保证股东利益的最大化，防止经营者对所有者利益的背离。

广义的公司治理不局限于股东对经营者的制衡，还涉及广泛的利益相关者，包括股东雇员、债权人、供应商和政府等与公司有利害关系的集体或个人。治理的目标不仅是股东利益的最大化，而是保证所有利益相关者的利益最大化。

泛广义的公司治理概念在涵盖狭义与广义的公司治理内涵的同时，还包括了企业的战略决策系统、企业文化、企业高管控制制度、收益分配激励制度、财务制度、人力资源管理等制度。

（二）公司治理的概念理解

1.公司治理结构与治理机制。

治理结构主要侧重于公司的内部治理，包括股东大会、董事会、监事会、高级管理团队及公司员工间权责利相互监督制衡的制度体系。

治理机制主要是指除企业内部的各种监督机制外的各项市场机制对公司多维度的监督与约束。

2.从权力制衡到科学决策。

公司治理的实质就是委托代理关系下利益相关方的权、责、利配置问题。

由于市场信息不对称、合约不完备及代理成本的存在，在利益不一致的委托人和代理人间可能产生逆向选择和道德风险等代理问题。

"公司治理的目标不是相互制衡，它只是保证公司科学决策的方式与途径"，权力制衡只是方法，科学决策才是公司治理的核心。

3.公司治理能力。

治理结构和治理机制可被视作企业的两种重要资源。

这种能力与公司领导者的个人能力、治理工具、治理环境等要素密切相关。这些要素相互影响、相互作用，综合地体现了公司的治理能力。

公司治理结构、治理机制、治理能力以及治理环境等因素共同组成了完整的公司治理体系，并综合地形成了公司的治理能力系统。

四、公司治理理论

（一）委托代理理论（见表5-3）

> **考霸笔记**
> 委托代理理论作为重点掌握。

表5-3 委托代理理论

含义	由于公司的所有者和经营者之间存在委托代理关系，两者之间的利益不一致而产生代理成本，并可能最终导致公司经营成本增加的问题就称为委托代理问题
委托代理关系	委托代理关系是随着生产力大发展和规模化大生产的出现而产生的 ①权利的所有者由于知识、能力和精力的原因不能行使所有的权利 ②专业化分工产生了一大批具有专业知识的代理人，他们有精力、有能力代理行使被委托的权利
产生原因	所有权与控制权分离→委托人与代理人之间的利益冲突 代理问题的主要来源是：委托人与代理人之间的信息不对称
评价	主要针对是股东和经营者之间的利益冲突

> **委托代理理论。**
> （二维码）S305

（二）资源依赖理论

资源依赖理论认为组织需要通过获取环境中的资源来维持生存，没有组织可以完全实现资源自给，企业经营所需的资源大多需要在环境中进行交换获得。组织对环境及其中资源的依赖，也是资源依赖学派解释组织内权力分配问题的始点。

资源依赖理论也考虑了组织内部的因素，认为组织对某些资源的需要程度、该资源的稀缺程度、该资源能在多大程度上被利用并产生绩效以及组织获取该项资源的能力，都会影响组织内部的权力分配格局。

相较于委托代理理论，资源依赖理论可以更好地解释企业董事会的功能。

（三）利益相关者理论

利益相关者管理理论是指企业的经营管理者为综合平衡各个利益相关者的利益要求而进行的管理活动。与传统的股东至上主义相比较，该理论认为任何一个公司的发展都离不开各利益相关者的投入或参与，企业追求的是利益相关者的整体利益，而不仅仅是某些主体的利益。

> **考霸笔记**
> 与第四章第四节权力与利益相关者知识点对照学习。

四、公司治理的重要性

影响公司治理重要性的主要因素有:

①公司高管的高薪酬引起了股东及其他利益相关者的不满,因此股东需要一种治理机制来保证自己的权益。

②机构投资者的监管意识在不断提高。

③更多的利益相关者介入到公司治理中。

④随着公司的市场化,"内部人控制"现象更为明显。

⑤大股东和中小股东的冲突加剧。

良好的公司治理可以促进企业的股权结构合理化。

公司治理问题的根源是公司制度本身,因此公司治理是针对公司制度的治理。

公司治理最大的特点是动态性。

第二节 三大公司治理问题

◇ 经理人对于股东的"内部人控制"问题

◇ 终极股东对于中小股东的"隧道挖掘"问题

◇ 企业与其他利益相关者之间的关系问题

公司治理的主要问题(见表5-4)包括:

表5-4 公司治理的主要问题

代理型公司治理问题	剥夺型公司治理问题	公司治理的第三类问题
面对的是股东与经理之间的关系	涉及股东与股东间的利益关系	企业与其他利益相关者之间的关系问题
公司所有者与经营者(亦即股东与经理之间)的代理问题	大股东与中小股东之间的代理问题	
"经理人对于股东的内部人控制"问题	"终极股东对于中小股东的隧道挖掘"问题	

一、经理人对于股东的"内部人控制"问题(见表5-5)

表5-5 经理人对于股东的"内部人控制"问题

含义	企业的内部成员(如厂长、经理或工人)能够直接参与企业的战略决策,并掌握大部分企业实际控制权,在公司战略决策中追求自身利益,甚至与内部各方面联手谋取各自的利益,从而架空所有者的有效控制,并以此来侵蚀作为外部人(股东)的合法权益,这就是所谓的"内部人控制"现象	
主要表现	违背忠诚义务	过高的在职消费,盲目过度投资,经营行为的短期化;侵占资产,资产转移;工资、奖金等收入增长过快,侵占利润;会计信息作假、财务作假;大量负债,甚至严重亏损;建设个人帝国
	违背勤勉义务	信息披露不完整、不及时;敷衍、偷懒、不作为;财务杠杆过度保守;经营过于稳健、缺乏创新等

提出的背景	青木昌彦主张寻找一种对企业监控的特殊外部机制，在这种机制下，即便在经理和员工不自愿放弃其既得利益的情况下，治理机制依然可以有效地发挥作用
成因	所有者目标较为单一，即追求企业利益最大化；而代理人的目标更为多元化，既追求个人收入也追求权力、地位与在职消费等。当两者之间发生利益冲突时，经营者往往会利用控制公司的特殊地位和拥有公司大量信息的有利条件，设法弱化所有者的约束，放弃甚至侵害所有者的权益以实现自身利益的最大化
基本对策	首先，完善公司治理体系，加大监督力度 其次，强化监事会的监督职能，形成企业内部权力制衡体系 最后，完善和加强公司的外部监督体系，使利益相关者参与到公司的监管中，再结合以经济、行政、法律等手段，构建对企业经营者的外部监督机制

> **考霸笔记**
> "内部人控制"造成的直接后果是企业所有者的利益遭到内部人的侵害，并使企业效率遭受损失。

二、终极股东对于中小股东的"隧道挖掘"问题（见表5-6）

表5-6　　　　　　终极股东对于中小股东的"隧道挖掘"问题

现象描述	中小股东	只拥有名义上的控制权
	大股东	有绝对影响力的大股东可以以牺牲众多的中小股东利益为代价，通过追求自利目标而不是公司价值目标来实现自身福利最大化
形成原因	控制股东对于公司的控制权比例大于其对于公司的现金流权，权利和收益、责任不匹配	
表现形式	滥用公司资源	是指并非以占有公司资源为目的，但也未按照公司整体目标为行动导向的行为→违背勤勉义务
	占用公司资源	是指终极股东通过各种方法将公司的利益输送至自身的行为→违背忠实义务

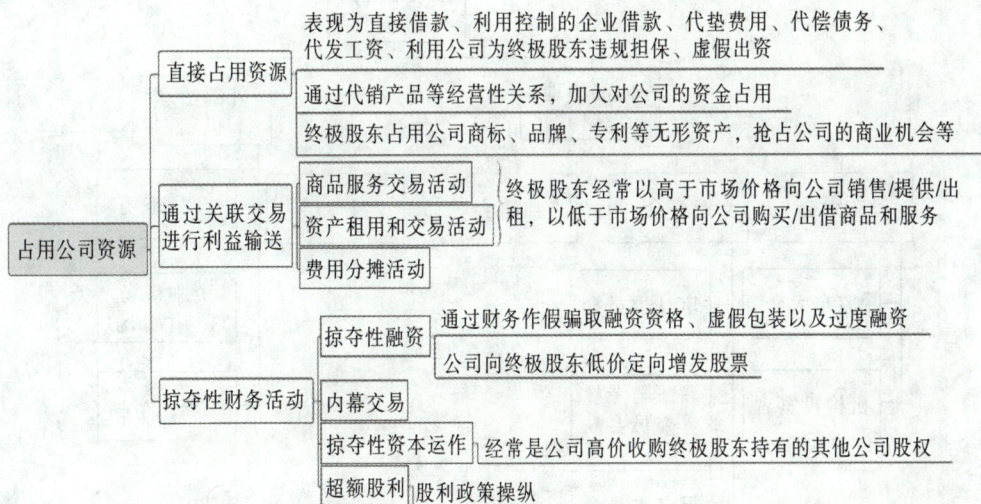

✔如何保护中小股东的权益

（1）累积投票制

假如公司有两位股东，张三有80股，李四有20股。现在要选举5位董事。

若采取直接投票制，股东张三提名的5位候选人每人可以得到80%的选票，而股东李四提名的5位候选人全部没有胜算。

若采用累积投票制度，张三有80×5 =400张选票，李四有20×5 = 100张选票，如果李四把100张选票都集中起来投给一位他自己最信任的候选人或者他自己，这个候选人肯定能当选。

（2）建立有效的股东民事赔偿制度

（3）建立表决权排除制度

（4）完善小股东的代理投票权

（5）建立股东退出机制（转股、退股）

三、企业与其他利益相关者之间的关系问题（见表5-7）

表5-7   企业与其他利益相关者之间的关系问题

含义	企业并不单纯是所有者的企业，而是所有其他利益相关者共同的企业。当各利益相关者的利益得到合理的配置与满足时，才能建立更有利于企业长远可持续发展的外部环境，这有利于实现企业价值最大化，增加股东财富
主张	企业经营必须重视将利益相关者融入企业的治理模式中，让外部与企业利益相关的主体共同参与公司治理
弊端	所有利益相关者共同参与公司治理会产生权责不清的问题，从而降低公司运作效率，企业容易陷入泛利益相关者治理的困境

第三节 公司内部治理结构和外部治理机制

◇ 公司内部治理结构

◇ 外部治理机制

公司治理的参与方如图5-1所示。

考霸笔记

"公司治理的参与方"是讲义基于教材逻辑的表述，建议复习时按照讲义逻辑理解，效果更佳。

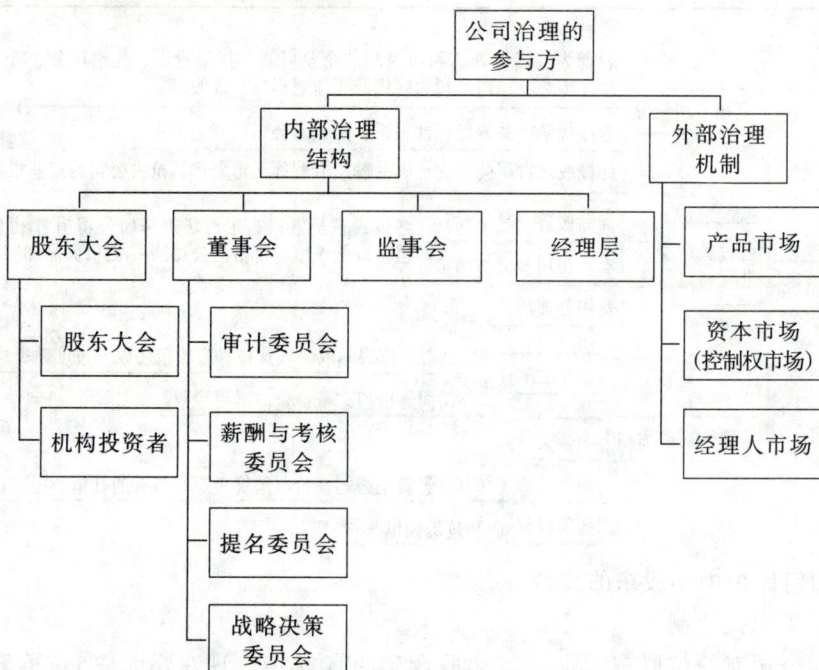

图5-1 公司治理的参与方

一、内部治理结构

（一）股东大会

1.股东及股东权利（见表5-8）

表5-8　股东及股东权利

	普通股股东	优先股股东
特点	无特别权利、最基本、最标准 所有的普通股股东都享有同样的权利和义务 票面价值是股票票面表明的金额，其大小通常由公司章程规定 普通股的资本成本一般是最高的	在公司收益分配和财产清算方面比普通股股东享有优先权。一般不享有股东大会投票权。优先股属于公司的权益资本，是介于公司债和普通股之间的一种筹资工具
享有的权利	①剩余收益请求权和剩余财产清偿权 ②监督决策权，是普通股股东"用手投票"的途径和体现 ③优先认股权 ④股票转让权，转让股票是普通股股东"用脚投票"的途径和体现	①利润分配权 ②剩余财产清偿权 ③管理权

优先股的特点及优先股股东享有的权利。

2.股东大会（见表5-9）

表5-9　股东大会

基本特征	一是公司内部的最高权力机构和决策机构；二是公司的非常设机构，除了每年的例行年会和特别会议外，股东大会并不会在公司出现。董事会是公司的决策机构。股东大会是权力机构
分类	股东大会分为一年一度定期召开的年度股东大会和非定期的、因公司特殊事项而组织召开的临时性股东大会
公司法相关规定	股东大会应当每年召开一次年会。年度股东大会应当于上一会计年度结束后的6个月内举行。除了年度股东大会之外，有下列情形之一的，应当在2个月内召开临时股东大会：一是董事人数不足本法规定的人数或者公司章程所定人数的2/3时；二是公司未弥补的亏损达股本总额1/3时；三是持有公司股份10%以上的股东请求时；四是董事会认为必要时；五是监事会提议召开时
行使职权	①决定公司的经营方针和投资计划；②选举和更换由非职工代表担任的董事、监事，决定有关董事、监事的报酬事项；③审议批准董事会的报告；④审议批准监事会或者监事的报告；⑤审议批准公司的年度财务预算方案、决算方案；⑥审议批准公司的利润分配方案和弥补亏损方案；⑦对公司增加或者减少注册资本作出决议；⑧对发行公司债券作出决议；⑨对公司合并、分立、解散、清算或者变更公司形式作出决议；⑩修改公司章程；⑪公司章程规定的其他职权

考霸笔记

与公司法相关章节对照学习。

3.机构投资者（见表5-10）。

机构投资者。

表5-10　机构投资者

含义	机构投资者是指用自有资金或者从分散的公众手中筹集的资金专门进行有价证券投资活动的法人机构，包括证券投资基金、社会保障基金、商业保险公司和各种投资公司等
机构投资者的行动主义	随着公司投资者中机构投资者规模的扩大，机构投资者的所有权不再被视作是被动的，而通过参与股东大会表决参与公司管理
特征	①相对个人投资者而言，机构投资者具有显著的人才优势 ②机构投资者往往奉行稳健的价值投资理念，投资具有中长期投资价值的股票 ③相对个人投资者而言，机构投资者可以利用股东身份，从而更可能参与上市公司的治理
参与公司治理	机构投资者主要通过以下两种途径参与公司治理、改善上市公司治理结构： ①行为干预。行为干预其实就是机构投资者作为投资人积极参与到被投资公司的管理的行为 ②外界干预。机构投资者还可以直接对公司董事会或经理层施加影响，使其意见受到公司内部的重视
我国的主要机构投资者	证券投资基金、证券公司、三类企业（国有企业、国有控股企业、上市公司）

（二）董事会（见表5-11）

表5-11 董事会

董事会的职能	①负责召集股东大会，并向股东大会报告工作 ②执行股东大会的决议 ③决定公司的经营计划和投资方案 ④制订公司的年度财务预算方案、决算方案 ⑤制订公司的利润分配方案和弥补亏损方案 ⑥制订公司增加或者减少注册资本的方案以及发行公司债券的方案 ⑦拟订公司合并、分立、解散的方案 ⑧决定公司内部管理机构的设置 ⑨聘任或者解聘公司经理，根据经理的提名，聘任或者解聘公司副经理、财务负责人，决定其报酬事项 ⑩制定公司的基本管理制度	
董事及分类	内部董事	又称执行董事，主要指担任董事的本公司管理人员
	外部董事	含义：不在公司担任除董事以外的其他职务的董事
		分类：关联董事 & 独立董事
董事的权利及义务	权利	①出席董事会会议 ②表决权 ③董事会临时会议召集的提议权 ④通过董事会行使职权而行使权利
	义务	善管义务：董事在执行职务中应尽善管人的注意义务。董事的善管义务可以分为以下三条：①董事必须忠实于公司。②董事必须维护公司资产。③董事在董事会上有审慎行使决议权的义务
		竞业禁止义务：即竞业行为的禁止，指特定地位的人不得实施与其所服务的营业具有竞争性质的行为
专门委员会	审计委员会	①检查公司会计政策、财务状况和财务报告程序 ②与公司外部审计机构进行交流 ③对内部审计人员及其工作进行考核 ④对公司的内部控制
	薪酬与考核委员会	①负责制定董事、监事与高级管理人员考核的标准，并进行考核 ②负责制定、审查董事、监事、高级管理人员的薪酬政策与方案
	提名委员会	①分析董事会构成情况，明确对董事的要求 ②制定董事选择的标准和程序 ③广泛搜寻合格的董事候选人 ④对股东、监事会提名的董事候选人进行形式审核 ⑤确定董事候选人提交股东大会表决
	战略决策委员会	①监督、核实公司重大投资决策等 ②制定公司长期发展战略

（三）监事会（见表 5-12）

表 5-12　　　　　　　　　　　　　　　　监事会

国际三种类型	①公司内部不设监事会，相应的监督职能由独立董事发挥，以美国为代表 ②设立监事会，且监事会的权力在董事会之上，这种董事会模式又名双层董事会，以德国为代表 ③设立监事会，但监事会与董事会是平行机构，也叫复合结构。这种董事会模式以日本最为典型，在我国大陆和台湾地区、韩国以及东南亚的一些国家也采取类似模式
我国《公司法》规定	有限责任公司，经营规模较大的，设立监事会，其成员不得少于3人。监事会应在其组成人员中推选1名召集人。监事会由股东代表和适当比例的公司职工代表组成，具体比例由公司章程规定。监事会中的职工代表由公司职工民主选举产生。有限责任公司，股东人数较少和规模较小的，可以设1至2名监事。董事、经理及财务负责人不得兼任监事。第一百二十四条规定：股份有限公司设监事会，其成员不得少于3人。关于监事会组成和人员产生方式的要求与有限责任公司相同

> **考霸笔记**
> 在这种模式下，董事会既有监督职能，又有决策职能。

> **考霸笔记**
> 在这种模式下，监事与董事不能兼任，从而使监督权与执行权从机构上明确分开，而且监事会具有任命和监督董事会成员的权利。

（四）经理层（见表 5-13）

表 5-13　　　　　　　　　　　　　　　　经理层

经理人的职权	总经理：在我国，总经理受聘于董事会，但其职权由《公司法》明文规定
	公司经理人员的职权包括： ①主持公司的生产经营管理工作，组织实施董事会决议 ②组织实施公司年度经营计划和投资方案 ③拟订公司内部管理机构设置方案 ④拟定公司的基本管理制度 ⑤制定公司的具体规章 ⑥提请聘任或者解聘公司副经理、财务负责人 ⑦决定聘任或者解聘除应由董事会决定聘任或者解聘以外的负责管理人员 ⑧董事会授予的其他职权
经理人的薪酬激励	年薪制	概述：基本报酬+风险收入
		缺点：可能导致短期行为
	股权激励	具有"报酬激励"和"所有权激励"双重作用

> **考霸笔记**
> 这种模式下的董事会具有决策职能，但由于董事会大多由执行董事构成，因此它同时具有执行职能。为了避免监督者监督自己，法律规定由股东大会选举法定审计人或监事，对董事和经理层进行监督。

二、外部治理机制（见表 5-14）

表 5-14　　　　　　　　　　　　　　　　**外部治理机制**

产品市场	作用	产品市场竞争越激烈，经理人员败德行为的空间越小 产品市场的竞争可以提供有关经理人员行为的更有价值的信息
资本市场（控制权市场）	含义	资本市场是一种市场形式，是指所有在这个市场上交易的人、机构以及他们之间的关系
	作用	收购和重组的威胁被认为是控制经理人员行为的最有效方法之一
经理人市场	含义	在公开、公平、公正的竞争条件下，企业自主地通过招标、招聘等方式选择职业经理的人才市场
	作用	声誉、信誉→报酬

外部治理机制。

第四节　公司治理的基础设施

◇ 公司治理基础设施
◇ 公司治理原则

公司治理的基础设施结构如图5-2所示。

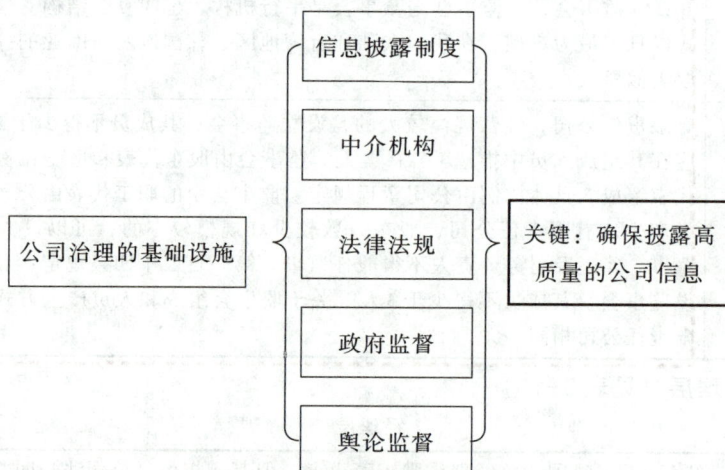

```
                          ┌─────────────┐
                          │  信息披露制度  │
                          └─────────────┘

                          ┌─────────────┐
                          │   中介机构    │
                          └─────────────┘
 ┌──────────────┐         ┌─────────────┐      ┌──────────────┐
 │ 公司治理的基础设施 │ ⎰    │   法律法规    │      │ 关键：确保披露高 │
 └──────────────┘         └─────────────┘      │  质量的公司信息  │
                          ┌─────────────┐      └──────────────┘
                          │   政府监督    │
                          └─────────────┘

                          ┌─────────────┐
                          │   舆论监督    │
                          └─────────────┘
```

图 5-2　公司治理的基础设施结构图

一、公司治理基础设施

（一）信息披露制度（向公司利益相关者提供必要的公司信息，见表5-15）

表 5-15　　　　　　　　　　　　　　　　　**信息披露制度**

含义	上市公司为保障投资者利益、接受社会公众的监督而依照法律规定必须将自身的财务变化、经营状况等信息和资料向证券管理部门和证券交易所报告，并向社会公开或公告，以便使投资者充分了解情况的制度
包括	公司证券发行前的披露和上市后的持续信息公开，主要由招股说明书制度、定期报告制度和临时报告制度组成
主要特征	①信息披露义务的强制性、自愿性 ②信息披露内容的多样性 ③信息披露时间的持续性等
分类	①上市披露（对一级市场的招股说明书；对二级市场的上市公告书），上市阶段的信息披露在公司完成上市以后就结束了 ②定期披露（年度报告、中期报告）。公司年度报告基本上包括了所有最重要的、正式的应披露信息。上市公司的信息披露，主要采取定期披露方式 ③临时披露（重要事件公告、收购与合并公告等） 后两类信息披露在上市公司运营期间长期存在
评估信息披露的质量的方面	①财务信息，包括使用的会计准则、公司的财务状况、关联交易等 ②审计信息，包括注册会计师的审计报告、内部控制评估等，审计及信息披露评价当前比较注重审计关系本身的合规性、独立性 ③披露的公司治理信息是否符合相关规定，目前虽具有较高的定性标准，但缺乏具体的量化标准 ④信息披露的及时性，公司应建立网址、网站，便于投资者及时查阅有关信息。总体而言，信息透明度的核心是完整性、真实性、及时性
在公司治理结构中的作用	①信息披露在内部治理结构中的监督作用 ②信息披露在内部治理结构中的激励作用 ③信息披露在内部治理结构中的契约沟通作用 ④信息披露有助于外部治理机制（产品市场、资本市场、经理人市场等）的有序运作

信息披露制度。

（二）中介机构（让公司利益相关者相信公司所提供信息的真实性和可靠性，见表5-16）

表5-16 中介机构

中介机构。

中介机构的作用		需要保持足够的**独立性**，对公司披露的信息出具客观公正的评估，为公司的利益相关者负责，避免公司利益相关者的利益受到损害
独立性		中介机构独立性的制度安排对于中介机构信用机制的建立至关重要，是中介机构信用机制建构的核心
		中介机构独立性的制度安排是否有效，取决于： ①中介机构人员的职业操守和专业能力，即进行专业业务服务既要有专业胜任能力，又要有独立的地位，并保持合理的职业谨慎 ②相关的制度设计
类型	会计师事务所	一方面为公司起草和审查财务报告，另一方面还要查找公司账目的漏洞，防止虚假信息的出现，从而保证真实、准确地描述公司财务状况
	投资银行	投资银行是主要从事证券发行、承销、交易、企业重组、兼并与收购、投资分析、风险投资及项目融资等业务的非银行金融机构 投资分析结论对广大投资者投资决策有重大影响 参与企业兼并、收购和重组等业务
	律师事务所	律师事务所会综合考虑接受发行公司准备的相关文件，提醒发行公司和投资银行遵守信息披露制度
作用		信用中介机构的主要作用是保证公司披露信息的质量，以降低利益相关者的信息不对称程度 提高中介机构的独立性可以采取两种方案：一方面通过制定一系列法律法规促使信用中介机构对投资者承担责任，如设立代表最低质量标准的信用中介机构许可证、调查中介机构违规案件、取消中介机构经营许可证，对情节严重者追究其刑事责任。另一方面，建立评价二级信用中介机构以保证一级信用中介机构的质量，比如行业协会和自律组织等

（三）法律法规

投资者法律保护主要是指一个国家的法律法规对投资者的保护条款及这些条款的执行情况。对中小投资者法律保护越好，公司价值越高。

对小股东的权利保护较好时，普通投资者预期他们未来的投资收益被大股东剥夺的可能性较小，从而更愿意购买这些公司的股票；相反，对小股东的权利保护较差时，普通投资者面临着很大的被大股东欺诈的可能性，因而不能实现他们应该得到的未来收益。在这种情况下，普通投资者愿意为这些公司的股票付出的价格就低，在极端的情况下甚至可能迫使一些公司退出股票市场。

（四）政府监管

政府监管的必要性和重要性：

第五章

（1）信息不对称问题导致市场失灵，从而需要政府监管；

（2）由于法律的不完备性，需要通过政府监管加以弥补。

有效的政府监管体系（见表5-17）应包括以下四个方面：

表5-17　　　　　　　　　　　　　**政府监管体系**

法律监管	描述	法律具有权威性与强制性，对公司治理中各主体和客体的行为具有最高权威的强制性约束，是其他形式监督的依据和基础
	包括	①制定法律规章，即立法监管 ②法院执法，即司法介入监管
	不足	①法律规章的制定不完善、不健全 ②司法介入监管一般是被动的和事后的，不利于保护受损人的利益
行政监管	描述	指各级行政机关依法律的授权和规定对公司治理中各主体和客体的行为所进行的监督（主动行为）
	主体	证券委及其派出机构、财政部、国资委、保监会等
市场环境监管		市场环境监管是指政府通过对市场环境的建设来达到公司治理的目的。良好的市场体系，必然要依靠政府去培育和营造
信息披露监管	描述	一国或地区对上市公司信息披露行为所采取的管理体系、管理结构和管理手段的总称，是上市公司监管体制的重要组成部分
	管理机构	主要包括证券主管机关和证券交易所

（五）媒体、专业人士的舆论监督（见表5-18）

表5-18　　　　　　　　　　媒体、专业人士的舆论监督

实施主体的层次	公众	舆论话题的发现者与提供者
	媒体（双重任务）	①公众舆论监督的实现途径和输出管道 ②舆论监督话题的发现者与供应者
媒体监督		具有全方位性和独立性，对公司治理主体和客体（公司、监管部门）构成现实的和潜在的监督
公众监督		对公司治理的影响主要来自专业人士的作用，包括公司治理、公司财务等方面的专家和学者

【总结】公司治理效率的影响因素（如图5-3所示）

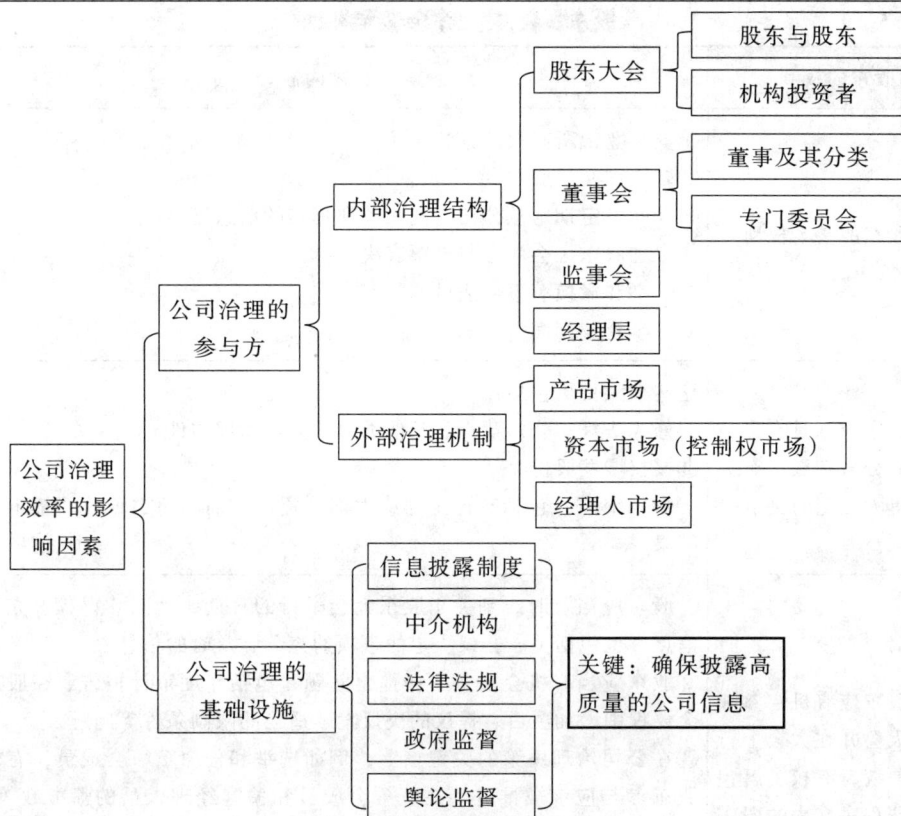

图5-3　公司治理效率的影响因素图

二、公司治理原则

《OECD公司治理原则》主要包括以下内容：

1.确保有效的公司治理框架

（1）公司治理框架的构建应着眼于其对整体经济运行的影响，着眼于其对市场参与者提供的激励，着眼于提升市场的透明度和效率。

（2）影响一国公司治理实践的法律和监管要求应具有透明性和可强制执行性。

（3）一国监管当局的责任划分应明确并且确保维护公众的利益。

（4）监督、管理和执行当局应具备相应的权威性、公正性，应拥有一定资源以便能够用一种专业化和客观的方式执行职责，更重要的是他们的决定应及时、透明并作出充分的解释。

2.股东权利和主要的所有者职能（见表5-19）

公司治理框架应该保护和促进股东权利的行使。

表5-19

股东权利和主要的所有者职能

股东的权利。

股东的权利	具体内涵
（1）股东的基本权利	①安全登记所有权的方法 ②转让和交易股票 ③及时、定期地从公司得到相关和真实的信息资料 ④参加股东大会和参与投票表决 ⑤选举和撤换董事会成员 ⑥分享企业利润
（2）股东应该具有参与权、充分告知权、有关企业重大变更的决策权	这些重大变更包括： ①修改法规、公司章程、其他类似的公司管理文件 ②授权增发股份 ③特别交易，包括转让全部或大部分资产，而这将造成公司被出售的结果
（3）股东应有机会参加股东大会并在大会上行使投票权，有权了解包括投票程序在内的股东大会的有关规则	①股东应当及时收到关于股东大会举行的日期、地点、议程等充分的信息，也包括关于会议决定的事项的充分、及时的信息 ②股东应当有机会对董事会提出问题，包括年度审计报告、在股东大会议程中增加项目、提议的决议案、适当的限制条件等问题 ③在公司治理决策的关键点上，例如选举和任命董事会成员，有效的股东参与应该被推进。在董事会成员和关键经理人员的薪酬政策上，股东应该能够使得他们的观点被大家知道。对董事会成员和员工的报酬安排的公正程度应当是股东核准的前提 ④股东可以亲自投票，也可以缺席投票，两者都赋予投票结果以同等效力
（4）如果公司的资本结构和安排使得一部分股东享有与其所有权不相称的某种程度的控制权，相关的情形应予以披露	
（5）公司控制权市场应被允许以有效率和高透明的方式运作	①用来规范在资本市场上获得公司控制权和非常规交易，如并购、公司主要资产的出售等的规则和程序，应该明确制定和披露，以便投资者理解他们的权利和追索权。交易应该在透明的价格和公平的条件下进行，以便所有股东依照他们的类别保护他们的权利 ②反并购机制不应作为董事会和管理层免受监督的借口
（6）应促进股东权利，包括机构投资者股东权利的行使	①以受托人身份行使权利的机构投资者应披露与他们的投资相关的公司整体治理情况和投票政策，其中包括行使投票权的决策程序，机构投资者的投票记录每年应定期向市场披露 ②以受托人身份行使权利的机构投资者应披露对他们行使投资所有者权利构成重大利益冲突的情形的处理方式
（7）包括机构投资者在内的全体股东应有权利就与上述基本股东权利有关的问题互相咨询，可能造成不正当密谋的情形除外	

3.平等对待全体股东（见表5-20）

表5-20

平等对待全体股东

（1）同一类别、同一系列的股东应当得到同样的公平待遇	①在同一类别任何系列内，所有的股份都应该具有同样的权利。所有的投资者在他们购买之前都应该获得有关全部类别和系列股份所赋有的权利的信息。在投票权上的任何改变都应该由受到负面影响的股份类别核准 ②对于控股股东滥用行为造成的利益上的直接或间接伤害，小股东应当受到保护，并且应该有有效的补偿方法 ③选举应该在有表决权的股权所有者协商同意的方式上由托管人和代理人投票 ④对远程投票的妨碍应当被去除 ⑤普通股东大会的过程和程序应该对所有股东都公平。公司程序不应使得投票过分复杂困难和花费昂贵
（2）禁止内部交易和滥用的私利交易	
（3）在直接影响到企业的任何交易或事件中，无论董事会成员和关键经营人员直接、间接还是在第三方利益上对于董事会具有实质性利益，都应当被要求公开	

公司治理框架应保障包括少数股东和外国股东在内的全体股东得到平等的对待。所有股东在权利受到侵害时都有权得到有效的赔偿。

4.利益相关者在公司治理中的作用

公司治理框架应承认法律规定的利益相关者在公司治理中的权利，并鼓励公司与利益相关者共同创造财富、工作和财务稳健，可持续发展的企业。

（1）受法律保护的利益相关者的权利应得到尊重。

（2）如果利益相关者的权利受法律保护，利益相关者在权利受到侵害时应有机会获得有效的赔偿。

（3）禁止以提升业绩作为雇员参与公司治理的条件。

（4）如果利益相关者参加了公司治理程序，则他们有权及时、定期获取与他们的权利有关的充分信息。

（5）利益相关者，包括个人雇员应有权自由地同公司董事会就公司的不法或不道德的做法进行交流，并不得因行使该权利而妨碍其他权利的行使。

（6）公司治理应具备有效、快捷的破产制度，能够有效保障债权人的权利。

5.信息披露和透明度

公司治理框架应确保与公司重大事件有关的信息及时、准确地予以披露，其中包括财务状况、业绩、所有权及公司的治理情况。

（1）应当披露的重大信息至少包括：

①公司的财务和业绩状况；

②公司经营目标；

③公司主要的股票所有权及相关的投票权；

④董事会和主要行政人员，以及他们的报酬；

⑤关联方交易；

⑥可预期的重大风险因素；

⑦与雇员和其他利益相关者有关的重大事件；

⑧公司的治理结构和制度。

（2）信息的编制、审计和披露应具备相当的质量，符合国际承认的会计标准、金融和非金融信息披露标准和审计标准。

（3）公司每年应聘请独立、尽职、有执业资格的审计人员出具年度审计报告，由外部人员为董事会和股东对财务报表的编制和呈报的方式提供客观的依据。

（4）外部审计人员对公司负有注意义务，向董事会和股东负责。

（5）信息传播的途径应确保信息使用人能够平等、及时、便捷地获取信息。

（6）分析师、经纪人、评级机构以及其他可能影响投资者决策的中介机构对于可能对他们意见的公正性产生影响的重大利益冲突情形予以披露。这些机构还应建立并披露处理利益冲突的程序。

6.董事会的义务

公司治理结构应确保董事会对公司的战略指导和对管理层的有效监督，确保董事会对公司和股东的责任和忠诚。

（1）董事会成员在执行公司事务时应履行完全的信息披露义务，根据公司和全体股东的最大利益，忠实、诚信、勤勉地履行职责。

（2）如果董事会的决策可能对不同的股东团体造成不同的影响，董事会应做到公平对待全体股东。

（3）董事会应具备高度的道德准则，以维护股东的利益为己任。

（4）董事会应履行特定的职责，包括：

①审查、指导公司的战略、重要行动计划、风险政策、年度预算和商业计划；决定公司的业绩目标；监督业绩目标的执行情况和公司的行为；监督重大的资本支出、收购和出售等行为。

②对公司治理的有效性进行监督并根据实际需要加以修改。

③选举并决定主要行政人员的报酬，监督他们的行为，在必要的时候更换新的人员并对他们职务的交接进行监督。

④促使主要行政人员和董事会成员的报酬与公司的长期利益相一致。

⑤确保董事会成员的提名和选举过程的正规性和透明度。

⑥监督管理层、董事会成员和股东同公司之间的潜在的利益冲突，其中包括滥用公司资产和关联方交易中的舞弊行为。

⑦确保公司会计和财务报告制度的完整性，其中包括独立审计师的完整性；确保公司具备恰当的控制制度，特别是风险管理制度、财务和营运控制制度等，确保公司的行为不违反法律和相关的准则等。

⑧监督信息披露和交流的过程。

（5）董事会应能够在公司事务中作出客观独立的判断。

①董事会应考虑委派相当数量的非执行董事对可能存在利益冲突的事项进行判断。例如，为了确保财务和非财务报告制度的完整性，对关联方交易进行审查，了解董事会的提名以及行政人员和董事会成员的报酬等事项。

②如果董事会成立了专门的委员会，他们的职责、组成和工作程序应予以明确并由董事会进行披露。

③董事会成员应有足够的精力和时间履行职责。

（6）为了更好地履行职责，董事会成员应能够及时、准确地获取与履行职责有关的信息。

智能测评

在线练习		我要提问
扫码在线做题	扫码看答案	扫码答疑
本书"本章同步强化训练"均配备二维码，打开微信"扫一扫"即可完成在线测评，查看本章详细的测评反馈报告，了解知识掌握情况，也可扫码直接看答案噢。 快来扫码做题吧！		本书配备答疑专用二维码，打开微信"扫一扫"，即可完成在线提问，获取专业老师全面个性化解答，让学习问题不再拖延。 快来扫码提问吧！

本章同步强化训练

一、单选题

1.随着生产经营规模的扩大和资本措施与供应途径的变化，企业形式经历了（　　）的发展。

A.合伙制—公司制　　　　　　　　B.单人业主制—责任制—公司制

C.古典制度—合伙制—公司制　　　D.单人业主制—合伙制—公司制

2.任何一个公司的发展都离不开各利益相关者的投入或参与，企业追求的是利益相关者的整体利益，而不仅仅是某些主体的利益。这体现的是公司治理理论中的（　　）

A.委托代理理论　　　　　　　　　B.两权分离理论

C.利益相关者理论　　　　　　　　D.资源依赖理论

3.关于内部治理结构，以下说法中错误的是（　　）。

A.股东大会是公司内部最高权力机构和决策机构

B.董事会行使决定公司重大问题的权利，决定公司合并、分立事项

C.董事会决定公司的经营计划和投资方案

D.董事会决定公司内部管理机构的设置

4.公司治理的基础设施中，下列各项不属于政府监管体系的是（　　）。

A.公众监督　　　　　　　　　　　B.市场环境监管

C.信息披露监管　　　　　　　　　D.行政监管

5.某科技类上市公司董事会由下述人员构成：公司主要创始人马某；首席执行官张某；子公司首席执行官井某；董事杨某（另一家上市公司董事长）；董事龚某（另一家公司首席财务官）；董事董某（退休的政府官员）。以处各项最可能符合公

司治理结构要求的上市公司审计委员会的构成是（　　　　）。

A.杨某、龚某、董某　　　　　　　　B.张某、井某、杨某

C.马某、杨某、董某　　　　　　　　D.马某、张某、井某

二、多选题

1.关于委托代理理论的说法中，正确的有（　　　　）。

A.委托代理关系是随着生产力大发展和规模化大生产的出现而产生的

B.所有权与控制权分离导致的直接后果就是委托代理问题

C.不同国家上市公司股权集中程度的不同使其面临的主要公司治理问题不同

D.相对于委托代理理论，资源依赖理论可以更好地解释企业董事会的功能

2.终极股东对于中小股东的"隧道挖掘"问题的表现形式包括（　　　　）。

A.操纵上市公司的会计报告　　　　　B.资产转移

C.债务担保　　　　　　　　　　　　D.敷衍偷懒

3.经理人对于股东的"内部人控制"问题的表现形式包括（　　　　）。

A.滥用、占用公司资源　　　　　　　B.超额股利

C.侵占利润　　　　　　　　　　　　D.敷衍偷懒

4.下列各项中，属于影响公司治理重要性的主要因素有（　　　　）。

A.更多的利益相关者介入到公司治理中

B.公司高管的高薪酬引起了股东及其他利益相关者的不满

C.大股东和中小股东的冲突加剧

D.机构投资者的监管意识在不断提高

5.下列各项中，属于董事会职责的有（　　　　）。

A.监督业绩目标的执行情况和公司的行为

B.确保董事会成员的提名和选举过程的正规性与透明度

C.监督信息披露和对外交流的过程

D.选举主要经理人员，确定其薪酬

6.下列各项因素中，能影响公司治理效率或效果的有（　　　　）。

A.信息披露制度　　　　　　　　　　B.产品市场

C.机构投资者　　　　　　　　　　　D.经理层

7.下列各项措施中，能够保护中小股东的是（　　　　）。

A.累积投票制　　　　　　　　　　　B.建立股东退出机制

C.建立表决权排除制度　　　　　　　D.直接投票制

8.以下关于"隧道挖掘"问题的表述中，错误的是（　　　　）。

A."隧道挖掘"的原因是控制股东对于公司的权利和责任不匹配

B.终极股东滥用公司资源违背了其作为代理人的忠实义务

C.终极股东占用公司资源违背了其作为代理人的勤勉义务

D.隧道挖掘问题的表现形式有：侵占会计利润、占用公司资源、进行掠夺性财务活动

第六章
风险与风险管理

本章框架图

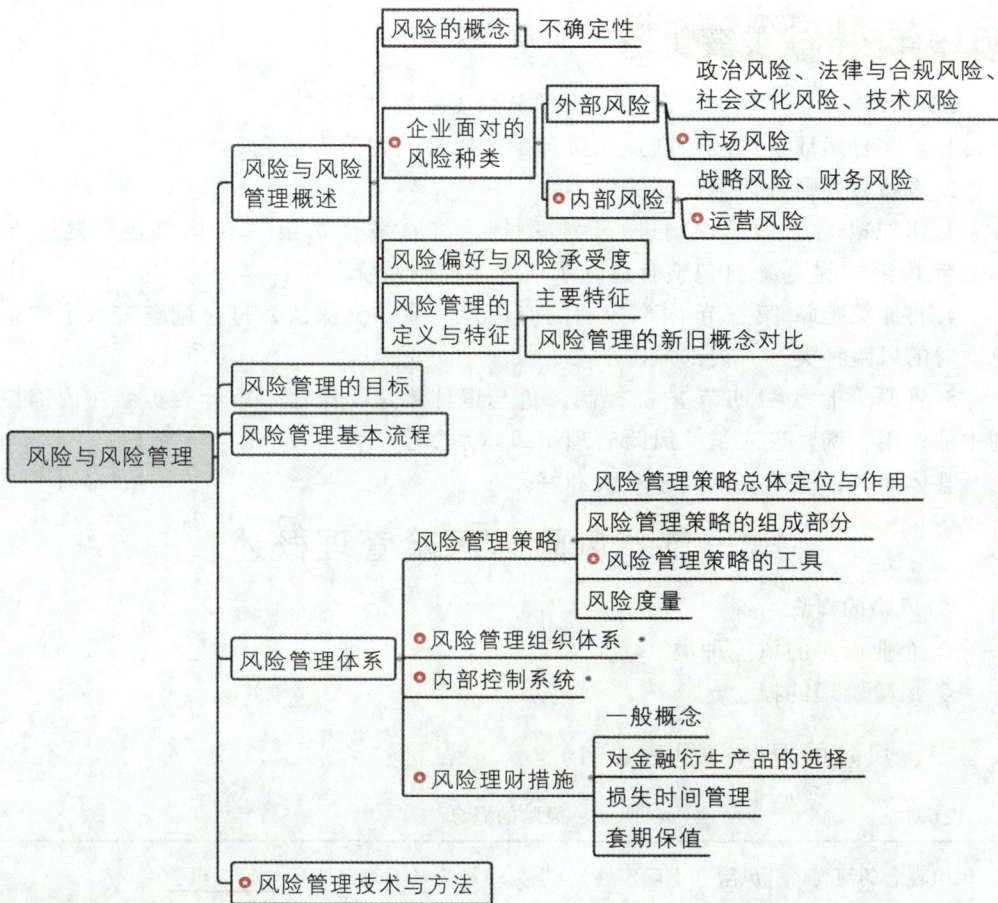

考霸笔记

本章近三年考试平均分值为14.5分左右，考试题型主要为客观题和主观题，也会联系内部控制相关内容考查综合题。

本章理论性内容较多，主要以理解为主。相对战略管理部分而言，风险管理部分内容不易掌握，在考查灵活性上也差很多，考点较为集中，因此利于同学备考。

本章考情概述

我们在平时的学习和工作中，都会遇见各种突发事件，如紧急接一个工作任务，第二天就要完成等。这些事情都有一些共性，那就是它们都具有高度的不确定性，这种不确定性被我们称为"风险"。本章主要介绍风险的基本概念，以及如何管理风险，即风险管理的相关内容。

本章近年考查的平均分值一般为14.5分左右，属于较重要的考试章节，考试通常涉及选择题、简答题与综合题一个小问。近三年主要考点：（1）风险的概念；（2）企业面对的风险种类；（3）风险偏好与风险承受度；（4）风险管理的定义与特征；（5）风险管理的目标；（6）风险管理基本流程；（7）风险管理策略；

（8）风险管理组织体系；（9）内部控制系统；（10）风险理财；（11）风险管理技术与方法。

从备考角度而言，本章理论性较强，考试一般以知识点直接还原的形式考查，但在企业面对的风险种类、风险管理策略工具、风险理财和风险管理技术与方法方面可以考查案例形式的选择题，所以考查得相对灵活一些。本章需要关注的主观题考点有：（1）企业面对的风险种类；（2）风险管理组织体系。其中，企业面对的风险种类是每年必考的传统，必须要能背诵相关风险的名称和特定风险的具体内容。

2019年教材主要变化

2019年本章变动较大，其中绝大部分属于结构性调整：

1. 删除自然环境风险、产业风险与操作风险的相关表述；

2. 重新表述财务风险的相关内容；

3. 将原第七章 内部控制进行大量删减，将原第七章 第一节 内部控制概述 与第二节 内部控制要素 打包整合进入了"内部控制系统"中；

4. 将原第七章 第三节 内部控制的应用，风险部分保留，打包调整进入了"企业面对的风险种类——内部风险"中；

5. 将原第七章 第四节 内部控制评价与审计删除，保留了审计委员会在内部控制中的作用，调整进入了"风险管理组织体系"中。

整体而言，本章变动属于重大利好。

第一节　风险与风险管理概述

◇ 风险的概念
◇ 企业面对的风险种类
◇ 风险管理的概念

一、风险的概念（见表6-1）

表6-1　　　　　　　　　　　　　　　风险的概念

风险观念的演变	风险（不确定性）=损失→风险（不确定性）=损失+机会
定义	企业风险是指未来的不确定性对企业实现其经营目标的影响
衡量标准	影响结果&可能性（概率）
重点把握	1）企业风险与企业战略相关 2）风险是一系列可能发生的结果，不能简单理解为最有可能的结果 3）风险既具有客观性，又具有主观性 4）风险总是与机遇并存

二、企业面对的风险种类

主观题、客观题。频率：每年必考，十分重要。主观题一般以案例形式出现，要求考生联系案例，分析案例中的企业面临哪些风险，并说明理由（该考法相对比较简单）。或直接问案例中企业面临的特定风险有哪些，该考法需要同学们默写具体风险的相关内容，然后联系案例进行分析。选择题一般以小案例的形式呈现，需要同学们判断案例中描述了哪些风险。备考指导：建议全面掌握8种风险的名称，理解相应的具体内容。其中，建议全面掌握市场风险、战略风险、运营风险和财务风险的内容（属于主观题频考的知识点，建议背诵）。

使用PEST模型辅助记忆，其中：P代表政治风险和法律风险与合规风险；E（经济）可以粗略理解为市场风险；S代表社会文化风险；T代表技术风险。

风险种类的概述（见表6-2）。　★十分重要，全面掌握。

表6-2　　　　　　　　　　　风险种类的概述

外部风险（5种）	政治风险、法律风险与合规风险、社会文化风险、技术风险、市场风险
内部风险（3种）	战略风险、运营风险、财务风险

（一）外部风险

1.政治风险（见表6-3）

2019年将18项应用指引的风险部分加入了内部风险，所以知识点篇幅较大，而且要求背诵，需要同学们做好打硬仗的准备。

表6-3　　　　　　　　　　　政治风险

含义	是指完全或部分由政府官员行使权力和政府组织的行为而产生的不确定性
表现形式	1）限制投资领域；2）设置贸易壁垒；3）外汇管制的规定；4）进口配额和关税；5）组织结构及要求最低持股比例；6）限制向东道国的银行借款；7）没收资产

【案例】特朗普关税新政，捷豹、路虎公司被迫将每辆车的售价至少抬高17 000美元，体现了政治风险中的关税因素。

2.法律风险与合规风险（见表6-4）

表6-4　　　　　　　　　　　法律风险与合规风险

合规风险	
含义	因违反法律或监管要求而受到制裁、遭受金融损失以及因未能遵守所适用法律、法规、行为准则或相关标准而给企业带来损失的可能性
法律风险	
含义	企业在经营过程中因自身经营行为的不规范或者外部法律环境发生重大变化而造成不利法律后果的可能性
包括	①法律环境因素，包括立法不完备、执法不公正等 ②市场主体自身法律意识淡薄，在经营活动中不考虑法律因素等 ③交易相对方的失信、违约或欺诈等
法律风险VS合规风险	

辨析	法律风险	侧重于民事责任的承担
	合规风险	侧重于行政责任和道德责任的承担

【案例】银行与客户约定的利率超出了央行规定的基准利率幅度。
合规风险：监管机关的行政处罚、重大财产损失、声誉损失。
法律风险：银行对客户的民事责任赔偿。

3.社会文化风险（见表6-5）

表6-5　　　　　　　　　　社会文化风险

含义	文化这一不确定性因素给企业经营活动带来的影响	
包括	①跨国经营活动引发的文化风险	国家文化差异
	②企业并购活动引发的文化风险	组织文化与民族文化
	③组织内部因素引发的文化风险	个人层面的文化

4.技术风险（见表6-6）

表6-6　　　　　　　　　　技术风险

定义	广义	某一种新技术给某一行业或某些企业带来增长机会的同时，可能对另一行业或另一些企业形成巨大的威胁
	狭义	在技术创新过程中，由于技术本身的复杂性和其他相关因素变化产生的不确定性而导致技术创新遭遇失败的可能性
划分	技术活动过程所处的不同阶段	**技术设计风险** 在设计阶段，由于技术构思或设想的不全面性致使技术及技术系统存在先天"缺陷"或创新不足而引发的各种风险
		技术研发风险 在技术研究或开发阶段，外界环境变化的不确定性、技术研发项目本身的难度和复杂性、技术研发人员自身知识和能力的有限性，都可能导致技术的研发面临着失败的风险
		技术应用风险 技术成果在产品化、产业化的过程中所带来的一系列不确定性的负面影响或效应

5.市场风险

市场风险可以考虑以下几个方面：

（1）产品或服务的价格及供需变化带来的风险；

（2）能源、原材料、配件等物资供应的充足性、稳定性和价格的变化带来的风险；

（3）税收政策和利率、汇率、股票价格指数的变化带来的风险；

（4）主要客户、主要供应商的信用风险；

（5）潜在进入者、竞争者、与替代品的竞争带来的风险；

> 联系五力模型：供应商与客户→信用风险；潜在进入者、竞争者、替代品→竞争带来的风险。

（二）内部风险

考试题型：选择题、主观题。

考试频率：几乎每年必考。

考试套路：主观题一般考查基于案例分析的直接默写。客观题一般以案例形式出现，需要同学们判断案例中涉及的风险有哪些。

备考建议：①需适当掌握各应用指引的主要风险（能背通）；②运营风险需要适当关注关键字。

【注意】今年教材变动很大，将内部控制18项应用指引的风险部分加入了内部风险，所以今年这里需要同学们多花时间，全面关注。

1.战略风险（见表6-7）

战略风险是指企业在战略管理过程中，由于内外部环境的复杂性和变动性以及主体对环境的认知能力和适应能力的有限性，而导致企业整体性损失和战略目标无法实现的可能性及其损失。《企业内部控制应用指引第2号——发展战略》制定与实施发展战略需关注的<mark>主要风险</mark>。

表6-7　　　　　　　　　　　　战略风险

对象	风险点	可能导致的不良后果
发展战略	缺乏明确的发展战略或发展战略实施不到位	企业盲目发展，难以形成竞争优势，丧失发展机遇和动力
	过于激进，脱离企业实际能力或偏离主业	企业过度扩张，甚至经营失败
	因主观原因频繁变动	资源浪费，甚至危及企业的生存和持续发展

2.运营风险

（1）《中央企业全面风险管理指引》角度的相关风险（见表6-8）

表6-8　　　　　　　　　　　　运营风险

含义	企业在运营过程中，由于内外部环境的复杂性和变动性以及主体对环境的认知能力和适应能力的有限性，而导致的运营失败或使运营活动达不到预期目标的可能性及其损失
包括	1）企业产品结构、新产品研发方面可能引发的风险 2）企业新市场开发、市场营销策略（包括产品或服务定价与销售渠道、市场营销环境状况等）方面可能引发的风险 3）企业组织效能、管理现状、企业文化，中、高层管理人员和重要业务流程中专业人员的知识结构、专业经验等方面可能引发的风险　建议背诵，全面掌握关键字 4）期货等衍生产品业务中发生失误带来的风险　格外关注。 5）质量、安全、环保、信息安全等管理中发生失误导致的风险 6）因企业内、外部人员的道德风险或业务控制系统失灵导致的风险 7）给企业造成损失的自然灾害等风险 8）对企业现有业务流程和信息系统操作运行情况的监管、运行评价及持续改进能力评价引发的风险

（2）内部控制角度的相关风险

①组织结构设计与运行中需关注的<mark>主要风险</mark>（见表6-9）

表6-9　　　　　　　组织结构设计与运行中需关注的主要风险

对象	风险点	可能导致的不良后果
治理结构	形同虚设，缺乏科学决策、良性运行机制和执行力	企业经营失败，难以实现发展战略
内部机构	设计不科学，权责分配不合理	企业机构重叠、职能交叉或缺失、推诿扯皮，运行效率低下

怎么记忆战略风险？

考霸笔记
考情分析：主观题，客观题，属于高频考点。考试套路：主观题直接让考生默写运营风险的相关内容，然后联系案例进行分析。选择题一般以小案例形式出现，考查案例有无涉及运营风险。备考建议：需要适当记忆关键字。

怎么记忆运营风险？

考霸笔记
例如，泥石流、台风等，体现了自然灾害对企业造成损失的风险。

怎么记忆组织结构的主要风险？

②人力资源管理需关注的**主要风险**（见表6-10）

表6-10　　　　　人力资源管理需关注的主要风险

对象	风险点	可能导致的不良后果
人力资源	缺乏或过剩、结构不合理、开发机制不健全	企业发展战略难以实现
	激励约束制度不合理、关键岗位人员管理制度不完善	企业人才流失、经营效率低下或关键技术、商业秘密和国家机密泄露
	退出机制不当	法律诉讼或企业声誉受损

③履行社会责任方面需关注的**主要风险**（见表6-11）

表6-11　　　　　履行社会责任方面需关注的主要风险

主要对象	风险点	可能导致的不良后果
安全生产	安全生产措施不到位，责任不落实	企业发生安全事故
产品质量（含服务）	产品质量低劣，侵害消费者利益	企业巨额赔偿、形象受损，甚至破产
环境保护与资源节约	环境保护投入不足，资源耗费大，造成环境污染或资源枯竭	企业巨额赔偿、缺乏发展后劲，甚至停业
促进就业与员工权益保护	促进就业和员工权益保护不够	企业员工积极性受挫，影响企业发展和社会稳定

④企业文化建设需关注的**主要风险**（见表6-12）

表6-12　　　　　企业文化建设需关注的主要风险

风险点	可能导致的不良后果
缺乏积极向上的企业文化	员工丧失对企业的信心和认同感，企业缺乏凝聚力和竞争力
缺乏开拓创新、团队协作和风险意识	企业发展目标难以实现，影响可持续发展
缺乏诚实守信的经营理念	舞弊事件的发生，造成企业损失，影响企业信誉
忽视企业间的文化差异和理念冲突	企业并购重组失败

⑤采购业务需关注的**主要风险**（见表6-13）

表6-13　　　　　采购业务需关注的主要风险

主要对象	风险点	可能导致的不良后果
采购计划	安排不合理，对市场变化趋势预测不准确，造成库存短缺或积压	企业生产停滞或资源浪费
供应商/采购方式/价格	供应商选择不当，采购方式不合理，招投标或定价机制不科学，授权审批不规范	企业采购物资质次价高，出现舞弊或遭受欺诈
验收/付款	采购验收不规范，付款审核不严	企业采购物资受损、资金损失或信用受损

⑥资产管理需关注的 主要风险（见表6-14）

表6-14 资产管理需关注的主要风险

主要对象	风险点	可能导致的不良后果
存货	积压或短缺	企业流动资金占用过量、存货价值贬损或生产中断
固定资产	更新改造不够、使用效能低下、维护不当、产能过剩	企业缺乏竞争力、资产价值贬损、安全事故频发或资源浪费
无形资产	缺乏核心技术、权属不清、技术落后、存在重大技术安全隐患	企业法律纠纷、缺乏可持续发展能力

怎么记忆资产管理的主要风险？

⑦销售业务需关注的 主要风险（见表6-15）

表6-15 销售业务需关注的主要风险

主要对象	风险点	可能导致的不良后果
销售政策、市场预测、销售渠道	销售政策和策略不当，市场预测不准确，销售渠道管理不当等	销售不畅、库存积压、经营难以为继
客户信用管理、结算方式、账款回收	客户信用管理不到位，结算方式选择不当，账款回收不力等	销售款项不能收回或遭受欺诈
销售过程	存在舞弊行为	企业利益受损

怎么记忆销售业务的主要风险？

⑧研究与开发需关注的 主要风险（见表6-16）

表6-16 研究与开发需关注的主要风险

主要对象	风险点		可能导致的不良后果
研究项目	未经科学论证或论证不充分		创新不足或资源浪费
研发人员、研发过程	研发人员	配备不合理	研发成本过高、舞弊或研发失败
	研发过程	管理不善	
研究成果	转化应用不足、保护措施不力		企业利益受损

怎么记忆研究与开发的主要风险？

⑨工程项目需关注的 主要风险（见表6-17）

表6-17 工程项目需关注的主要风险

主要对象	风险点	可能导致的不良后果
工程立项	缺乏可行性研究或者可行性研究流于形式，决策不当，盲目上马	难以实现预期效益或项目失败
工程招标	"暗箱操作"，存在商业贿赂	中标人实质上难以承担工程项目、中标价格失实及相关人员涉案
工程造价	工程造价信息不对称，技术方案不落实，概预算脱离实际	项目投资失控
工程建设	工程物资质次价高，工程监理不到位，项目资金不落实	工程质量低劣，进度延迟或中断
工程验收	竣工验收不规范，最终把关不严	工程交付使用后存在重大隐患

怎么记忆工程项目的主要风险？

怎么记忆担保业务的主要风险？

怎么记忆企业的业务外包的主要风险？

怎么记忆合同管理的主要风险？

怎么记忆内部信息传递的主要风险？

⑩办理担保业务需关注的 主要风险 （见表6-18）

表6-18　　　　　　　办理担保业务需关注的主要风险

主要对象	风险点	可能导致的不良后果
担保申请人	资信状况调查不深，审批不严或越权审批	企业担保决策失误或遭受欺诈
监控	对被担保人出现财务困难或经营陷入困境等状况监控不力，应对措施不当	企业承担法律责任
担保过程	存在舞弊行为	经办审批等相关人员涉案或企业利益受损

⑪企业的业务外包需关注的 主要风险 （见表6-19）

表6-19　　　　　　企业的业务外包需关注的主要风险

主要对象	风险点	可能导致的不良后果
外包范围、价格、承包方	外包范围和价格确定不合理，承包方选择不当	企业遭受损失
监控	业务外包监控不严、服务质量低劣	企业难以发挥业务外包的优势
舞弊	业务外包存在商业贿赂等舞弊行为	企业相关人员涉案

⑫合同管理需关注的 主要风险 （见表6-20）

表6-20　　　　　　合同管理需关注的主要风险

主要对象	风险点	可能导致的不良后果
没有合同、合同主体无权限、合同内容	未订立合同、未经授权对外订立合同、合同对方主体资格未达要求、合同内容存在重大疏漏和欺诈	企业合法权益受到侵害
合同履行、监控	合同未全面履行或监控不当	企业诉讼失败、经济利益受损
合同纠纷	合同纠纷处理不当	损害企业利益、信誉和形象

⑬内部信息传递需关注的 主要风险 （见表6-21）

表6-21　　　　　　内部信息传递需关注的主要风险

主要对象	风险点	可能导致的不良后果
内部报告系统	内部报告系统缺失、功能不健全、内容不完整	影响生产经营有序运行
内部信息传递	不通畅、不及时	决策失误、相关政策措施难以落实
	泄露商业秘密	削弱企业核心竞争力

⑭利用信息系统实施内部控制需关注的 主要风险 （见表6-22）

表6-22　　　　　利用信息系统实施内部控制需关注的主要风险

主要对象	风险点	可能导致的不良后果
信息系统	缺乏或规划不合理	造成信息"孤岛"或重复建设，导致企业经营管理效率低下
开发 & 授权	系统开发不符合内部控制要求，授权管理不当	无法利用信息技术实施有效控制
运维 & 安全	系统运行维护和安全措施不到位	信息泄露或毁损，系统无法正常运行

怎么记忆信息系统的主要风险？

3.财务风险（见表6-23）

表6-23　　　　　　　　　　　　　　　财务风险

含义	企业在生产经营过程中，由于内外部环境的各种难以预料或无法控制的不确定性因素的作用，使企业在一定时期内所获取的财务收益与预期收益发生偏差的可能性
注意	财务风险是客观存在的，企业管理者只能采取有效措施降低财务风险，而不能完全消除 适当关注。

考霸笔记
2019年的教材把以前对财务风险的表述全部删除，并从内部控制应用指引的角度重新编写，建议适当关注。

（1）全面预算：实行全面预算管理需关注的 主要风险 （见表6-24）

表6-24　　　　　实行全面预算管理需关注的主要风险

主要对象	风险点	可能导致的不良后果
没有或不健全	不编制预算或预算不健全	企业经营缺乏约束或盲目经营
预算目标、编制	预算目标不合理、编制不科学	企业资源浪费或发展战略难以实现
预算刚性	预算缺乏刚性、执行不力、考核不严	预算管理流于形式

怎么记忆实行全面预算的主要风险？

（2）资金活动需关注的 主要风险 （见表6-25）

表6-25　　　　　资金活动需关注的主要风险

对象	风险点	可能导致的不良后果
筹资	筹资决策不当，引发资本结构不合理或无效融资	企业筹资成本过高或债务危机
投资	投资决策失误，引发盲目扩张或丧失发展机遇	资金链断裂或资金使用效率低下
资金营运	资金调度不合理、营运不畅	企业陷入财务困境或资金冗余
	资金活动管控不严	资金被挪用、侵占、抽逃或遭受欺诈

怎么记忆资金活动的主要风险？

（3）**财务报告**：编制、对外提供和分析利用财务报告需关注的主要风险（见表6-26）

表6-26　　　　编制、对外提供和分析利用财务报告需关注的主要风险

主要对象	风险点	可能导致的不良后果
财务报告的编制	违反会计法律法规和国家统一的会计准则、制度	可能导致企业承担法律责任和声誉受损
财务报告的提供	提供虚假财务报告	误导财务报告使用者，造成决策失误，干扰市场秩序
财务报告的利用	不能有效利用财务报告，难以及时发现企业经营管理中存在的问题	可能导致企业财务和经营风险失控

三、风险管理的概念

（一）风险偏好与风险承受度（见表6-27）

表6-27　　　　　　　风险偏好与风险承受度

风险偏好	企业希望承受的风险范围，分析风险偏好要回答的问题是公司希望承担什么风险和承担多少风险
风险承受度	企业风险偏好的边界，是企业采取行动的预警指标，企业可以设置若干承受度指标，以显示不同的警示级别
注意	风险偏好和风险承受度是风险管理概念的重要组成部分。风险偏好和风险承受度概念的提出是基于企业风险管理理念的变化
提出意义	风险偏好概念提出的意义在于研究企业风险和收益的关系，明确企业的风险偏好和风险承受度，从而把握企业在风险和收益之间如何选择平衡点

（二）企业风险管理的定义与**特征**

✔　风险管理的定义

全面风险管理，是指企业围绕总体经营目标，通过在企业管理的各个环节和经营过程中执行风险管理的基本流程，培育良好的风险管理文化，建立健全全面风险管理体系（包括风险管理策略、风险理财措施、风险管理的组织职能体系、风险管理信息系统和内部控制系统），从而为实现风险管理的总体目标提供合理保证的过程和方法。

✔　企业风险管理的特征（见表6-28）

表6-28　　　　　　　企业风险管理的特征

战略性	主要运用于企业战略管理层面，站在战略层面整合和管理企业层面风险是全面风险管理的价值所在　*易错点，也是考查较多的考点。*
全员化	企业全面风险管理是一个由企业治理层、管理层和所有员工参与的，旨在把风险控制在风险容量以内，增进企业价值的过程
专业性	要求对风险管理的专业人才实施专业化管理

续表

二重性 二重性的理解来源于风险的定义，风险=损失+机会。	企业全面风险管理的商业使命在于：①损失最小化管理；②不确定性管理；③绩效最优化管理		
	解释	当风险损失不能避免时，尽量减少损失至最小化； 风险损失可能发生，也可能不发生时，设法降低风险发生的可能性； 风险预示着机会时，化风险为增进企业价值的机会	
系统性	全面风险管理必须拥有一套系统的、规范的方法，从而为实现风险管理的总体目标提供合理的保证		

风险管理新旧理念的差异，以及备考思路。

[二维码]

✔ 风险管理新旧理念之间的差异（见表6-29）

表6-29　　　　　　　　　　　风险管理新旧理念之间的差异

		传统风险管理	全面风险管理
涉及面	涉及人员	主要是财务会计主管和内部审计等部门负责人	在高层的参与下，每个成员都承担与自己行为相关的风险管理责任
	涉及风险	就单个风险个体实施风险管理，主要是可保风险和财务风险	从总体上集中考虑和管理所有风险（包括纯企业风险和风险机会）
连续性		只有管理层认为必要时才进行	是企业系统的、有重点的、持续的行为
态度		被动地将风险管理作为成本中心	主动、积极地将风险管理作为价值中心
目标		与企业战略联系不紧，目的是转移或避免风险	紧密联系企业战略，目的是寻求风险优化措施
方法		事后反应式的风险管理方法，即先检查和预防经营风险，然后采取应对措施	事前风险防范，事中风险预警和及时处理，事后风险报告、评估、备案及其他相应措施
关注焦点		专注于纯粹和灾害性风险	焦点在所有利益相关者的共同利益最大化上

考霸笔记
高频考点，十分重要！一般考查知识点直接还原，解题思路：全面风险管理范围更广。

第二节　风险管理的目标

✔ 本部分可以结合第六章COSO委员会内部控制的目标记忆关键字。本知识点是主观题冷门考点、选择题较冷门考点。一般考查知识点的直接还原，灵活性不高。备考指导：推荐初次接触可以选择题方式备考，强化阶段建议掌握关键字。

我国《中央企业全面风险管理指引》设定了风险管理的总体目标如下：

1.确保将风险控制在与<u>公司总体目标</u>相适应并可承受的范围内；**战略目标**。

2.确保内外部，尤其是企业与股东之间实现真实、可靠的信息沟通，包括编制和提供真实、可靠的财务报告；**对应COSO报告目标。**

3.确保遵守有关法律法规；**对应COSO合规目标。**

4.确保企业有关规章制度和为实现经营目标而采取的重大措施的贯彻执行，保障经营管理的有效性，提高经营活动的效率和效果，降低实现经营目标的不确定性；**对应COSO经营目标。**

5.确保企业建立针对各项重大风险发生的危机处理计划，保护企业不因灾害性风险或人为失误而遭受重大损失。

【提示】相比于COSO内部控制目标，风险管理框架中的目标设计中增加了战略目标。**可结合第六章内部控制的目标出混淆项。**

第三节　风险管理基本流程

◇ 收集风险管理初始信息
◇ 进行风险评估
◇ 制定风险管理策略
◇ 提出和实施风险管理解决方案
◇ 风险管理的监督与改进
✓ 风险管理基本流程概述（如图6-1所示）

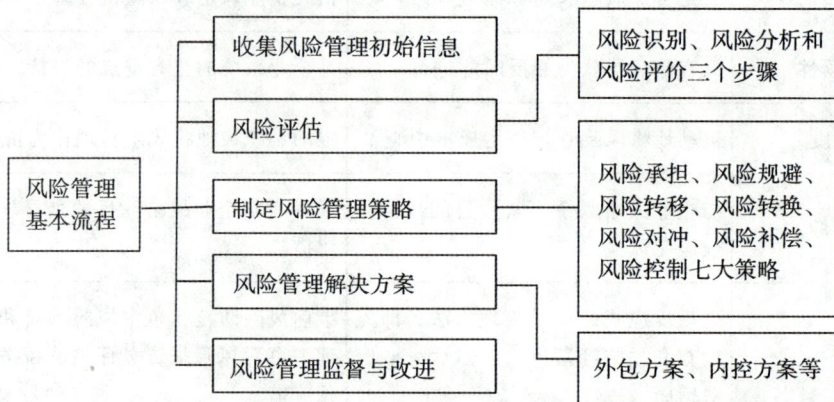

图6-1　风险管理基本流程

一、收集风险管理初始信息（见表6-30）

1.要广泛地、持续不断地收集与本企业风险和风险管理相关的内部、外部初始信息，包括历史数据和未来预测数据。

2.应把收集初始信息的职责分工落实到各有关职能部门和业务单位。

3.收集初始信息要根据所分析的风险类型具体展开。

企业还要对收集的初始信息进行必要的筛选、提炼、对比、分类、组合，以便进行风险评估。

表6-30　　　　　　　　　　　　　收集风险管理初始信息

	收集初始信息
战略风险	1）国内外企业战略风险失控导致企业蒙受损失的案例 2）国内外宏观经济政策以及经济运行情况、企业所属产业的状况、国家产业政策 3）科技进步、技术创新的有关内容 4）市场对该企业产品或服务的需求 5）与企业战略合作伙伴的关系，未来寻求战略合作伙伴的可能性 6）该企业主要客户、供应商及竞争对手的有关情况 7）与主要竞争对手相比，该企业的实力与差距 8）本企业发展战略和规划、投融资计划、年度经营目标、经营战略，以及编制这些战略、规划、计划、目标的有关依据 9）该企业在对外投融资流程中曾发生或易发生错误的业务流程或环节
运营风险	1）产品结构、新产品研发 2）新市场开发、市场营销策略，包括产品或服务定价与销售渠道、市场营销环境状况等 3）企业组织效能、管理现状、企业文化，高、中层管理人员和重要业务流程中专业人员的知识结构、专业经验 4）在期货等衍生产品业务中曾发生或易发生失误的流程和环节 5）在质量、安全、环保、信息安全等管理中曾发生或易发生失误的业务流程或环节 6）因企业内、外部人员的道德风险致使企业遭受损失或业务控制系统失灵 7）给企业造成损失的自然灾害以及除上述有关情形之外的其他纯粹风险 8）对现有业务流程和信息系统操作运行情况的监管、运行评价及持续改进评价 9）企业风险管理的现状和能力
财务风险	相关财务指标，如负债、负债率、偿债能力、现金流、盈利能力等
法律风险	关键字：法律、合同、协议、道德操守、知识产权

二、进行风险评估

风险评估包括风险辨识、风险分析、风险评价三个步骤，见表6-31。

表6-31　　　　　　　　　　　　　风险评估

风险辨识	含义	查找企业各业务单元、各项重要经营活动及在重要业务流程中有无风险，有哪些风险　有没有，有哪些。
	手段	定性+定量，具体内容见本章第五节
风险分析	含义	对辨识出的风险及其特征进行明确的定义描述，分析和描述风险发生可能性的高低、风险发生的条件　概率有多少。
	分析内容	包括风险之间的关系分析，以便对风险进行统一管理
风险评价	含义	评估风险对企业实现目标的影响程度、风险的价值等　影响有多少。
	评估多项风险	风险评估系图法（详见本章第五节） 对风险发生可能性的高低和对目标的影响程度进行评估，绘制风险坐标图，对各项风险进行比较，初步确定对各项风险管理的优先顺序和策略

（右侧栏注记）

考霸笔记
只考过一个选择题，属于冷门考点，建议通读，一般考查分析某一风险，需要同学们选择收集的初始信息有哪些，即同学们能判断某个收集的信息对应分析什么风险即可。

考霸笔记
结合本章第一节"运营风险"相关内容理解，不用记忆。

考霸笔记
该知识点是后续知识点的基础，一般不单独考查，建议理解即可。

风险评估的步骤

考霸笔记
对于发生概率高、影响大的风险优先处理。

第六章

【提示】

风险评估应由企业组织有关职能部门和业务单位实施，也可聘请有资质、信誉好、风险管理专业能力强的中介机构协助实施。

企业应对风险管理信息实行动态管理，定期或不定期实施风险辨识、分析、评价，以便对新的风险和原有风险的变化进行重新评估。**动态过程。**

三、制定风险管理策略

风险管理策略的定义：企业根据自身条件和外部环境，围绕企业发展战略，确定风险偏好、风险承受度、风险管理有效性标准，选择风险承担、风险规避、风险转移、风险转换、风险对冲、风险补偿、风险控制等适合的风险管理工具，并确定风险管理所需人力和财力资源的配置原则的总体策略。

考霸笔记
选择题从未考过，类比战略管理循环（战略分析、战略选择、战略实施）理解。

✔ 定义图解（如图6-2所示）

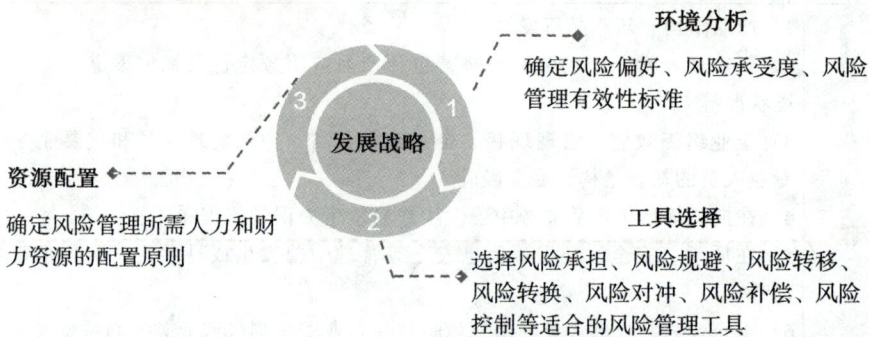

环境分析
确定风险偏好、风险承受度、风险管理有效性标准

资源配置
确定风险管理所需人力和财力资源的配置原则

3 发展战略 1

2

工具选择
选择风险承担、风险规避、风险转移、风险转换、风险对冲、风险补偿、风险控制等适合的风险管理工具

图6-2 定义图解

✔ 注意事项（见表6-32）

表6-32　　　　　　　　　　　　　注意事项

制定风险管理策略	根据风险的不同类型选择适宜的风险管理策略
风险偏好和风险承受度	企业应根据不同业务特点统一确定风险偏好和风险承受度
	确定风险偏好和风险承受度，要正确认识和把握风险与收益的平衡，**防止**和纠正两种错误倾向： a.忽视风险，片面追求收益而不讲条件、范围，认为风险越大、收益越高　**翻译：太激进。** b.单纯为规避风险而放弃发展机遇　**翻译：太保守。**
优选顺序的确定	根据风险评估系图法确认风险管理的优选顺序，明确风险管理成本的资金预算和控制风险的组织体系、人力资源、应对措施等总体安排
修订和完善	对于已经制定和实施的风险管理策略，企业应定期总结和分析已制定的风险管理策略的有效性和合理性，结合实际不断修订和完善

考霸笔记
联系风险管理的特征：二重性。

考霸笔记
本章第五节还会讲解，主要思想：对于发生概率高、影响大的风险，应优先处理。

四、提出和实施风险管理解决方案

（一）风险管理解决方案（见表6-33）

表6-33　　　　　　　　　　风险管理解决方案

概述	企业应根据风险管理策略，针对各类风险或每一项重大风险制订风险管理解决方案	
含义	风险管理解决方案一般应包括风险解决的具体目标，所需的组织领导，所涉及的管理及业务流程，所需的条件、手段等资源，风险事件发生前、中、后所采取的具体应对措施以及风险管理工具（如关键风险指标管理、损失事件管理等）	
类型	外部解决方案	一般指外包
	内部解决方案	风险管理体系的运转（详见本章第四节）
		在具体实施中，一般是以下几种手段的综合应用：风险管理策略；组织职能；内部控制（简称内控），包括政策、制度、程序；信息系统，包括报告体系；风险理财措施

（二）关键风险指标管理（见表6-34）

表6-34　　　　　　　　　　关键风险指标管理

含义	对引起风险事件发生的关键成因指标进行管理的方法
特征	关键风险指标管理可以管理单项风险的多个关键成因，也可以管理影响企业主要目标的多个主要风险
实施步骤	1）分析风险成因，从中找出关键成因 2）将关键成因量化，确定其度量，分析确定导致风险事件发生（或极有可能发生）时该成因的具体数值 3）以该具体数值为基础，以发出风险信息为目的，加上或减去一定数值后形成新的数值，该数值即为关键风险指标 4）建立风险预警系统，即当关键成因数值达到关键风险指标时，发出风险预警信息 5）制定出现风险预警信息时应采取的风险控制措施 6）跟踪监测关键成因的变化，一旦出现预警，即实施风险控制措施
指标分解	对于关键风险指标的分解，要兼顾各职能部门和业务单位的诉求

（三）落实风险管理解决方案　了解即可。

1.高度重视，要认识到风险管理是企业时刻不可放松的工作，是企业价值创造的根本源泉。

2.风险管理是企业全员的分内工作，没有风险的岗位是不创造价值的岗位，没有理由存在。

3.落实到组织，明确分工和责任，全员进行风险管理。

4.为确保工作落实到位，要对风险管理解决方案的实施进行持续监控改进，并与绩效考核联系起来。

五、风险管理的监督与改进

✓ 风险管理的监督与改进概述（见表6-35）

表6-35　　　　　　　风险管理的监督与改进概述

监督重点	重大风险、重大事件和重大决策、重要管理及业务流程
监督对象	风险管理初始信息、风险评估、风险管理策略、关键控制活动及风险管理解决方案的实施情况
对风险管理有效性的检验方法	压力测试、返回测试、穿行测试以及风险控制自我评估等方法

✓ 风险管理信息沟通渠道（见表6-36）　从未考过，适当关注。

表6-36　　　　　　　风险管理信息沟通渠道

部门		具体描述
企业各有关部门和业务单位	职能	定期（对风险管理工作进行）自查和检验，及时发现缺陷并改进
	检查、检验报告	应及时报送企业风险管理职能部门
企业风险管理职能部门	职能	定期（对各部门和业务单位的风险管理工作）对实施情况和有效性进行检查和检验 评估（风险管理策略）、评价（跨部门的风险管理解决方案）
	评价和建议报告	报送企业总经理或其委托分管风险管理工作的高级管理人员
企业内部审计部门	职能	1）频率：至少每年一次 2）对象：全部部门/业务单位&风险管理工作/效果 3）动作：监督评价
	评价报告	应直接报送董事或董事会下设的风险管理委员会和审计委员会

企业可聘请有资质、信誉好、风险管理专业能力强的中介机构对企业全面风险管理工作进行评价，出具"风险管理评估和建议专项报告"。报告一般应包括以下几方面的实施情况、存在缺陷和改进建议：未考过、建议通读。

1.风险管理基本流程与风险管理策略；

2.企业重大风险、重大事件的重要管理，业务流程的风险管理及内部控制系统的建设；

3.风险管理组织体系与信息系统；

4.全面风险管理总体目标。

第四节　风险管理体系

◇ 风险管理策略

◇ 风险管理组织体系

◇ 内部控制系统

◇ 风险理财措施

◇ 风险管理信息系统

✔ 风险管理体系概述（表6-37）

表6-37　　　　　　　　　　　风险管理体系概述　大致知道，以防多选。

风险管理体系概述	
风险管理体系包括	1）风险管理策略
	2）风险理财措施
	3）风险管理的组织职能体系
	4）内部控制系统
	5）风险管理信息系统

一、风险管理策略

（一）<mark>风险管理策略总体定位与作用</mark>（表6-38）

考霸笔记
了解即可，选
择题较冷门考
点，一般以文
字描述形式出
现，考查知识
点的直接还原。

表6-38　　　　　　　　风险管理策略总体定位与作用

含义	企业根据自身条件和外部环境，围绕企业发展战略，确定风险偏好、风险承受度、风险管理有效性标准，选择适合的风险管理工具（7种，详见后文），并确定风险管理所需人力和财力资源的配置原则
总体定位	1）风险管理策略是根据企业经营战略制定的全面风险管理的总体策略 2）风险管理策略在整个风险管理体系中起着统领全局的作用 3）风险管理策略在企业战略管理的过程中起着承上启下的作用，制定与企业战略保持一致的风险管理策略减少了企业出现战略错误的可能性
作用	1）为企业的总体战略服务，保证企业经营目标的实现 2）连接企业的整体经营战略和运营活动 3）指导企业的一切风险管理活动 4）分解为各领域的风险管理指导方针

（二）风险管理策略的组成部分　通读。

1.风险偏好和风险承受度。明确公司要承担什么风险，承担多少。

2.风险管理的工具选择。明确怎样管理重大风险。

3.全面风险管理的资源配置。明确如何安排人力、财力、物资、外部资源等风险管理资源。

4.全面风险管理的有效性标准。明确怎样衡量风险管理工作成效。

（三）风险管理策略的工具（**7种**）

怎么备考风险
管理策略的
工具？

高频考点，几乎每年必考，十分重要！选择题一般以案例形式出现，需要考生判断案例的风险管理工具的使用是否正确。主观题一般以征求意见的形式提问，让考生直接默写几种风险管理工具的名称，并说明相关含义（近年来主观题考查相对较少）。建议掌握7种风险管理工具的名称（建议背诵），具体含义必须理解。

1.风险承担（风险保留、风险自留）（见表6-39） 翻译：自己扛。

表6-39　　　　　　　　　风险承担

含义	企业对所面临的风险采取接受的态度，从而承担风险带来的后果	
原因	未能辨识出的风险	企业只能采用风险承担
	辨识出的风险	1）缺乏能力进行主动管理，对这部分风险只能承担
		2）没有其他备选方案
		3）从成本效益考虑，这一方案是最适宜的方案
注意	对于企业的重大风险，即影响到企业目标实现的风险，企业一般不应采用风险承担	

2.风险规避（见表6-40） 翻译：惹不起，躲得起。

表6-40　　　　　　　　　风险规避

含义	企业回避、停止或退出蕴含某一风险的商业活动或商业环境，避免成为风险的所有人
处理形式	1）退出某一市场以避免激烈竞争 2）拒绝与信用不好的交易对手进行交易 3）外包某项对工人健康安全风险较高的工作 4）停止生产可能有安全隐患的产品 5）禁止各业务单位在金融市场进行投机 6）不准员工访问某些网站或下载某些内容

理解：自己不干，属于选择题爱考的考点，注意理解。

3.风险转移（见表6-41） 本质特征：所有权发生转移。

表6-41　　　　　　　　　风险转移

含义	企业通过合同将风险转移给第三方，企业对转移后的风险不再拥有所有权
特征	转移风险不会降低其可能的严重程度，只是将风险从一方移除后转移到另一方
处理形式	1）保险　非常重要、高频考点。 2）非保险型的风险转移：将风险可能导致的财务风险损失负担转移给非保险机构（例如，服务保证书等） 3）风险证券化：通过证券化保险风险构造的保险连接型证券（ILS）。这种债券的利息支付和本金偿还取决于某个风险事件的发生或严重程度

4.风险转换（见表6-42）

表6-42　　　　　　　　　风险转换

含义	企业通过战略调整等手段将企业面临的风险转换成另一个风险
特征	一般不会直接降低企业总的风险，其简单形式就是在降某一风险的同时，增加另一风险
处理形式	战略调整和衍生产品等
注意	企业可以通过风险转换在两个或多个风险之间进行调整，以达到最佳效果。风险转换可以在低成本或者无成本的情况下达到目的

5.风险对冲（见表6-43）　理解：不把鸡蛋放在一个篮子里。

表6-43　　　　　　　　　　风险对冲

含义	采取各种手段，引入多个风险因素或承担多个风险，使得这些风险能够互相对冲（互相抵消）——额外增加新的风险。
处理形式	资产组合使用；多种外币结算的使用；战略上的多元化经营；套期保值；不同行业的经济周期风险对冲等
注意	风险对冲必须涉及风险组合，而不是针对单一风险，对于单一风险，只能进行风险规避、风险控制

> 考霸笔记
> 套期保值属于风险对冲，选择题高频考点，十分重要。

6.风险补偿（见表6-44）

表6-44　　　　　　　　　　风险补偿

含义	企业对风险可能造成的损失采取适当的措施进行补偿
处理形式	补偿的形式有财务补偿、人力补偿、物资补偿等 财务补偿：损失融资，包括企业自身的风险准备金或应急资本等
注意	风险补偿表现为企业主动承担风险，并采取措施以补偿可能的损失

> 考霸笔记
> 损失融资、风险资本、应急资本都属于风险补偿的范围。此处是选择题的高频考点。

7.风险控制（见表6-45）

表6-45　　　　　　　　　　风险控制

含义	控制风险事件发生的动因、环境、条件等，以达到减轻风险事件发生时的损失或降低风险事件发生概率的目的	
处理形式	降低风险事件发生的概率	例如，加油站禁止吸烟
	控制风险事件发生后的影响	例如，设立质量检查，防止次品出厂等
注意	风险控制对象一般是可控风险，包括多数运营风险，如质量、安全和环境风险，以及法律风险中的合规性风险　适当关注。	

> 考霸笔记
> 风险控制的两种方式属于选择题较爱考的考点。

【总结】（见表6-46）

表6-46　　　　　　　　　　总结

风险管理策略的工具	关键字归纳
风险承担	自己承担
风险规避	回避风险
风险转移	转移给他人
风险转换	一种风险转换为其他风险
风险对冲	风险与风险互相抵消
风险补偿	补偿风险带来的损失
风险控制	降低发生概率或产生的损失

> 考霸笔记
> 每年必考，必须理解，非常重要。总结表格是解决风险管理策略的工具相关案例分析题的核心。

✔ 【提示】：根据不同的风险类型选择适宜的风险管理策略（见表6-47）

冷门考点，适当关注。

表6-47　　　　　　　　　　提示

风险类型	风险管理策略
战略、财务、运营、法律	风险承担、风险规避、风险转移、风险控制
能通过保险、期货、对冲等金融手段进行理财的风险	风险转移、风险对冲、风险补偿

（四）确定风险偏好和风险承受度（见表6-48）

表6-48　　　　　　　　　　　　确定风险偏好和风险承受度

确定企业整体风险偏好的考虑因素 **大致知道。**	风险个体	对每一个风险都可以确定风险偏好和风险承受度
	相互关系	既要考虑同一个风险在各个业务单位或子公司之间的分配，又要考虑不同风险之间的关系
	整体形状	一个企业的整体风险偏好和风险承受度基于针对每一个风险的风险偏好和风险承受度
	行业因素	同一风险在不同行业风险偏好不同
补充**说明**		风险偏好和风险承受度是针对公司的重大风险制定的，对企业的非重大风险的风险偏好和风险承受度不一定要十分明确，甚至可以先不提出
		重大风险的风险偏好是企业的重大决策，应由董事会决定

（五）风险度量

1.风险度量概述（表6-49）

表6-49　　　　　　　　　　　　风险度量概述　　　　选择题爱考，通常是一个选项。

关键在于量化	风险偏好可以定性，风险承受度一定要**定量**
风险度量+**模型**	企业应该采取统一的风险度量模型，对所采取的风险度量方法取得共识；但不一定在整个企业使用唯一的风险度量方法，允许对不同的风险采取不同的度量方法 所有的风险度量应当在企业层面的风险管理策略中得到评价
选择适当的度量模型	对不同种类的风险要使用不同的度量模型

2.风险度量方法（见表6-50）

表6-50　　　　　　　　　　　　风险度量方法

风险度量方法		详细描述
概率统计方法	最大可能损失	风险事件发生后可能造成的最大损失　**与概率无关。**
	概率值	损失发生的概率或可能性
	期望值	概率加权平均值。常用：统计期望值、效用期望值
	波动性	波动性（方差或均方差）
	在险值（VAR）**与概率相关。**	含义：在正常的市场条件下，在给定的时间段中，给定的置信区间内，预期可能发生的最大损失 特点：通用、直观、灵活 局限性：适用的风险范围小，对数据要求严格，计算困难，对肥尾效应无能为力
直观方法		专家意见、层次分析法（AHP）等；通常，会综合使用统计和直观的方法

3.风险量化的困难（见表6-51）通读，了解大标题。

表6-51　　　　　　　　　　　　　　风险量化的困难

风险量化的困难	补充说明
1）方法误差	企业情况很复杂，致使建立的风险度量不能够准确反映企业的实际情况
2）数据	在很多情况下，企业的有关风险数据不足、质量不好
3）信息系统	企业的信息传递不够理想，导致需要的信息未能及时到达
4）整合管理	由于数据和管理水平的限制，因而不能与现存的管理连接及有效应用结果

（六）风险管理的有效性标准（见表6-52）

表6-52　　　　　　　　　　　　　风险管理的有效性标准

含义	企业衡量风险管理是否有效的标准　　总量　　　　　增量
作用	帮助企业了解：1）风险是否优化。2）风险的变化是否优化。
原则	1）要针对企业的重大风险，能够反映企业重大风险管理的现状 2）应当对照全面风险管理的总体目标，在所有五个方面保证企业的运营效果 3）应当在企业的风险评估中应用，并根据风险的变化随时调整 4）应当用于衡量全面风险管理体系的运行效果

> 考霸笔记
> 冷门考点，大致了解，有印象即可。

（七）风险管理的资源配置

风险管理的资源：包括人才、组织设置、政策、设备、物资、信息、经验、知识、技术、信息系统、资金等。

资源配置的原则：企业应当将资源用于管理需要优先管理的重大风险。

（八）确定风险管理的优先顺序（见表6-53）

表6-53　　　　　　　　　　　　确定风险管理的优先顺序

含义	风险管理的优先顺序决定企业优先管理哪些风险，决定企业各方面资源的优先配置
特征	风险管理的优先顺序体现了企业的风险偏好
原则	风险与收益相平衡的原则
特别重视	对企业有影响的重大风险，要首先解决"颠覆性"风险问题，保证企业持续发展
考虑因素	1）风险事件发生的可能性和影响 2）风险管理的难度 3）风险的价值或管理可能带来的收益 4）合规的需要 5）对企业技术准备、人力、资金的需求 6）利益相关者的要求

> 考霸笔记
> 建议通读，理解即可，属于选择题爱考的知识点。

（九）风险管理策略检查 从未考过，有时间通读。

企业应定期总结和分析已制定的风险管理策略的有效性和合理性，结合实际不断修订和完善。其中，应重点检查依据风险偏好、风险承受度和风险控制预警线实施的结果是否有效，并提出定性或定量的有效性标准。

二、风险管理组织体系

主观题、选择题，属于高频考点。主观题一般在案例毫无提示的情况下直接让考生默写，难度较大。选择题一般以文字描述形式考查董事会、风险管理委员会和风险管理职能部门的职责，考试抓住关键字即可解决问题，难度较小。备考指导：建议全面掌握董事会、风险管理委员会的职责；大致掌握风险管理职能部门的职责，其余机构的职责了解即可（注意：本部分集中了第五章绝大部分的背诵内容）。

企业风险管理组织体系，主要包括规范的公司法人治理结构，风险管理职能部门、内部审计部门和法律事务部门以及其他有关职能部门、业务单位的组织领导机构及其职责。

（一）规范的公司法人治理结构（见表6-54）

表6-54　　　　　　　　　　规范的公司法人治理结构

董事会	就全面风险管理工作的有效性对股东（大）会负责
成员	外部董事、独立董事人数应超过董事会全部成员的半数（独立性要求）
职责	1）审议并向股东（大）会提交企业全面风险管理年度工作报告 2）确定企业风险管理总体目标、风险偏好、风险承受度，批准风险管理策略和重大风险管理解决方案 3）了解和掌握企业面临的各项重大风险及其风险管理现状，做出有效控制风险的决策 4）批准重大决策、重大风险、重大事件和重要业务流程的判断标准或判断机制 5）批准重大决策的风险评估报告 6）批准内部审计部门提交的风险管理监督评价审计报告 7）批准风险管理组织机构设置及其职责方案 8）批准风险管理措施，纠正和处理任何组织或个人超越风险管理制度做出风险性决定的行为 9）督导企业风险管理文化的培育 10）全面风险管理的其他重大事项

（二）风险管理委员会（见表6-55）

表6-55　　　　　　　　　　风险管理委员会

风险管理委员会		有条件的企业，董事会可下设风险管理委员会。风险管理委员会对董事会负责
人员要求	召集人	召集人应由不兼任总经理的董事长担任；董事长兼任总经理的，召集人应由外部董事或独立董事担任
	成员	该委员会成员中需有熟悉企业重要管理及业务流程的董事，以及具备风险管理监管知识或经验、具有一定法律知识的董事
	职责	1）提交全面风险管理年度报告 2）审议风险管理策略和重大风险管理解决方案 3）审议重大决策、重大风险、重大事件和重要业务流程的判断标准或判断机制，以及重大决策的风险评估报告 4）审议内部审计部门提交的风险管理监督评价审计综合报告 5）审议风险管理组织机构设置及其职责方案 6）办理董事会授权的有关全面风险管理的其他事项

【提示】了解即可。

1.企业总经理对全面风险管理工作的有效性向董事会负责。

2.总经理或总经理委托的高级管理人员，负责主持全面风险管理的日常工作，负责组织拟订企业风险管理组织机构设置及其职责方案。

（三）风险管理职能部门（见表6-56）

表6-56　　　　　　　　　　　　　风险管理职能部门

风险管理职能部门	履行全面风险管理的职责，对总经理或其委托的高级管理人员负责
职责	1）研究提出全面风险管理工作报告 2）研究提出跨职能部门的重大决策、重大风险、重大事件和重要业务流程的判断标准或判断机制 3）研究提出跨职能部门的重大决策风险评估报告 4）研究提出风险管理策略和跨职能部门的重大风险管理解决方案，并负责该方案的组织实施和对该风险的日常监控 5）负责对全面风险管理有效性的评估，研究提出全面风险管理的改进方案 6）负责组织建立风险管理信息系统 7）负责组织协调全面风险管理日常工作 8）负责指导、监督有关职能部门、各业务单位以及全资、控股子企业开展全面风险管理工作 9）办理风险管理的其他有关工作

> **考霸笔记**
> 关键字总结：研究提出＋负责。必须掌握，是选择题解题的关键。

✔ 思路（组织结构）：董事会→风险管理委员会→风险管理职能部门，见表6-57。

表6-57　　　　　　　　　　　　　思路（**组织结构**）

职责	董事会	风险管理委员会	风险管理职能部门
全面风险管理年度工作报告	审议并向股东（大）会提交	提交	研究提出
风险管理总体目标、风险偏好、风险承受度	确定		
风险管理策略和重大风险管理解决方案	批准	审议	研究提出
企业面临的各项重大风险及其风险管理现状	了解和掌握，并做有效控制的决策		研究提出
重大决策、重大风险、重大事件和重要业务流程的判断标准或判断机制	批准	审议	研究提出
重大决策的风险评估报告	批准	审议	研究提出
风险管理监督评价审计报告（内审部门提交的）	批准	审议	
风险管理组织机构设置及其职责方案	批准	审议	
风险管理措施	批准		
企业风险管理文化的培育	督导		
对全面风险管理有效性的评估			负责
组织建立风险管理信息系统			负责
组织协调全面风险管理日常工作			负责

> **考霸笔记**
> 总结：本表格建议在冲刺阶段进行突击背诵，防止考查主观题。

（四）审计委员会

1.审计委员会履行职责的方式（见表6-58）

表6-58　　　　　　　　　　　　　　审计委员会

审计委员会与内部审计部门			
组织结构	董事会→审计委员会→内部审计部门		
内部审计部门	对审计委员会负责		
履责方式详述	审计委员会关键数字	3	建议审计委员会每年至少举行三次会议，并于审计周期的主要日期举行
		1	审计委员会应每年至少与外聘及内部审计师会面一次，讨论与审计相关的事宜，但无需管理层出席
		1	审计委员会应每年对其权限及其有效性进行复核，并就必要的人员变更向董事会报告
	审计委员会主席		可能特别希望与其他关键人员（比如董事会主席、首席执行官、财务总监、高级审计合伙人和内部审计主管）进行私下会面
	审计委员会成员		审计委员会成员之间的不同意见如无法内部调解，应提请董事会解决

2.审计委员会与合规　从未考过，通读有印象即可。

（1）审计委员会的主要活动之一是核查对外报告规定的遵守情况。审计委员会一般有责任确保企业履行对外报告的义务。

（2）管理层的责任是编制财务报表，审计师的责任是编制审计计划和执行审计。

（3）审计委员会如果对拟采用的财务报告的任何方面不满意，则应告知董事会。审计委员会还应对财务报表后所附的与财务有关的信息（例如：运营和财务复核信息及公司治理部分关于审计和风险管理的陈述）进行复核。

3.审计委员会与内部审计

（1）确保充分且有效的内部控制是审计委员会的义务，其中包括负责监督内部审计部门的工作。

（2）审计委员会应监察和评估内部审计职能在企业整体风险管理系统中的角色和有效性。

（3）审计委员会应该核查内部审计的有效性，并批准对内部审计主管的任命和解聘，还应确保内部审计部门能直接与董事会主席接触，并负有向审计委员会说明的责任。

（4）审计委员会复核及评估年度内部审计工作计划。

（5）审计委员会收到关于内部审计部门工作的定期报告，复核和监察管理层对内部审计调查结果的反应，审计委员会应确保内部审计部门提出的建议已执行。

（五）企业其他职能部门及各业务单位

企业其他职能部门及各业务单位在全面风险管理工作中，应接受风险管理职能部门和内部审计部门的组织、协调、指导和监督。

（六）下属公司　了解标题，通读内容。

企业应通过法定程序，指导和监督其全资、控股子企业建立与企业相适应或符合全资、控股子企业自身特点、能有效发挥作用的风险管理组织体系。

三、内部控制系统　通读，此部分会在后续全面展开。

内部控制系统，是指围绕风险管理策略目标，针对企业战略、规划、产品研发、投融资、市场运营、财务、内部审计、法律事务、人力资源、采购、加工制造、销售、物流、质量、安全生产、环境保护等各项业务管理及其重要业务流程，通过执行风险管理基本流程，制定并执行的规章制度、程序和措施。

（一）COSO委员会关于内部控制的定义与框架（见表6-59）

表6-59　　　　　　　　　COSO委员会关于内部控制的定义与框架

定义	公司的董事会、管理层及其他人士为实现以下目标（运营的效益和效率、财务报告的可靠性和遵循适用的法律法规）提供合理保证而实施的程序　从未单独考查，通读即可。	
特征	① 内部控制是一个实现目标的程序及方法，而其本身并非目标 ② 内部控制只提供合理保证，而非绝对保证 ③ 内部控制要由企业中各级人员实施与配合　翻译：全员参与。	
3目标	① 保证经营的效率和有效性（运营目标） ② 确保财务报告的可靠性（财务报告目标） ③ 遵循适用的法律法规（合规目标）	
5要素	控制环境	包括员工的正直、道德价值观和能力，管理层的理念和经营风格，管理层确立权威性和责任、组织和开发员工的方法等
	风险评估	为了达成组织目标而对相关的风险所进行的辨别与分析
	控制活动	为了确保实现管理当局的目标而采取的政策和程序，包括审批、授权、验证、确认、经营业绩的复核、资产的安全性等
	信息与沟通	为了保证员工履行职责而必须识别、获取的信息及其沟通
	监控	对内部控制实施质量的评价，主要包括经营过程中的持续监控，即日常管理和监督、员工履行职责的行动等，也包括个别评价，或者是两者的结合

【辨析】COSO风险管理目标有战略目标，而内部控制目标没有，此处是易错、易混淆的知识点；备考建议：建议熟悉内部控制3目标的标题。

考霸笔记
考试题型：选择题；
考试频率：较冷门；
考试套路：一般以文字描述的形式出现，考查知识点的直接还原；
备考建议：对内部控制的特征和3目标的描述有印象即可。

考霸笔记
【理解】与战略的现代定义的特征类似，内部控制仅仅是手段、途径，而非终点和目标。

考霸笔记
考试题型：多选题；
考试频率：较冷门；
考试套路：一般会与风险管理的目标与内部控制的目标联系起来，考查知识点的直接还原。

考霸笔记
有时间通读即可，后续还会详细展开，此处不是太重要。

第六章

（二）我国内部控制规范体系

考试频率：暂未考过；
备考建议：通读即可，适当关注我国与COSO内部控制3目标的区别。

1.《企业内部控制基本规范》（见表6-60）

为什么我国内部控制的目标中包括资产安全？

考霸笔记
考试题型：选择题；
考试频率：暂未考过；
考试套路：一般考查知识点的直接还原；
备考建议：建议适当关注我国与COSO内部控制3目标的区别。

表6-60 《企业内部控制基本规范》

内容与地位	规定内部控制的目标、要素、原则和总体要求，是内部控制的总体框架，在内部控制标准体系中起统领作用
3目标	①合理保证企业经营管理合法合规、资产安全、财务报告及相关信息真实完整 类似COSO的合规目标与财务报告目标。 ②提高经营效率和效果 类似COSO的内部控制的运营目标。 ③促进企业实现发展战略 战略目标，此处为易混淆知识点。
5要素	①内部环境；②风险评估；③控制活动；④信息与沟通；⑤内部监督

【总结】我国内部控制规范体系与COSO委员会的框架的区别（见表6-61）

表6-61 我国内部控制规范体系与COSO委员会的框架的区别

	COSO	我国内部控制基本规范
3目标	① 保证经营的效率和有效性	① 提高经营效率和效果
	② 遵循适用的法律法规	② 合理保证企业经营管理合法合规、资产安全、财务报告及相关信息真实、完整
	③ 确保财务报告的可靠性	③ 促进企业实现发展战略
5要素	控制环境	内部环境
	风险评估	风险评估
	控制活动	控制活动
	信息与沟通	信息与沟通
	监控	内部监督

考霸笔记
该知识点会在后续详尽展开，建议适当通读，建一个大体框架即可，从未考过。

2.《企业内部控制应用指引》（见表6-62）

表6-62 《企业内部控制应用指引》

我国三个指引一个规范之间有什么关系？

内容与地位	企业按照内部控制原则和内部控制"5要素"建立、健全本企业内部控制所提供的指引，在配套指引乃至整个内部控制规范体系中占据主体地位 针对18项具体业务，提出了建议性的应用指引，为企业以及外部审核人建立与评价内控体系提供了参照标准

3.《企业内部控制评价指引》和《企业内部控制审计指引》（见表6-63）

表6-63 《企业内部控制评价指引》和《企业内部控制审计指引》

概述	《企业内部控制评价指引》和《企业内部控制审计指引》是对企业按照内部控制原则和内部控制"5要素"建立健全本企业"事后控制"的指引，是对企业贯彻《基本规范》和《应用指引》效果的评价与检验
《评价指引》	为企业对内部控制的有效性进行全面评价、形成评价结论、出具评价报告提供指引
《审计指引》	为会计师事务所对特定基准日与财务报告相关的内部控制设计与执行有效性进行审计提供指引

考霸笔记
该知识点会在后续详尽展开，建议适当通读，建一个大体框架即可，从未考过。

（三）内部控制的要素

1.控制环境

（1）COSO《内部控制框架》关于控制环境要素的要求与原则（见表6-64）

怎么背诵控制环境？

表6-64　　　COSO《内部控制框架》关于控制环境要素的要求与原则

含义	控制环境决定了企业的基调，直接影响企业员工的控制意识 控制环境提供了内部控制的基本规则和构架，是其他4要素的基础
具体内容	控制环境包括：此处是解决案例形式选择题的关键，建议了解。 ① 员工的诚信度、职业道德和才能 ② 管理哲学和经营风格 ③ 权责分配方法、人事政策 ④ 董事会的经营重点和目标等
原则	① 企业对诚信和道德价值观做出承诺 ② 董事会独立于管理层，对内部控制的制定及其绩效实施以监控 ③ 管理层在董事会的监控下，建立目标实现过程中所涉及的组织架构、报告路径以及适当的权力和责任 ④ 企业致力于吸引、发展和留住优秀人才，以配合企业目标达成　【归纳】人力资源。 ⑤ 企业根据其目标，使员工各自担负起内部控制的相关责任　【归纳】职责分工。

考霸笔记
②+③【归纳】规范的公司法人治理结构。此处知识点在风险管理组织结构中已经有所涉及。

（2）我国《企业内部控制基本规范》关于内部环境要素的要求

1）组织结构相关要求

考霸笔记
主要关注1)组织结构相关要求，至于2)人力资源3)文化建设4)法制建设部分，建议通读，做大致了解。属于选择题较冷门考点，若考查，最多以文字描述形式考查选择题的一个选项（知识点的直接还原），考生朋友们能通过选项提示判断对错即可。

【注意】由于第六章的特殊原因，教材仅仅将《企业内部控制基本规范》的表述做了简单的罗列，对于具体要求和条文的内在关联、逻辑并没有点出，使得考生在第六章的学习中感觉比较混乱。鉴于此，本知识点以及以后相关知识点都是从教材中提炼关键字、梳理逻辑后精编而成，以表格形式呈现的，帮助解决看不进去书，或者感觉混乱的问题。建议以后续的表格为基础进行复习（可以替代教材）。

组织结构的总体要求：企业应当根据国家有关法律法规和企业章程，建立规范的公司治理结构和议事规则，明确决策、执行、监督等方面的职责权限，形成科学有效的职责分工和制衡机制，见表6-65。

表6-65　　　　　　　　　　组织结构的总体要求

规范的公司治理结构	董事会	负责内部控制的建立、健全和有效实施
	监事会	对董事会建立与实施内部控制进行监督
	经理层	负责组织、领导企业内部控制的日常运行
	企业应当成立专门机构或者指定适当的机构具体负责组织协调内部控制的建立、实施及日常工作	
审计委员会	组织结构	企业应当在董事会下设立审计委员会
	职责	审计委员会负责审查企业内部控制，监督内部控制的有效实施和内部控制自我评价情况，协调内部控制审计及其他相关事宜等
	负责人	应当具备相应的独立性、良好的职业操守和专业胜任能力

考霸笔记
此处知识点可以参照第六章风险管理组织结构的董事会、监事会、经理层的相关内容进行理解。

考霸笔记
审计委员会的职责在本节风险管理组织体系已经做了详细阐述，本处不是太重要。

续表

内部机构	企业应当结合业务特点和内部控制要求设置内部机构，明确职责权限，将权利与责任落实到各责任单位		
	企业应当通过编制内部管理手册，使全体员工掌握内部机构设置、岗位职责、业务流程等情况，明确权责分配，正确行使职权		
内部审计工作	总体要求	应当加强内部审计工作，保证内部审计机构设置、人员配备和工作的独立性	
	缺陷报告	内部控制缺陷	内部审计机构应当按照企业内部审计工作程序进行报告
		内部控制重大缺陷	内部审计机构有权直接向董事会及其审计委员会、监事会报告

2）**人力资源相关要求**（见表6-66） 大致通读即可。

表6-66　　　　　　　　人力资源相关要求

人力资源政策	要求	企业应当制定和实施有利于企业可持续发展的人力资源政策
	具体内容	人力资源政策应当包括下列内容： ①员工的聘用、培训、辞退与辞职 ②员工的薪酬、考核、晋升与奖惩 ③关键岗位员工的强制休假制度和定期岗位轮换制度 ④掌握国家秘密或重要商业秘密的员工离岗的限制性规定 ⑤有关人力资源管理的其他政策
人力资源职责		选拔&聘用标准：职业道德修养和专业胜任能力
		加强员工培训和继续教育，不断提升员工素质

3）**文化建设**相关要求（见表6-67） 大致通读即可。

表6-67　　　　　　　　文化建设相关要求

总体要求	企业应当加强文化建设，培育积极向上的价值观和社会责任感，倡导诚实守信、爱岗敬业、开拓创新和团队协作精神，树立现代管理理念，强化风险意识	
企业成员职责	董事、监事、经理及其他高级管理人员	应当在企业文化建设中发挥主导作用
	企业员工	应当遵守员工行为守则，认真履行岗位职责

4）**法制建设**相关要求 大致通读即可。

企业应当加强法制教育，增强董事、监事、经理及其他高级管理人员和员工的法制观念，严格依法决策、依法办事、依法监督，建立健全法律顾问制度和重大法律纠纷案件备案制度。

2. 风险评估

（1）COSO《内部控制——整合框架》关于风险评估要素的要求与原则（见表6-68）

表6-68

COSO《内部控制——整合框架》关于风险评估要素的要求与原则

含义	之前内部相对提出过，风险评估的先决条件是已建立了各种目标，并联接到主体内不同的层级风险评估的前提是使经营目标在不同层次上相互衔接，保持一致 风险评估是指识别、分析相关风险以实现既定目标，从而形成风险管理的基础。由于经济、产业、法规和经营环境的不断变化，需要确立一套机制来识别和应对由这些变化带来的风险
原则	① 企业制定足够清晰的目标，以便识别和评估有关目标所涉及的风险 ② 企业从整个企业的角度来识别实现目标所涉及的风险，分析风险，并据此决定应如何管理这些风险 ③ 企业在评估影响目标实现的风险时，考虑潜在的舞弊行为 ④ 企业识别并评估可能会对内部控制系统产生重大影响的变更

（2）我国《企业内部控制基本规范》关于风险评估要素的要求

1）总体要求

企业应当根据设定的控制目标，全面、系统、持续地收集相关信息，结合实际情况，及时进行风险评估。

企业开展风险评估，应当准确识别与实现控制目标相关的内部风险和外部风险，确定相应的风险承受度。风险承受度是企业能够承担的风险限度，包括整体风险承受能力和业务层面的可接受风险水平。

2）风险识别相关要求（见表6-69）

表6-69

风险识别相关要求

内部风险	企业识别内部风险，应当关注下列因素： ① 董事、监事、经理及其他高级管理人员的职业操守、员工专业胜任能力等人力资源因素 ② 组织结构、经营方式、资产管理、业务流程等管理因素 ③ 研究开发、技术投入、信息技术运用等自主创新因素 ④ 财务状况、经营成果、现金流量等财务因素 ⑤ 营运安全、员工健康、环境保护等安全环保因素 ⑥ 其他有关内部风险因素
外部风险	企业识别外部风险，应当关注下列因素： ① 经济形势、产业政策、融资环境、市场竞争、资源供给等经济因素 ② 法律法规、监管要求等法律因素 ③ 安全稳定、文化传统、社会信用、教育水平、消费者行为等社会因素 ④ 技术进步、工艺改进等科学技术因素 ⑤ 自然灾害、环境状况等自然环境因素 ⑥ 其他有关外部风险因素

怎么区分内部风险与外部风险？

3）风险分析相关要求（见表6-70）

表6-70　　　　　　　　　　风险分析相关要求

风险分析的方法	应当采用定性与定量相结合的方法，按照风险发生的可能性及其影响程度等，对识别的风险进行分析和排序，确定关注重点和优先控制的风险
风险分析的要求	应当充分吸收专业人员，组成风险分析团队，按照严格规范的程序开展工作，确保风险分析结果的准确性

4）风险应对相关要求（见表6-71）

表6-71　　　　　　　　　　风险应对相关要求

确定风险应对策略	企业应当根据风险分析的结果，结合风险承受度，权衡风险与收益，确定风险应对策略
	企业应当合理分析、准确掌握董事、经理及其他高级管理人员、关键岗位员工的风险偏好，采取适当的控制措施，避免因个人风险偏好给企业经营带来重大损失
综合运用风险应对策略	企业应当综合运用风险规避、风险降低、风险分担和风险承受等风险应对策略，实现对风险的有效控制
及时调整风险应对策略	企业应当结合不同发展阶段和业务拓展情况，持续收集与风险变化相关的信息，进行风险识别和风险分析，及时调整风险应对策略

3. 控制活动

（1）COSO《内部控制——整合框架》关于控制活动要素的要求与原则（见表6-72）

表6-72　　　　　　　　COSO《内部控制——整合框架》
关于控制活动要素的要求与原则

要求	控制活动是指那些有助于管理层决策顺利实施的政策和程序。控制行为有助于确保实施必要的措施以管理风险，实现经营目标
具体内容	控制行为体现在整个企业的不同层次和不同部门中。它们包括诸如批准、授权、查证、核对、复核经营业绩、资产保护和职责分工等活动
原则	① 企业选择并制定有助于将目标实现风险降低至可接受水平的控制活动 ② 针对信息技术，组织应选择并执行一般控制活动以支持其目标的实现，企业用支持目标实现的技术选择并制定一般控制政策 ③ 企业通过政策和程序来部署控制活动：政策用来确定所期望的目标；程序则将政策付诸行动

（2）我国《企业内部控制基本规范》关于控制活动要素的要求

①总体要求

企业应当结合风险评估结果，通过手工控制与自动控制、预防性控制与发现性控制相结合的方法，运用相应的控制措施，将风险控制在可承受范围之内。

②控制措施相关要求

控制措施一般包括：不相容职务分离控制、授权审批控制、会计系统控制、财产保护控制、预算控制、运营分析控制和绩效考评控制等（见表6-73）。

表6-73   控制措施相关要求

控制措施	具体要求		
不相容职务分离控制	企业应当全面、系统地分析、梳理业务流程中所涉及的不相容职务,实施相应的分离措施,形成各司其职、各负其责、相互制约的工作机制		
授权审批控制	常规授权	企业在日常经营管理活动中按照既定的职责和程序进行的授权	
	特别授权	企业在特殊情况、特定条件下进行的授权	
	企业应当根据常规授权和特别授权的规定,明确各岗位办理业务和事项的权限范围、审批程序和相应责任 企业应当编制常规授权的权限指引,规范特别授权的范围、权限、程序和责任,严格控制特别授权 企业各级管理人员应当在授权范围内行使职权和承担责任		
	企业对于重大的业务和事项,应当实行集体决策审批或者联签制度,任何个人不得单独进行决策或者擅自改变集体决策		
会计系统控制	总体要求	企业应当严格执行国家统一的会计准则制度,加强会计基础工作,明确会计凭证、会计账簿和财务会计报告的处理程序,保证会计资料真实、完整 企业应当依法设置会计机构,配备会计从业人员	
	会计人员的要求	会计从业人员	必须取得会计从业资格证书
		会计机构负责人	应当具备会计师以上专业技术职务资格
	总会计师的设置	大中型企业应当设置总会计师 设置总会计师的企业,不得设置与其职权重叠的副职	
财产保护控制	企业应当建立财产日常管理制度和定期清查制度,采取财产记录、实物保管、定期盘点、账实核对等措施,确保财产安全 企业应当严格限制未经授权的人员接触和处置财产		
预算控制	企业应当实施全面预算管理制度,明确各责任单位在预算管理中的职责权限,规范预算的编制、审定、下达和执行程序,强化预算约束		
运营分析控制	企业应当建立运营情况分析制度,经理层应当综合运用生产、购销、投资、筹资、财务等方面的信息,通过因素分析、对比分析、趋势分析等方法,定期开展运营情况分析,发现存在的问题,及时查明原因并加以改进		
绩效考评控制	企业应当建立和实施绩效考评制度,科学设置考核指标体系,对企业内部各责任单位和全体员工的业绩进行定期考核和客观评价 考评结果应当作为确定员工薪酬以及职务晋升、评优、降级、调岗、辞退等的依据		

    企业应当根据内部控制目标,结合风险应对策略,综合运用控制措施,对各种业务和事项实施有效控制。

考霸笔记
考试题型:以选择题为主;考试频率:爱考;考试套路:以改错形式考查知识点的直接还原;
备考建议:通读下述【补充】企业不相容职务分工的内容,关注出纳相关内容。

考霸笔记
"重大"问题是一个高频考点。选择题与主观题(大案例改错)均有可能出现,考查方式是知识点的直接还原,必须掌握。

什么是总会计师?

考霸笔记
选择题冷门考点(一般为知识点直接还原),大致了解即可。

考霸笔记
选择题较冷门考点,解题思路为直接还原知识点。

【补充】企业不相容职务分工的内容

（1）会计岗位设置中的不相容职务

出纳职务与收入、支出、费用的核算职务，债权债务的核算职务，稽核职务，会计档案的保管职务等均属于不相容职务，应当予以分离。

会计核算职务与相应的稽核检查职务属于不相容职务，应予以分离。

总分类账的登记职务与相关明细分类账的登记职务属于不相容职务，应当予以分离。

开展会计电算化的企业，电算化会计岗位中的软件操作职务、审核记账职务、电算审查职务、档案保管职务等互为不相容职务，均应当予以分离。

（2）货币资金业务中的不相容职务

钱账分管，即出纳专职负责货币资金的收支业务，除库存现金和银行存款日记账外，不兼记总账和债权债务等明细账，不负责汇总记账凭证，不抄寄各种往来结算账户对账单。除了出纳外，其他任何人，包括会计人员、单位领导、各种业务人员等，均不得办理货币资金收支业务，包括收付现金和接收、开出银行支票。

出纳与核对职务应分离，即库存现金要由专人定期或不定期地进行盘点；银行存款应指定专人及时对账，每月收受银行对账单、编制银行存款余额调节表，应当由出纳、管理现金和银行存款以外的人员负责。

支票的签发除有专用公章外，还要有会计机构负责人或企业负责人的私章同时盖印才有效。上述支票印签章不能由出纳一人保管。一切付款均须得到恰当批准，即付款经办人与审批人应当分离。

（3）采购与付款业务中的不相容职务

采购与付款业务不相容职务至少包括：请购与审批；询价与确定供应商；采购合同的订立与审批；采购与验收；采购、验收与相关会计记录；付款审批与付款执行。

（4）存货与仓储业务中的不相容职务

① 商品存货的保管、收发必须由专人负责，并建立账卡进行数量核算，商品存货的保管、收发人员不得兼任采购或销售，也不能担任会计部门有关存货总账、明细账的登记职务；同时，应限制非实物保管人员接近资产，且非实物保管人员不得办理物资收发。

② 商品存货的请领、审批、发放与记账须相互独立，不能由一人包办。

③ 财产物资的保管与清查职务应分离，即应由会计部门组织，定期或不定期地查对账证、抽点实物，以保证账证相符、账账相符、账实相符。

（5）工资业务中的不相容职务

在工资业务中，起薪止薪决定、考勤记录、工薪发放、工资记录等职务应相互分离，一般涉及企业的劳动工资部门或人事部门、车间或班组、会计部门等职能部门。

劳动工资管理部门与会计部门的职责分工如下：

• 劳动工资管理部门的主要职责：

①根据在册职工和工资标准开列工资单。

②根据考勤记录和扣款记录计算工资额。

● 会计部门的主要职责：

①根据工资结算单编制工资费用分配表。

②根据工资费用分配表编制记账凭证入账。

（6）销售与收款业务中的不相容职务

①销售人员必须专职独立，不得兼记会计部门销售收入明细账和应收账款明细账，不得直接收取货款，不得兼管货物保管和发货，不得兼管货物采购。同时，其他部门有关人员也不得兼办销售，即销售与记账、收款、保管、发货、采购均属不相容职务。

②销售业务的各个环节，包括销售合同的签订、销售单的编制、发票的开出、售价的确定、销售方式和结算方式、销售折扣折让与退货等，都要经过恰当的批准，即批准与经办应予以分离。

③开票与发货、开票与收款、销售收入明细账的记录、应收账款明细账的记录和收款应予以分离，即负责销售收入明细账和应收账款明细账的会计不得经手货币资金，并且销售收入明细账和应收账款明细最好由不同的会计人员负责。

④记账、收款和抄寄对账单属于不相容职务，应予以分离，即企业应由不负责现金出纳和销售及应收账款记账的人员，按月向客户寄发账单。

⑤财政部2002年12月23日发布的财会〔2002〕21号《内部会计控制规范——销售与收款（试行）》规定：

● 单位应分别设立办理销售、发货、收款三项业务的部门（或岗位）；

● 单位在销售合同订立前，应当指定专门人员就销售价格、信用政策、发货及收款方式等具体事项与客户进行谈判；

● 谈判人员至少有两人，并与订立合同的人员相分离；

● 编制销售发票通知单的人员与开具销售发票的人员相互分离；

● 销售人员应当避免接触销售现款；

● 单位应收票据的取得和贴现必须经由保管票据以外的主管人员书面批准。

（7）筹资与投资业务中的不相容职务

总原则：

①筹资与投资业务中的业务经办、授权批准和会计记录互为不相容职务，应予以分离。

②筹资与投资业务明细账与总账的登记职务应予以分离。

③筹资与投资业务中的记账、保管、核对职务均为不相容职务，应相互分离。

具体内容又可以分为筹资业务和投资业务两个方面。

● 筹资业务中的不相容职务通常包括：

①筹资计划编制人与审批人应适当分离，以利于审批人从独立的立场来评判计划的优劣。

②经办人员不能接触会计记录，通常由独立的机构代理发行债券和股票。

③会计记录人员同负责收、付款的人员相分离，有条件的，应聘请独立的机构负责支付业务。

④证券保管人员同会计人员相互分离。

> ● 投资业务中的不相容职务一般包括：
> ①对外投资预算的编制与审批。
> ②对外投资项目的分析、论证与评估。
> ③对外投资的决策与执行。
> ④对外投资处置的审批与执行。
> ⑤对外投资业务的执行与相关会计记录。

考霸笔记
了解即可，为
选择题冷门考
点，考查方式
一般为知识点
的直接还原。

③预警机制与应急处理机制相关要求

企业应当建立<u>重大风险</u>预警机制和突发事件应急处理机制，明确风险预警标准，对可能发生的<u>重大风险或突发事件</u>，制订应急预案，明确责任人员，规范处置程序，确保突发事件得到及时、妥善处理。

4.信息与沟通

考霸笔记
考试题型：选
择题；
考试频率：较
冷门；
考试套路：知
识点的直接还
原，或以小案
例描述，让考
生判断是否属
于内部控制5
要素中的信息
与沟通要素；
备考建议：建
议通读，大致
了解即可。

（1）COSO《内部控制——整合框架》关于信息与沟通要素的要求与原则（见表6-74）

表6-74　COSO《内部控制——整合框架》
关于信息与沟通要素的要求与原则

要求	公允的信息必须被确认、捕获并以一定形式及时传递，以便员工履行职责 信息系统产出涵盖经营、财务和遵循性信息报告，以有助于经营和控制企业 信息系统不仅处理内部产生的信息，还处理与企业经营决策和对外报告相关的外部事件、行为和条件等 有效的沟通从广义上说是信息的自上而下、横向以及自下而上的传递 ① 所有员工必须从管理层得到清楚的信息，认真履行控制职责。员工必须理解自身在整个内控系统中的位置，理解个人行为与其他员工工作的相关性 ② 员工必须有向上传递重要信息的途径。同时，与诸如客户、供应商、管理层和股东等外部人员之间也需要有效的沟通
原则	① 企业获取或生成和使用相关的高质量信息，以支持内部控制其他要素发挥效用 ② 企业与内部沟通的控制信息，包括内部控制目标和职责范围，必须能够支持内部控制的其他要素发挥效用 ③ 企业就影响内部控制其他要素发挥效用的事项与外部各方进行沟通

（2）我国《企业内部控制基本规范》关于信息与沟通要素的要求

①总体要求

企业应当建立信息与沟通制度，明确内部控制相关信息的收集、处理和传递程序，确保信息及时沟通，促进内部控制有效运行。

②信息的收集、传递、集成与共享的相关要求（见表6-75）

表6-75　信息的收集、传递、集成与共享的相关要求

信息收集	总体要求	企业应当对收集到的各种内部信息和外部信息进行合理筛选、核对、整合，提高信息的有用性
	内部信息获取	企业可以通过财务会计资料、经营管理资料、调研报告、专项信息、内部刊物、办公网络等渠道，获取内部信息
	外部信息获取	企业可以通过行业协会组织、社会中介机构、业务往来单位、市场调查、来信和来访、网络媒体以及有关监管部门等渠道，获取外部信息

续表

信息传递	企业应当将内部控制相关信息在企业内部各管理级次、责任单位、业务环节之间，以及企业与外部投资者、债权人、客户、供应商、中介机构和监管部门等有关方面之间进行沟通和反馈
	信息沟通过程中发现的问题，应当及时报告并加以解决。其中，<mark>重要信息应当及时传递给董事会、监事会和经理层</mark>
信息集成与共享	企业应当利用信息技术促进信息的集成与共享，充分发挥信息技术在信息与沟通中的作用
	企业应当加强对信息系统开发与维护、访问与变更、数据输入与输出、文件储存与保管、网络安全等方面的控制，保证信息系统安全稳定运行

③反舞弊相关要求（见表6-76）

表6-76　　　　　　　　　　　　**反舞弊相关要求**

| 要求 | 企业应当建立反舞弊机制，坚持惩防并举、重在预防的原则，明确反舞弊工作的重点领域、关键环节和有关机构在反舞弊工作中的职责权限，规范舞弊案件的举报、调查、处理、报告和补救程序 |
| 反舞弊工作的重点 | 企业至少应当将下列情形作为<mark>反舞弊工作的重点</mark>：
① 未经授权或者采取其他不法方式侵占、挪用企业资产，谋取不当利益；
② 在财务会计报告和信息披露等方面存在的虚假记载、误导性陈述或者重大遗漏等；
③ 董事、监事、经理及其他高级管理人员滥用职权；
④ 相关机构或人员串通舞弊 |

④举报投诉制度和举报人保护制度相关要求

企业应当建立举报投诉制度和举报人保护制度，设置举报专线，明确举报投诉处理程序、办理时限和办结要求，确保举报、投诉成为企业有效掌握信息的重要途径。<mark>举报投诉制度和举报人保护制度应当及时传达至全体员工。</mark>

5.**监控**

（1）COSO《内部控制——整合框架》关于监控要素的要求与原则（见表6-77）

表6-77　　　　　　　　　COSO《内部控制——整合框架》
关于监控要素的要求与原则

要求	内部控制系统需要监控，即需要对该系统的有效性进行评估。可以通过持续性的监控行为、独立评估或两者的结合来实现对内控系统的监控	
	持续性的监控行为	发生在企业的日常经营过程中，包括企业的日常管理和监督行为、员工履行各自职责的行为
	独立评估活动	广度和频度有赖于风险评估结果和日常监控程序的有效性，以及管理层的其他考虑
	企业应依据监管机构、标准制定机构或者管理层和董事会所设定的标准，对各种发现进行评估，必要时应当向管理层和董事会报告各种<mark>缺陷</mark>	
原则	① 企业选择、制定并实行持续及/或单独的评估，以判定内部控制各要素是否存在且发挥效用； ② 企业及时评估内部控制缺陷，并将有关缺陷及时通报给负责整改措施的相关方，包括高级管理层和董事会（如适用）	

注意：全体员工，表述过于绝对，适当关注。选择题冷门考点。

较冷门的多选题考点，一般考查知识点的直接还原，建议通读，有印象即可。

内部控制缺陷应该自下而上汇报至最高管理层和董事会。

第六章

（2）我国《企业内部控制基本规范》关于内部监督要素的要求

①内部控制监督制度相关要求（见表6-78）

表6-78　　　　　　　　　　内部控制监督制度相关要求

总体要求	企业应当根据本规范及其配套办法，制定内部控制监督制度，明确内部审计机构（或经授权的其他监督机构）和其他内部机构在内部监督中的职责权限，规范内部监督的程序、方法和要求	
内部监督的分类	日常监督	含义：企业对建立与实施内部控制的情况进行常规、持续的监督检查
	专项监督	含义：在企业发展战略、组织结构、经营活动、业务流程、关键岗位员工等发生较大调整或变化的情况下，对内部控制的某一或者某些方面进行有针对性的监督检查
		范围和频率：应当根据风险评估结果以及日常监督的有效性等予以确定

②缺陷认定与报告相关要求

企业应当制定内部控制缺陷认定标准，对在监督过程中发现的内部控制缺陷，应当分析缺陷的性质和产生的原因，提出整改方案，采取适当的形式及时向董事会、监事会或者经理层报告。

企业应当跟踪内部控制缺陷整改情况，并就内部监督中发现的重大缺陷，追究相关责任单位或者责任人的责任。

③内部控制自我评价相关要求（见表6-79）

表6-79　　　　　　　　内部控制自我评价相关要求

总体要求	企业应当结合内部监督情况，定期对内部控制的有效性进行自我评价，出具内部控制自我评价报告
内部控制自我评价的方式、范围、程序和频率	由企业根据经营业务调整、经营环境变化、业务发展状况、实际风险水平等自行确定。国家有关法律法规另有规定的，从其规定

④记录/资料保存相关要求　　翻译：留证据。

企业应当以书面或者其他适当的形式，妥善保存内部控制建立与实施过程中的相关记录或者资料，确保内部控制建立与实施过程的可验证性。

四、风险理财措施

本部分是选择题考查的重点、难点，也是每年必考的知识点。一般的考查形式为知识点的直接还原，即便以案例分析形式出现，案例描述中也会出现知识点原文。备考指导：要求理解。

风险管理体系中的一个重要部分是风险理财措施。在这里，先介绍风险理财的基本概念。

（一）风险理财的一般概念

1.风险理财概述（见表6-80）

表6-80　　　　　　　　　　　　　　　风险理财概述

含义	风险理财是用金融手段管理<u>风险</u>
包括	<u>保险、套期保值、应急资本等</u>
必要性	风险理财是全面风险管理的重要组成部分 ●对于可控的风险，所有的风险控制措施，除了规避风险在特定范畴内完全有效外，其余均无法保证不会发生 ●风险理财可以针对不可控的风险　**高频考点，必须掌握。**
特点	1）风险理财的手段既<u>不改变风险事件发生的可能性</u>，也<u>不改变风险事件可能引起的直接损失程度</u> 2）量化的标准较高：风险理财需要判断风险的定价，不仅需要掌握风险事件的可能性和损失的分布，更需要量化风险本身的价值 3）应用范围：一般不包括声誉等难以衡量其价值的风险，也难以消除战略失误造成的损失 4）风险理财手段：技术性强，许多风险理财工具本身有着比较复杂的风险特性，<u>使用不当容易造成重大损失</u>

> **考霸笔记**
> 因此，是前文的七种风险管理工具在金融手段上的体现。

> **考霸笔记**
> 选择题的重灾区，一般以文字描述形式出现，考查知识点的直接还原。

2.风险理财与公司理财　**选择题高频考点。**

风险理财过去被认为是公司财务管理的一部分，现在则认为其在很多情况下超出了公司财务管理的范畴。具体表现在：

（1）风险理财注重风险因素对现金流的影响；

（2）风险理财影响公司资本结构，注意以最低成本获得现金流；

（3）风险理财成为公司战略的有机组成部分，其风险经营的结果直接影响公司整体价值的提升。

3.<u>风险理财创造价值</u>（见表6-81）

表6-81　　　　　　　　　　　　　　　风险理财创造价值

项目	传统的风险理财	风险理财
特征	是<u>损失理财</u>，即为可能发生的损失融资，补偿风险造成的财务损失，例如买保险	与损失理财相反，公司可能通过<u>使用金融工具来承担额外的风险</u>
目的	降低公司承担的<u>风险</u>	改善公司的财务状况，<u>创造价值</u>

> **考霸笔记**
> 选择题爱考的考点，要求知道两者之间的区别。核心思路：现代观念→风险具有二重性→创造价值。

【结论】风险理财对机会的利用是整个经营战略的有机组成部分和重要战略举措。

（二）风险理财的策略与方案　**冷门考点，有印象即可。**

前面已经提到风险管理策略的七大工具：风险承担、风险规避、风险转移、风险转换、风险对冲、风险补偿、风险控制。风险理财是运用金融手段来实施这些策略的。

1.选择风险理财策略的原则和要求

（1）<u>与公司整体风险管理策略一致</u>。

（2）与公司所面对风险的性质相匹配。

（3）选择风险理财工具的要求。企业在选择这些风险理财工具时，要考虑如下几点：合规的要求；可操作性；包括法律法规环境；企业的熟悉程度；风险理财工具的风险特征；不同风险理财手段可能适用同一风险。

（4）成本与收益的平衡。

2.对金融衍生产品的选择

企业在选择风险理财的策略与方案时，涉及对金融衍生产品的选择。

（1）金融衍生产品的概念

金融衍生产品是其价值决定于一种或多种基础资产或指数的金融合约。

（2）金融衍生产品的类型（见表6-82）

> 本知识点与金融从业中证券从业、基金从业相关知识重合，在CPA战略考试中从未考查，建议略作了解，以备万一。其中，期货和期权相关定义是后续知识点"套期保值"理解的基础，需要理解相关定义。

表6-82　　　　　　　　　　　金融衍生产品的类型

远期合约和期货合约的区别

什么是期权？

考霸笔记
两种期权类型的含义是理解后续知识点"期权套期保值"的基础，也是考查"期权套期保值"知识点可能出现的专有名词，需要适当关注。

远期合约	远期合约是指合约双方同意在未来日期按照固定价格交换金融资产的合约（指明买卖的商品或金融工具种类、价格及交割结算的日期）	
	市场状况	如果即期价格低于远期价格，市场状况被描述为正向市场或溢价
		如果即期价格高于远期价格，市场状况被描述为反向市场或差价
互换交易	主要指对相同货币的债务和不同货币的债务通过金融中介进行互换的一种行为	
期货	期货是指在约定的某个日期按约定的条件（包括价格、交割地点、交割方式）买入或卖出一定数量的某种资产。期货可以分为：商品期货&金融期货	
	期货合约是期货交易的买卖对象或标的物，是由期货交易所统一制定的，规定了某一特定的时间和地点交割一定数量和质量商品的标准化合约。期货价格则是通过公开竞价而达成的	
期权	期权是在规定的一段时间内，可以以规定的价格购买或者出卖某种规定的资产的权利	
	期权合约是指以金融衍生产品作为行权品种的交易合约，指在特定时间内以特定价格买卖一定数量交易品种的权利	
	买方期权	指赋予期权持有人在期权有效期内按履约价格买进（但不负有必须买进的义务）规定资产的权利
	卖方期权	指期权持有人在期权有效期内按履约价格卖出（但不负有必须卖出的责任）规定资产的权利

【提示】美式期权与欧式期权的辨析　*从未考过的选择题考点。*

美式期权：在到期日之前的任何时间以及到期日都能执行。

欧式期权：只能在到期日执行。

（3）运用衍生产品进行风险管理的主要思路　*了解即可。*

①增加自己愿意承担的风险；

②消除或降低自己不愿承担的风险；

③转换不同的风险。

（4）衍生产品的<mark>特点</mark>（见表6-83）

表6-83　　　　　　　　　　　衍生产品的特点

优点	准确性；时效；使用方便；成本优势；灵活性；对于管理金融市场等市场风险有不可替代的作用
缺点	衍生产品的杠杆作用很大，因而风险很大，如用来投机可能会造成巨大损失

（5）运用衍生产品进行风险管理需满足的条件　通读。

①满足合规要求；

②与公司的业务和发展战略保持一致；

③建立完善的内部控制措施，包括授权、计划、报告、监督、决策等流程和规范；

④采用能够准确反映风险状况的风险计量方法，明确头寸、损失、风险限额；

⑤完善的信息沟通机制，保证头寸、损失、风险敞口的报告及时、可靠；

⑥合格的操作人员。

（三）损失事件管理（见表6-84）

近年来每年必考的考点，该知识点可以考查主观题和客观题。近年来，选择题一般是案例形式，案例阐述了损失事件管理方法含义的原文描述，要求考生判断该管理方法的名称。主观题一般是案例描述，问该案例中涉及了哪种或哪几种损失事件管理方法，然后要求考生联系案例做分析。备考建议：建议全面掌握（需要背诵）5种损失事件管理方法的名称，并理解各自的含义。

表6-84　　　　　　　　　　　损失事件管理

损失事件管理概述	
含义	可能给企业造成重大损失的风险事件的事前、事后管理的方法
损失的内容	包括企业的资金、声誉、技术、品牌、人才等
损失事件管理的方法	1）损失融资；2）风险资本；3）应急资本；4）保险；5）专业自保

1.损失融资（表6-85）　选择题高频考点，理解。

表6-85　　　　　　　　　　　损失融资

含义	为风险事件造成的财物损失融资，是从风险理财的角度进行损失事件的事后管理，是损失事件管理中最有共性，也是最重要的部分	
企业损失的分类	预期损失	预期损失融资	一般作为运营资本的一部分
	非预期损失	非预期损失融资	属于风险资本的范畴

2.风险资本（见表6-86） 选择题高频考点，必须掌握。

表6-86 风险资本

含义	除经营所需的资本之外，公司还需要额外的资本用于补偿风险造成的财务损失
	传统的风险资本表现形式是风险准备金
	风险资本是使一家公司破产的概率低于某一给定水平所需的资金，因此取决于公司的风险偏好
简单计算	例如，一家公司每年最低运营资本是5亿元，但是有5%的可能性需要7.5亿元维持运营，有1%的可能性需要10亿元才能维持运营。换句话说，如果风险资本为2.5亿元，那么这家公司的生存概率就是95%，而5亿元的风险资本对应的则是99%的生存概率

风险资本中的生存概率怎么计算？

应急资本与损失融资之间有什么关系？

3.应急资本（见表6-87）

表6-87 应急资本

含义	是一个金融合约，规定在某一个时间段内、某个特定事件发生的情况下，公司有权从应急资本提供方处募集股本或贷款（或资产负债表上的其他实收资本项目），并为此按时间向资本提供方缴纳权力费，这里，特定事件称为触发事件
简单形式	公司为满足特定条件下的经营需要而从银行获得的信贷额度，一般通过与银行签订协议加以明确，比如信用证、循环信用工具等
特点	1）应急资本的提供方并不承担特定事件发生的风险，而只是在事件发生并造成损失后提供用于弥补损失、持续经营的资金。事后公司要向资本提供者归还这部分资金，并支付相应的利息 2）应急资本是一个综合运用保险和资本市场技术设计和定价的产品，是企业风险补偿策略的一种方式 必须掌握，高频考点。 3）应急资本是一个在一定条件下的融资选择权，公司可以不使用这个权利 4）应急资本可以提供经营持续性的保证

考霸笔记
此处是易错点，考试一般以原文考查为主，且容易与损失融资放在一起出混淆项，该知识点是解题的关键，较为重要。

4.保险（见表6-88）关注特征和提示内容，常考点。

表6-88 保险

含义	保险合同规定保险公司为预定的损失支付补偿（也就是为损失进行融资），作为交换，在合同开始时，购买保险合同的一方要向保险公司支付保险费
特征	风险转移
提示	可保风险是纯粹风险，机会风险不可保

专业自保公司除了为母公司提供保险，可以为其他公司提供保险吗？

5.专业自保（见表6-89）理解，适当关注。

表6-89 专业自保

含义	专业自保公司又称专属保险公司，是非保险公司的附属机构，为母公司提供保险，并由其母公司筹集保险费，建立损失储备金。几乎所有的大跨国公司都有专业自保公司
特点	专业自保公司由被保险人所有和控制，要承保其母公司的风险，但可以通过租借的方式承保其他公司的保险，不在保险市场上开展业务

考霸笔记
需掌握，该知识点为选择题的重灾区，属于高频考点，考查方式一般为文字描述，需要考生判断描述是否正确。解题思路：套期保值是为了降低风险，而投机与套期保值相反。

（四）套期保值

1.套期保值与投机（见表6-90）

表6-90 套期保值与投机

	套期保值	投机
含义	为冲抵风险而买卖相应的衍生产品的行为	与套期保值相反的便是投机行为
目的	降低风险	承担额外的风险以盈利
结果	降低了风险	增加了风险

2.期货套期保值

（1）期货价格与现货价格（表6-91）需知道。

表6-91 期货价格与现货价格

相关概念		详细说明
期货价格与现货价格		绝大多数期货合约不会在到期日用标的物兑现。期货价格表现的是市场对标的物的远期预期价格
基差	含义	标的物的现货价格与所用合约的期货价格之差
	数值	基差在期货合约到期日为零，在此之前可正可负
	趋势	一般而言，离到期日越近，基差就越小

怎么理解期货套期保值？

（2）期货套期保值（期货对冲）（见表6-92）

该知识点是难点，也是选择题爱考的考点。考试考查该知识点通常有两种方式：
（1）使用案例告诉未来的现货市场的交易方向，考查如何进行套期保值；
（2）给出期货市场和现货市场的相关价格和交易数量，考查使用套期保值的组合收益的简单计算。
因此，以上内容必须在理解的基础上加以掌握。

表6-92　　　　　　期货套期保值（期货对冲）

含义	为配合现货市场上的交易，而在期货市场上做与现货市场商品相同或相近，但交易部位相反的买卖行为，以便将现货市场的价格波动的风险在期货市场上抵消
原理	某一特定商品的期货价格和现货价格受相同的经济因素影响和制约
方式	1）空头期货套期保值　如果某公司要在未来某时间出售资产，可以通过持有该资产期货合约的空头来对冲风险
	2）多头套期保值　如果某公司要在未来某时买入某种资产，则可采用持有该资产期货合约的多头来对冲风险

①空头期货套期保值

【总结】套期保值的步骤（情形1：未来要现货，市场要卖出）（见表6-93）

已知：未来现货市场要卖出（步骤①）→未来时点需要在期货市场上做买入（方向与现货市场相反）（步骤②）→现在时点需要在期货市场上做卖出（步骤③）

表6-93　　　　　　　　　　　总结

项　目	现　在		未　来	
	买入	卖出	买入	卖出
现货市场				①
期货市场		③	②	

【例子】（见表6-94）

表6-94　　　　　　　　　　例　子

	现货市场	期货市场
7月	签订合同，承诺在12月提供200吨铜给客户，因此购买现货铜200吨，每吨价格7 000美元	在期货交易所卖出12月到期的期铜200吨，每吨期铜价格7 150美元
12月	现货市场每吨铜的价格是6 800美元。按现货价格提交客户200吨铜	当月期铜价格接近现货价格，为每吨6 800美元。按此价格买进期铜200吨
结果	每吨亏损200美元	每吨盈利350美元

套期保值综合收益计算：（1）现货市场收益=交易数量×（单位卖出价-单位买入价）=200×（6 800-7 000）=-40 000（美元）；（2）期货市场收益=交易数量×（单位卖出价-单位买入价）=200×（7 150-6 800）=70 000（美元）；（3）套期保值综合收益=现货市场收益+期货市场收益=-40 000+70 000=30 000（美元）

小技巧：①期货市场收益总是与现货市场收益相反，即现货市场赚，则期货市场亏，反之亦然；②因此，即便有的同学搞不清楚期货市场买入价和卖出价，只要能根据生活常识正确计算出现货市场的收益，则根据收益相反原则，也可以将期货市场收益计算正确

②多头套期保值

【总结】套期保值的步骤（情形2：未来要现货，市场要买入）（见表6-95）

表6-95　　　　　　　　　　　总结

项　目	现　在		未　来	
	买入	卖出	买入	卖出
现货市场			①	
期货市场	③			②

【例子】（见表6-96）

表6-96　　　　　　　　　　例子

时间	现货市场	期货市场
7月	签订合同承诺在12月购买1 000吨原油，此时，现货每吨价格380美元	在期货交易所买进12月到期的原油期货1 000吨，每吨价格393美元
12月	现货市场每吨原油价格是400美元。按现货价格购买1 000吨原油	当月原油期货价格接近现货价格，为每吨399美元，按此价格卖出原油期货1 000吨
结果	每吨亏损20美元	每吨盈利6美元

套期保值综合收益计算：
（1）现货市场收益=1 000×（380-400）=-20 000（美元）
（2）期货市场收益=交易数量×（单位卖出价-单位买入价）=1 000×（399-393）
　　　　　　　　=6 000（美元）
（3）套期保值综合收益=现货市场收益+期货市场收益=-20 000+6 000
　　　　　　　　=-14 000（美元）

（3）期货投机的风险

期货投机，是指基于对市场价格走势的预期，为了盈利在期货市场上进行的买卖行为。由于远期市场价格的波动性，与套期保值相反，期货的投机会增加风险。

【考霸笔记】【案例】巴林银行某员工使用期货市场进行投机，结果大量亏损，最终导致巴林银行倒闭，体现了期货投机会增加风险。

3.期权套期保值

该知识点属于难点，但并不是考查的重点。期权套期保值思路与期货套期保值思路相同。计算组合收益也与期货套期保值类似，但期权市场收益还需要减去期权的持有成本。期权套期保值考试频率略低于期货套期保值，属于较冷门的知识点。

怎么理解期权套期保值？

（1）利用期权套期保值

期权作为对冲的工具可以起到与保险相似的作用。

例如：现持有某股票，价格为100美元，为了防止该股票价格下跌造成损失，而购进在一定期间内、行权价格为100美元的卖方期权。假设成本为7.5美元。

✓ 期权套期保值组合的收益（如图6-3所示）

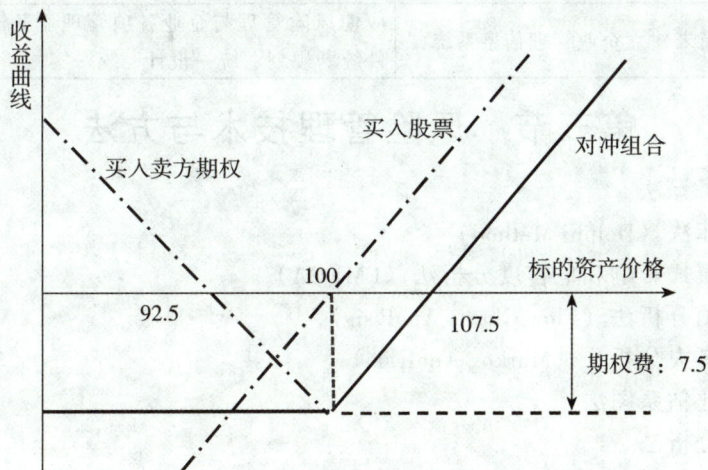

图6-3　期权套期保值组合收益图（单位：美元）

（2）期权投机的风险

期权也可以作为投机的工具，但风险更大。

✔ 风险理财措施综述

（1）风险理财是全面风险管理的重要组成部分，在对许多风险的管理上，有着不可替代的地位和作用；

（2）风险理财形式多样，应用灵活，时效性强，具有许多其他手段不可比拟的优点；

（3）风险理财技术性强，需要专门的人才、知识、组织结构、程序和法律环境；

（4）风险理财手段的不当使用，包括策略错误和内控失灵，可能带来巨大的损失。因此，风险理财本身的风险管理尤为重要。

五、风险管理信息系统

企业应将信息技术应用于风险管理的各项工作，建立涵盖风险管理基本流程和内部控制系统各环节的风险管理信息系统，包括信息的采集、存储、加工、分析、测试、传递、报告、披露等。

企业应采取措施确保向风险管理信息系统输入的业务数据和风险量化值的一致性、准确性、及时性、可用性和完整性。对输入信息系统的数据，未经批准，不得更改，具体见表6-97。

表6-97　　　　　　　　　　　**风险管理信息系统**

风险管理信息系统的功能	1）能够对各种风险的计量进行定量分析、定量测试	
	2）能够实时反映风险矩阵和排序频谱、对重大风险和重要业务流程的监控状态	
	3）能够对超过风险预警上限的重大风险实施信息报警	
	4）能够满足风险管理内部信息报告制度和企业对外信息披露管理制度的要求	
	5）应实现信息在各职能部门、业务单位之间的集成与共享，既能满足单项业务风险管理的要求，也能满足企业整体和跨职能部门、业务单位的风险管理综合要求	
注意	企业应确保风险管理信息系统的稳定运行和安全，并根据实际需要不断进行改进、完善或更新	
情况	已建立或基本建立企业管理信息系统	应补充、调整、更新已有的管理流程，建立完善的风险管理信息系统
	尚未建立企业管理信息系统	应使风险管理与企业各项管理业务流程、管理软件统一规划、统一设计、统一实施、同步运行

第五节　风险管理技术与方法

◇ 头脑风暴法

◇ 德尔菲法（Delphi Method）

◇ 失效模式影响和危害度分析法（FMECA）

◇ 流程图分析法（Flow Charts Analysis）

◇ 马尔科夫分析法（Markov Analysis）

◇ 风险评估系图法

◇ 情景分析法

◇ 敏感性分析法

◇ 事件树分析法（Event Tree Analysis，ETA）

◇ 决策树法（Decision Tree）
◇ 统计推论法

✓ 本节主要介绍了11种风险管理技术与方法，如图6-4所示，一般以选择题的方式考查，属于高频出题点。考试一般考查某种方法的适用条件，需要考生判断该方法属于定性分析、定量分析，还是定性加定量分析。对于头脑风暴法和德尔菲法，选择题曾以知识点直接还原的方式考查过该方法的优缺点，需要考生能做判断。其中，划线的7种方法考试频率相对较高。

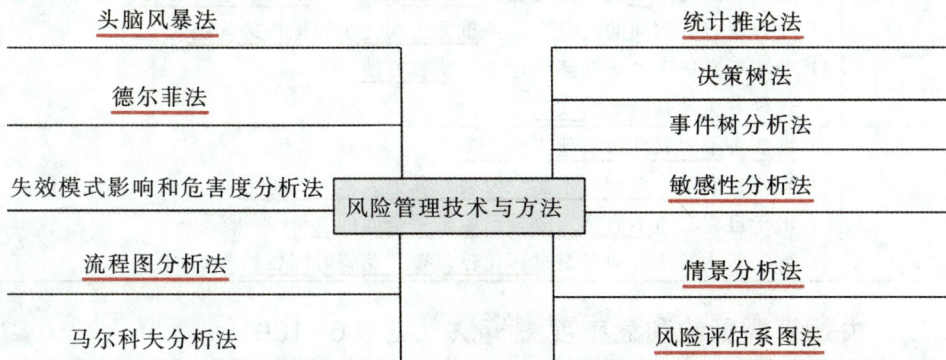

```
头脑风暴法                              统计推论法

德尔菲法                                决策树法

                                       事件树分析法

失效模式影响和危害度分析法    风险管理技术与方法    敏感性分析法

流程图分析法                            情景分析法

马尔科夫分析法                          风险评估系图法
```

图6-4　风险管理技术与方法

备考路径（如图6-5所示）

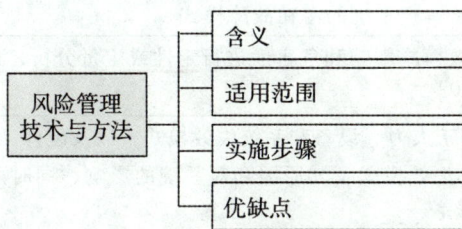

```
                        含义

风险管理              适用范围
技术与方法
                        实施步骤

                        优缺点
```

图6-5　备考路径图

一、头脑风暴法（见表6-98）

表6-98　　　　　　　　　　　　　　　　**头脑风暴法**

含义	又称智力激励法、BS法、自由思考法，是刺激并鼓励一群知识渊博、知悉风险情况的人员畅所欲言、开展集体讨论的方法
适用范围	适用于充分发挥专家意见，在风险识别阶段进行定性分析
优点	1）激发了想象力，有助于发现新的风险和全新的解决方案 2）让主要的利益相关者参与其中，有助于进行全面沟通 3）速度较快并易于开展
局限性	1）参与者可能缺乏必要的技术及知识，无法提出有效的建议 2）由于头脑风暴法相对松散，因此较难保证过程的全面性 3）可能会出现特殊的小组状况，导致某些有重要观点的人保持沉默而其他人成为讨论的主角 4）实施成本较高，要求参与者有较好的素质，这些因素是否满足会影响头脑风暴法实施的效果

考霸笔记
该知识点属于近几年考试中选择题爱考的考点。可以与德尔菲法的优缺点联系起来考查，建议抓关键字，有大致印象即可。

二、德尔菲法（见表6-99）

表6-99　　　　　　　　　　　　　　德尔菲法

含义	德尔菲法又名专家意见法，是在一组专家中取得可靠共识的程序，其基本特征是专家单独、匿名表达各自的观点，同时随着过程的推进，他们有机会了解其他专家的观点
适用范围	适用于在专家意见一致性的基础上，在风险识别阶段进行定性分析
优点	1）由于观点是匿名的，因此更有可能表达出那些不受欢迎的看法 2）所有观点有相同的权重，避免重要人物占主导地位的问题 3）专家不必一次聚集在某个地方，比较方便 4）这种方法具有广泛的代表性
局限性	1）权威人士的意见影响他人的意见 2）有些专家碍于情面，不愿意发表与其他人不同的意见 3）出于自尊心而不愿意修改自己原来不全面的意见 4）德尔菲法的主要缺点是过程比较复杂、花费时间较长

三、失效模式影响和危害度分析法（见表6-100）

表6-100　　　　　　　　失效模式影响和危害度分析法

含义	即失效模式影响及危害度分析法，是一种BOTTOM-UP（自下而上）的分析方法，可用来分析、审查系统的潜在故障模式
适用范围	适用于对失效模式影响和危害度进行定性或定量分析，还可以对其他风险识别方法提供数据支持
优点	1）广泛适用于人力、设备和系统失效模式，以及硬件、软件和程序 2）识别组件失效模式及其原因和对系统的影响，同时用可读性较强的形式表现出来 3）通过在设计初期发现问题，从而避免了开支较大的设备改造 4）识别单点失效模式以及对冗余或安全系统的需要
局限性	1）只能识别单个失效模式，无法同时识别多个失效模式 2）除非得到充分控制并集中充分精力，否则研究工作既耗时又开支较大

四、流程图分析法（见表6-101）

表6-101　　　　　　　　　　　　流程图分析法

含义	是对流程的每一阶段、每一环节逐一进行调查分析，从中发现潜在风险，找出导致风险发生的因素，分析风险产生后可能造成的损失以及对整个组织可能造成的不利影响
适用范围	对企业生产或经营中的风险及其成因进行定性分析
优点	流程图分析是识别风险最常用的方法之一 其主要优点：清晰明了，易于操作，且组织规模越大，流程越复杂，流程图分析法就越能体现出优越性。通过业务流程分析，可以更好地发现风险点，从而为防范风险提供支持
局限性	该方法的使用效果依赖于专业人员的水平

五、马尔科夫分析法（见表6-102）

表6-102　　　　马尔科夫分析法

含义	通常用于对那些存在多种状态（包括各种降级使用状态）的可维修复杂系统进行分析
适用范围	适用于对复杂系统中不确定性事件及其状态改变的定量分析
优点	能够计算出具有维修能力和多重降级状态的系统的概率
局限性	1）无论是故障还是维修，都假设状态变化的概率是固定的 2）所有事项在统计上具有独立性，因此未来的状态独立于过去的状态，除非两个状态紧密相接 3）需要了解状态变化的各种概率 4）有关矩阵运算的知识比较复杂，非专业人士很难看懂

六、风险评估系图法（见表6-103）

表6-103　　　　风险评估系图法

含义	用以评估风险影响的常见的定性方法是制作风险评估系图。风险评估系图识别某一风险是否会对企业产生重大影响，并将此结论与风险发生的可能性联系起来，为确定企业风险的优先次序提供框架
适用范围	适用于对风险初步的定性分析
优点	风险评估系图法作为一种简单的定性方法，直观明了
局限性	如需要进一步探求风险原因，则显得过于简单，缺乏有效的经验证明和数据支持

七、情景分析法（表6-104）

表6-104　　　　情景分析法

含义	情景分析法可用来预计威胁和机遇可能发生的方式，以及如何在各类长期及短期风险中识别威胁，把握机遇
适用范围	通过模拟不确定性情景，对企业面临的风险进行定性和定量分析
优点	对于未来变化不大的情况能够给出比较精确的模拟结果
局限性	1）在存在较大不确定性的情况下，有些情景可能不够现实 2）在运用情景分析法时，主要的难点涉及数据的有效性以及分析师和决策者开发现实情景的能力，这些难点对结果的分析具有修正作用 3）如果将情景分析法作为一种决策工具，其危险性在于所用情景可能缺乏充分的基础，数据可能具有随机性，同时可能无法发现那些不切实际的结果

考霸笔记
该知识点属于冷门知识点，建议通读即可，需掌握此方法属于定量分析方法。

考霸笔记
该方法属于选择题爱考的知识点。风险评估系图法以风险发生的可能性和风险发生影响程度为两个维度，其中，双高的风险需要优先处理。

考霸笔记
该知识点属于较冷门知识点，建议略作了解。其中，必须掌握情景分析法属于定性加定量分析方法。

第六章

考霸笔记

该知识点建议掌握，能够根据案例判断出描述的是敏感性分析法，掌握敏感性分析法属于定量分析方法，知道显示方式为龙卷风图。

八、敏感性分析法（见表6-105）

表6-105 敏感性分析法

含义	是针对潜在的风险性，当研究项目的各种不确定性因素变化至一定幅度时，计算其主要经济指标变化率及敏感程度的一种方法
显示方式	敏感性分析最常用的显示方式是龙卷风图。龙卷风图有助于比较具有较高不确定性的变量与相对稳定的变量之间的相对重要程度
适用范围	适用于对项目不确定性对结果产生的影响进行的定量分析
优点	1）为决策者提供有价值的参考信息 2）可以清晰地为风险分析指明方向 3）可以帮助企业制订紧急预案
局限性	1）分析所需要的数据经常缺乏，无法提供可靠的参数变化情况 2）分析时借助公式计算，没有考虑各种不确定性因素在未来发生变动的概率，无法给出各参数的变化情况，因此其分析结果可能和实际相反

九、事件树分析法（ETA）（见表6-106）

表6-106 事件树分析法

含义	事件树是一种表示初始事件发生之后互斥性后果的图解技术，其根据是为减轻其后果而设计的各种系统是否起作用，它可以定性地和定量地应用
适用范围	适用于对故障发生以后，在各种减轻事件严重性的因素下，对多种可能后果的定性和定量分析 **必须掌握**。
优点	1）ETA以清晰的图形显示了经过分析的初始事项之后的潜在情景，以及缓解系统或功能成败产生的影响 2）它能说明时机、依赖性，以及故障树模型中很烦琐的多米诺效应 3）它生动地体现事件的顺序，而使用故障树是不可能表现的
局限性	1）为了将ETA作为综合评估的组成部分，一切潜在的初始事项都要进行识别，这可能需要使用其他分析方法（如危害及可操作研究法），但总是有可能错过一些重要的初始事项 2）事件树只分析了某个系统的成功及故障状况，很难将延迟成功或恢复事项纳入其中 3）任何路径都取决于路径上以前分支点处发生的事项，因此，要分析各可能路径上众多从属因素。然而，人们可能会忽视某些从属因素，如常见组件、应用系统以及操作员等。如果不认真处理这些从属因素，就会导致风险评估过于乐观

十、决策树法（见表6-107）

怎么区分决策树法和情景分析法？

表6-107 决策树法

含义	在不确定性情况下，以序列方式表示决策选择和结果
适用范围	适用于对不确定性投资方案期望收益的定量分析
优点	1）对于决策问题的细节，提供了一种清楚的图解说明 2）能够计算达到一种情形的最优路径
局限性	1）大的决策树可能过于复杂，不易与其他人交流 2）为了能够用树形图表示，可能有过于简化环境的倾向

十一、统计推论法（见表6-108）

统计推论法

表6-108　　　　　　　　　　统计推论法

含义		是进行项目风险评估和分析的一种十分有效的方法
分类	前推	根据历史的经验和数据推断出未来事件发生的概率及后果
	后推	是在手头没有历史数据可供使用时所采用的一种方法。是把未知的想象的事件及后果与已知事件及后果联系起来，把未来风险事件归结到有数据可查的，造成这一风险事件的初始事件上，从而对风险做出评估和分析
	旁推	利用类似项目的数据进行外推，用某一项目的历史记录对新的类似建设项目可能遇到的风险进行评估和分析
适用范围		适合于各种风险分析预测，是一种定量分析的方法　必须掌握。
优点		1）在数据充足、可靠的情况下简单易行 2）结果准确率高
局限性		1）由于历史事件的前提和环境已发生了变化，不一定适用于现在或未来 2）没有考虑事件的因果关系，使外推结果可能产生较大偏差，为了修正这些偏差，有时必须在历史数据的处理中加入专家或集体的经验修正

【总结】（见表6-109）高频考点，必须掌握。

表6-109　　　　　　　　　　总结

定性分析	头脑风暴法、德尔菲法、流程图分析法、风险评估系图法
定量分析	马尔科夫分析法、敏感性分析法、决策树法、统计推论法
定性和定量分析	失效模式影响和危害度分析法、情景分析法、事件树分析法

智能测评

在线练习		我要提问

扫码在线做题	扫码看答案	扫码答疑

　　本书"本章同步强化训练"均配备二维码，打开微信"扫一扫"即可完成在线测评，查看本章详细的测评反馈报告，了解知识掌握情况，也可扫码直接看答案噢。

　　快来扫码做题吧！

　　本书配备答疑专用二维码，打开微信"扫一扫"，即可完成在线提问，获取专业老师全面个性化解答，让学习问题不再拖延。

　　快来扫码提问吧！

本章同步强化训练

一、单选题

1. 下列关于风险的表述错误的是（　　　）。

A. 风险是最有可能的结果　　　　　　　　B. 风险既具有客观性又具有主观性

C. 企业风险与企业战略息息相关　　　　　D. 风险总是与机遇并存

2. 甲公司是我国电动汽车企业，最近自行生产一批新型电动汽车并推向市场。车主提车使用后发现，该汽车电池续航仅为200km，系统频繁死机，使用极其不方便，导致市场对该新型电动汽车的接受程度较差，严重影响了甲公司的汽车销量。甲公司面临的风险有（　　　）。

A. 技术风险　　　　B. 市场风险　　　　C. 运营风险　　　　D. 产业风险

3. 下列各项中，属于企业操作风险的是（　　　）。

A. 泥石流导致公路中断，使某企业运输途中的设备未能按期送达

B. 设备零件发生故障，导致某化工企业生产被迫中断

C. 某高科技企业总经理管理知识缺乏，企业仍处于粗放式管理阶段

D. 某电子商业企业股票下跌6%，导致企业市值波动较大

4. 甲公司从事高档写字楼物业管理，每季度末都将对工人健康、安全风险较高的写字楼外墙清洗工作外包给专门的保洁公司，甲公司采取的风险管理工具有（　　　）。

A. 风险规避　　　　B. 风险转移　　　　C. 风险补偿　　　　D. 风险承担

5. 天天公司是国内大型的建筑公司，现准备承接一项在非洲肯尼亚的大型建筑工程。该合同以当地货币结算，而当地的汇率近年来一直浮动较大，因此天天公司与银行签订合同进行货币互换。在以上材料中，天天公司的做法属于风险管理策略工具中的（　　　）。

A. 风险转移　　　　B. 风险规避　　　　C. 风险控制　　　　D. 风险对冲

6. 天天公司是国内大型的建筑公司，现准备承接一项在非洲肯尼亚的大型建筑工程。由于客户时间紧急，约定的完工时间也比较紧凑，施工时间较少，天天公司从工程一开始就加紧进度，提升了整体的施工速度。在以上材料中，天天公司的做法属于风险管理策略工具中的（　　　）。

A. 风险转换　　　　B. 风险补偿　　　　C. 风险规避　　　　D. 风险控制

7. 下列处理方式中，不属于风险对冲的是（　　　）。

A. 多种外币结算的使用　　　　　　　　　B. 战略上的多种经营

C. 风险资本　　　　　　　　　　　　　　D. 套期保值

8. 下面不属于风险管理委员会职责的是（　　　）。

A. 审议内部审计部门提交的风险管理监督评价审计综合报告

B. 审议风险管理组织机构设置及其职责方案

C. 审议风险管理策略和重大风险管理解决方案

D. 审议全面风险管理年度报告

9. 如云公司每年最低的运营资本是10亿元，企业拥有2.5亿元的风险资本，企业有1%的可能性需要15亿元才能维持运营，企业有3%的可能性需要12.5亿元才能维持运营，企业有5%的可能性需要12亿元才能维持运营。那么本企业的生存概率为（　　　）。

A. 99%　　　　　　B. 95%　　　　　　C. 97%　　　　　　D. 100%

10. 下列情形中，公司管理损失事件的方法属于应急资本的是（　　　）。

A. 甲公司是房地产公司，最近新成立一个子公司，专门用母公司提供的资金建立损失储蓄金，并为母公司提供保险

B. 乙公司是出口贸易公司，与A银行签订了协议，规定一年内若海运中途遭受海盗袭击，公司可以从A银行获得一笔资金，并支付了相应的费用

C. 丙公司是棉花贸易公司，为应对汇率上升的风险，进行了外汇期货套期保值

D. 丁公司是为应对贸易战对公司的影响，储备了风险准备金

11. 下列关于基差的描述中，错误的是（　　）。

A. 基差在期货合约到期日为零

B. 一般而言，离到期日越近，基差越小

C. 基差是所用合约的期货价格与标的物的现货价格之差

D. 基差在期货合约到期日之前可正可负

12. 甲公司与乙公司签订合同，承诺在12月出售200吨铜给乙公司，当前现货铜的市场价格为7 000美元，为了减少未来不确定性带来的损失，甲公司在期货市场卖出了12月到期的期铜200吨，每吨7 150美元。12月份，现货市场每吨铜价格为6 800美元，期货市场每吨铜6 800美元，甲公司进行了平仓，那么在本题中，甲公司套期保值的综合收益为（　　）美元。

A. 30 000　　　　　B. 10 000　　　　　C. 28 500　　　　　D. 0

13. 甲公司是一家计划向新能源转型的传统汽车制造商，为了识别战略转型的各项风险，甲公司聘请了20位相关领域的专家开展集体讨论，要求各专家依次在第一时间给出对问题的看法。甲公司采取的这种风险管理方法是（　　）。

A. 德尔菲法　　　　B. 头脑风暴法　　　　C. 情景分析法　　　　D. 因素分析法

14. 下列风险管理技术与方法中，可以用作定性分析的是（　　）。

A. 敏感性分析法　　　B. 马尔科夫分析法　　　C. 决策树法　　　D. 事件树分析法

15. 下列各项中，属于内部控制5要素中的控制环境的是（　　）。

A. 甲公司结合自身情况设置内部机构，明确职责权限

B. 乙公司分析并准确掌握关键岗位员工的风险偏好

C. 丙公司建立并实施绩效考评制度

D. 丁公司定期对内部控制的有效性进行自我评价

16. 下列各项中，不属于常见的内部控制活动是（　　）。

A. 甲公司为大中型企业，设置会计师职位，并且没有设置与其职权重叠的副职

B. 乙公司严格限制未经授权的人员接触和处置资产

C. 丙公司定期开展运营情况分析，以便发现存在的问题，及时查明原因并加以改进

D. 丁公司编制年度财务决算报告

17. 甲公司财务部只有3名员工：1名财务经理，1名会计和1名出纳。甲公司下列日常资金运营管理的控制活动中，出现错误的是（　　）。

A. 出纳不能负责登记银行存款日记账

B. 财务专用章、企业法人章分别由出纳和会计保管

C. 财务经理虽然不负责编制任何会计凭证，但必须复核会计、出纳编制的全部会计凭证

D. 财务经理复核由会计人员按月编制的银行存款余额调节表，并调查异常调节项目

18. 下列关于我国《企业内部控制基本规范》关于控制活动要素中会计系统控制要求的描述中，错误的是（　　）。

A. 会计机构负责人应当具备会计师以上专业技术职务资格

B. 大中型企业应当设置总会计师

C. 设置总会计师的企业，不得设置与其职权重叠的副职

D. 企业可以根据自身情况适当改变一些会计准则制度

二、多选题

1. 下列选项中，属于企业的运营风险的是（　　）。

A. 企业的产品营销策略失误导致了最新产品的滞销

B. 某运输队负责运输的礁石，由于山体滑坡被迫延期送达

C. 某企业管理人员由于缺乏相应经验，导致企业效率低下

D. 某企业已经销售产品的应收账款，由于人民币汇率的上升而导致损失了100万元

2. 在对一家企业进行评估其可能面临的产业风险时，需要考虑的因素有（　　）。

A. 产业（产品）的生命周期阶段　　　　B. 产业波动性

C. 产业集中程度　　　　　　　　　　D. 产业复杂程度

3. 下面属于企业风险管理特征的是（　　）。

A. 全员性　　　　　B. 二重性　　　　　C. 系统性　　　　　D. 全局性

4. 下列关于企业全面风险管理特征的表述中，正确的有（　　）。

A. 紧密联系企业战略，目的是寻求风险优化措施

B. 主要运用于企业的日常风险管理层面

C. 对企业所有风险进行管理

D. 将风险管理作为价值中心

5. 下列选项中，属于风险管理基本流程的是（　　）。

A. 收集风险管理初始信息　　　　　　B. 进行风险评估

C. 制定风险管理策略　　　　　　　　D. 评估风险管理策略

6. 下列信息中，属于分析运营风险需收集的信息是（　　）。

A. 新市场开发、市场营销策略

B. 企业风险管理的现状和能力

C. 对现有业务流程和信息系统操作运行情况的监管、运行评价及持续改进评价

D. 与主要竞争对手相比，该企业的实力与差距

7. 下列不属于风险度量方法中概率统计法的是（　　）。

A. 最大可能损失　　　B. 层次分析法　　　C. 在险值　　　　　D. 波动性

8. 下列选项中，属于风险管理策略的工具的是（　　）。

A. 风险承担　　　　　B. 风险转移　　　　　C. 风险消除　　　　D. 风险规避

9. 下列各项中，属于企业一般可以把风险承担作为风险管理策略的情况是（　　）。

A. 企业管理层及全体员工都未辨识出风险

B. 企业面临影响企业目标实现的重大风险

C. 企业从成本效益考虑认为选择风险承担是最适宜的方案

D. 企业缺乏能力对已经辨识出的风险进行有效管理与控制

10. 甲公司与乙公司签订合同，在3个月后卖出一批棉花，甲公司管理层预计3个月后棉花的市场价格将大幅度下跌。甲公司计划通过衍生工具交易抵消棉花市场价格下跌的风险，甲公司可

以采取的是（　　　）。

A. 期货空头套期保值　　　　　　B. 期货多头套期保值

C. 买入看涨期权　　　　　　　　D. 买入看跌期权

11. 企业风险管理组织体系包括（　　　）。

A. 规范的公司法人治理结构　　　B. 企业其他职能部门及各业务单位

C. 下属公司　　　　　　　　　　D. 下属公司的职能部门及各业务单位

12. 以下关于风险管理体系中董事会、风险管理委员会和风险管理职能部门的表述中错误的是（　　　）。

A. 董事会负责批准全面风险管理年度工作报告

B. 风险管理委员会负责审议重大决策、重大风险、重大事件和重要业务流程的判断标准或判断机制

C. 风险管理职能部门负责研究提出风险管理组织机构设置及其职责方案

D. 风险管理职能部门负责组织协调全面风险管理日常工作

13. 乙公司是一家国内知名的互联网企业。乙公司去年以来推出了多款新的互联网金融产品。为了消除部分客户对其产品风险的质疑，乙公司组织了来自学术界、企业界以及政府相关职能部门的专家，通过电子信箱发送问卷的调查方式征询专家对公司产品风险的意见。下列各项对乙公司采用的风险管理技术与方法优点的表述中，错误的是（　　　）。

A. 这种方法速度较快，容易开展

B. 这种方法通过专家群体决策，产生尽可能多的设想

C. 这种方法更有可能表达出那些不受欢迎的看法

D. 这种方法能够激发专家们的想象力

14. 在我国《内部控制基本规范》中，作为内部控制的目标的是（　　　）。

A. 合规目标和运营目标　　　　　B. 资产安全

C. 财务报告目标　　　　　　　　D. 战略目标

15. 下列各项中，属于内部控制要素中的内部监督的体现有（　　　）。

A. 内部审计机构设置、人员配备、工作独立性、职责权限和缺陷报告规则

B. 企业应当定期对内部控制的有效性进行自我评价，出具内部控制自我评价报告

C. 企业应当制定内部控制缺陷认定标准

D. 企业应就发现的重大缺陷，追究相关责任单位或者责任人的责任

16. 下列选项中，违反不相容职务分离控制要求的有（　　　）。

A. 甲公司由出纳负责开具银行支票和编制银行存款余额调节表

B. 乙公司由销售人员负责签订合同和收款

C. 丙公司规定资产的保管人员与收发人员不能由同一人担任

D. 丁公司规定由人力资源部门根据考勤记录来计算员工工资

17. 下列选项中，属于企业反舞弊工作的重点的有（　　　）。

A. 未经授权侵占、挪用企业资产，谋取不当利益

B. 财务会计报告和信息披露等方面存在的虚假记载、误导性陈述或者重大遗漏

C. 董事、监事、经理及其他高级管理人员滥用职权

D. 相关机构或人员串通舞弊

18. 组织结构设计与运行中需关注的主要风险包括（　　　）。

A. 治理结构形同虚设，缺乏科学决策

B. 内部机构设计不科学，权责分配不合理

C. 缺少治理结构图、业务流程图

D. 缺乏良性运行机制和执行力

三、简答题

爱宝公司是 B 国一家婴幼儿用品生产商，公司的产品包括婴儿床、婴儿车、婴幼儿学习及个人卫生用品等，产品主要在 B 国内销，B 国近年生育率一直处于高位，为婴幼儿用品市场创造了不少商机。

最近，爱宝公司的客户服务单位分别从互联网及投诉信件两个途径，收到 15 宗与其刚推出市场三个月的新型号婴儿车（产品编号 AB2202）有关的客户投诉。对于这些投诉，客户服务部主管已经向爱宝公司的运营部主管张大宏通报，投诉内容主要是婴儿车的前扶手及两侧的金属铰链容易卡住小孩的手指甚至脖子而导致婴儿受伤。

张大宏针对客户投诉与产品设计部主管胡总和生产部主管刘总商讨该新型号婴儿车在产品设计或生产程序上是否有改进的必要。在讨论过程中，胡总及刘总坚持 AB2202 婴儿车的设计与生产程序没有问题，虽然 B 国没有任何针对该产品的设计及安全标准，但依据他们多年的工作经验，AB2202 婴儿车的设计与生产程序不会对婴儿产生任何安全问题。

此后，张大宏仍然非常担忧这类投诉会接踵而至，如果那样局面将可能一发不可收拾，因为 B 国婴儿用品质量始终是公众非常关注的问题。两个星期后，张大宏收到客户服务部主管的电邮，告知对 AB2202 婴儿车的投诉又增加了 7 宗，同时公司还收到报社记者对相关投诉的查询，公司在互联网上也发现有关投诉的言论。

【要求】

（1）依据《企业内部控制应用指引第 4 号——社会责任》，分析爱宝公司生产销售 AB2202 婴儿车在履行社会责任方面需要关注的主要风险。

（2）简述法律风险与合规风险的内涵，分析如果爱宝公司生产销售 AB2202 婴儿车确实存在严重的质量问题，爱宝公司将面临的法律风险与合规风险。

第三部分

跨章节综合集训

专题一　战略管理流程

例题 1：综合题

资料一

20世纪90年代，兰微公司在C国推出微波炉产品。兰微公司充分利用市场对微波炉产品价格的高度敏感性，通过集中生产少数品种、规模经济、减少各种要素成本、提高生产效率、不断改进产品工艺设计、承接外包等多种手段降低成本，以"价格战"不断摧毁竞争对手的防线，抬高行业的进入门槛，使自己成为微波炉行业的"霸主"，国内市场占有率超过70%，全球产量占比超过30%。国内微波炉生产厂商从超过200家迅速下降到不足30家。

1999年，在众人的质疑声中，光美公司宣布大举进入微波炉行业。光美公司当时的战略决策基于两点理由：一是从制造技术的角度看，微波炉和光美公司已生产的电饭煲、电磁炉等产品都是使用电能转换加热系统，因此对微波炉的技术研发、生产制造和营销网络都有着极其便利的条件和经验，还可以利用光美公司在其他厨具小家电市场上树立的品牌优势开拓市场；二是光美公司的主打产品空调、风扇等，销售旺季集中在每年的3~8月，在其余时间里资金和经销商资源的利用都明显不足，而推出微波炉产品可以弥补这一缺陷，有利于优化公司整体运作和产品结构，建立新的利润增长点。

对于光美公司的挑战，兰微公司予以迎击，不仅再次祭起了"价格战"的大旗，而且宣布大举进军光美公司已拥有优势的产品市场，如空调、冰箱、风扇、电暖气等产品市场。针对兰微公司的行为和兰微公司价格血洗形成的行业规模壁垒，光美公司的微波炉业务确立了"低成本、规模化"的跟随发展策略，利用光美公司强大的品牌优势、销售网络和资源实力，以"低价渗透"的方式与兰微公司展开正面的激烈对抗，开启了微波炉行业"两强争霸"的征程。

在与兰微公司竞争力的对比分析中，光美公司清楚地看到，自己的微波炉业务竞争地位不稳固，多年来一直被迫接受价格战，而没有通过差异化创新建立与兰微公司相抗衡的产品特色和品牌形象。

2006年，在一次光美公司每年例行的经营策略高层研讨会上，与会人员对微波炉行业的发展趋势和公司应对策略形成了统一的判断和认识。

与炉灶等加热工具相比，微波炉具有多种优点，它不仅能快速加热或烹调食物，而且没有油烟，还能保持食物的原汁原味与减少营养损失。在C国，虽然80%以上的家庭已经使用微波炉，但微波炉只是作为一个加热工具，它的多种优点还没被消费者充分认识。同时，市场上的微波炉设计、构造与性能雷同，缺少创新型产品。如果能够开发并向市场推出使消费者迅速认识并接受微波炉的多种优点的产品，微波炉市场将进入另一个高速发展期。

光美公司对全球微波炉产销调研的情况显示，在国际市场，日本、韩国垄断了中高端市场，C国企业控制了中低端市场，而全球微波炉市场中低端制造向C国转移已经接近尾声。随着材料成本、物流成本的快速上升，微波炉行业的利润空间将进一步缩小。日本、韩国企业由于在规模、产业链的配套上不如C国企业，成本劣势将进一步凸显，只能逐步退出制造领域，因此为C国企业进入中高端制造领域、实现中高端产品出口增长提供了机会。

与会人员一致认为，公司应当从以跟随为主的"低成本"战略向"差异化"战略转变；公司竞争的焦点应当从关注竞争对手向关注消费者、关注客户需求转变；用3~5年的时间，扭转目前品牌竞争的被动局面，由"中低端"向"中高端"转变，最终超越兰微公司成为全球微波炉行业霸主，成为全球最优秀的微波炉供应商。

资料二

光美公司于2006年在国内率先推出具备蒸功能的产品，这不仅是第一款针对国内市场消费者使用习惯开发的本土化创新产品，实现了C国传统烹饪习惯与微波炉功能优点的有效结合，而且在核心技术上形成了对兰微公司的技术壁垒，突破了兰微公司的价格和产品封锁。经过将近一年的推广，市场反响很好，显示了巨大的发展潜力。光美公司决定通过对微波炉"蒸功能"的持续升级和传播实现战略转型，扭转在国内市场上竞争的被动局面。

2007年，公司确立了以"80后"白领阶层以及一、二线城市家庭作为具备"蒸功能"微波炉的主要目标客户群，推出了第二代具备蒸功能的产品——"全能蒸"微波炉。这款微波炉可以使国内8大菜系的代表性菜式烹饪通过"蒸功能"实现，并将健康、营养、口感、杀菌与外观的时尚及使用的安全、便捷完美地结合在一起。此后，光美公司以"蒸功能"为主题的产品功能不断升级，针对不同消费群体的产品线不断扩充，"蒸文化"逐步普及，公司和产品的品牌形象日益鲜明。

2008年，光美公司发布了5个系列14款"蒸功能"微波炉。该产品在智能化、时尚设计方面对第二代产品进行了升级，并针对不同细分市场推出系列新品。

2009年，光美公司第三代产品"蒸立方"面世。该款产品创造了三项纪录：首创新的蒸技术，即不借助其他器具，由蒸汽将食物蒸熟；首创炉腔内蒸汽温度达到300°C，使食物脱脂减盐，更有效地保留营养；首创自动供水、排水系统，使用更加便捷，也更省电。

2010年，光美公司发布第五代"蒸功能"系列新品。新产品顺应节能、绿色、环保的时代潮流，率先将历时4年开发的变频技术应用在微波炉上，产品更节能。同时，光美公司宣布退出300元以下微波炉市场，主流变频蒸立方产品价格集中在3 000~5 000元，最高端变频高温产品的零售价格高达10 000元。

2012年，光美公司发布了半导体、太阳能和云技术微波炉三大创新产品，而且宣布把蒸立方作为独立的高端品牌。从2012年开始，超市系统将停止销售399元以下产品，在连锁销售系统中将停止销售599元以下产品。光美公司解释，从光美公司掌握的数据看，国内市场的高端化消费趋势已经非常明显，低端产品对消费者已不具吸引力。

光美公司在不断创新和推出产品的过程中，成功地开展了一系列促销活动。

2006年，光美公司开启了以"食尚蒸滋味"为主题的全年推广活动，首次在各大电视台开展广告营销活动，同时在全国主要市场开展产品的循环演示活动。2008年，光美公司主办了"蒸夺营养冠军"的全国推广活动。2009年，光美公司推出"全蒸宴"的全国演示推广活动。2010年，光美公司推出"蒸出营养与健康——光美公司蒸立方"微波炉的电视形象广告片。配合线上的品牌广告推广以及线下的循环演示活动，2010年，光美公司耗巨资在国内主要城市的核心终端，开辟了1 000个"蒸立方"品牌专柜。

2011年，公司开发上线了新一代营销管理系统，该系统实现了全国主要终端的销售、库存数据动态更新，公司能及时了解市场销售变化情况。2012年，光美公司推出另一项重大变革措施，变以产定销为以销定产。这项变革成效显著，仅2012年第一个季度工厂库存就下降了60%。

自2007年起，光美公司在海外前15大市场设立了区域经理，同时针对不同区域的主流客户设立了专门的产品开发团队。通过资源的聚焦、本土化市场拓展以及公司技术、品质等后台支持体系的不断强化，至2010年，光美公司生产的微波炉在9个国家成功实现对竞争对手产品的超越，在10个国家中市场占有率排在首位。

资料三

提升自主创新能力一直是光美公司努力的方向和管理的重点。光美公司在这方面开展的主要工作有：

（1）确定公司技术发展方向以及技术发展路线。2009年，公司制定了三年技术路线图，其中不仅规划出公司主要技术发展方向，而且第一次将产品实现技术（关键制造技术）纳入技术规划中，形成基础研究、核心技术研究、产品开发的阶梯创新模式，实现了技术与市场的有效对接。

（2）广泛开展技术合作。2008年，光美公司引进变频器开发的鼻祖——日本D公司的变频技术以及高温蒸汽技术和生产工艺。经过一年多的消化吸收，公司于2010年在国内市场推出"变频蒸立方高端新品"，树立了光美公司在微波炉"蒸功能"上的绝对技术领先地位。此外，公司广泛开展与国内外科研院校、零部件供应商在研发项目上的合作。公司还与其他单位建立联合实验室，开展长期的合作研究。

（3）投入巨资改善软硬件条件。到2012年年底，光美公司研发体系的人员从转型前的约100人增加到240人，形成了10多个前沿、关键技术研究团队。公司调整了研发项目激励方式，提高了基础研究项目的激励比例。同时，公司调整了科技人员的薪酬结构，减少年底绩效收入，提高固定薪金，以稳定研发队伍。公司累计投资3亿多元，建立了包括零部件质量检验、整机性能寿命检测、消费者体验研究、营养分析等在内的全球最先进、最完善的研发测试体系。

（4）大刀阔斧进行组织变革。2009年之后，公司不断完善基于以市场、客户为导向的矩阵式管理模式，各产品、客户经理对经营结果负责，并拥有相应的产品企划和定价、供应商选择、人员选择等关键权力；其他管理人员在各自职责体系中对产品、客户经理经营提供后台支持。

（5）变革学习、考核机制。公司不断加大对各类人员培训的投入，同时转变培训方式。公司要求中高层管理者每年必须走访市场不少于4次，倾听市场和客户的声音。公司定期组织中高层管理者赴日本、韩国企业进行学习交流。公司每年投入超过1 000万元的培训费用，用于员工的专业技能培训。公司出台专项政策，鼓励员工进行再学习、再深造。公可经常组织读书心得分享会，书目由公司总经理亲自选定，均与公司当期推动的变革措施有关。光美公司的绩效导向文化逐渐深入到员工骨髓，公司也结合各阶段工作重点在绩效考核导向方面进行不断的调整和优化。

（6）提高成本竞争力。为了避免差异化成本过高，光美公司通过加大部件自制、精益运营、加强价值链信息共享和协同降低运营成本等手段来创新成本管控，解决成本与结构升级的矛盾，应对资源要素价格的持续上升，保证成本优势。

经过多年的努力，光美公司在2010年成功超越兰微公司成为微波炉出口冠军；在2012年，光美公司微波炉国内市场品牌价格指数全面超越兰微公司，由行业跟随者升级为行业领导者，跳出行业"价格战"的恶性循环，实现了企业业绩持续增长。

要求：

（1）简要分析光美公司实行多元化经营进入微波炉产业的动因（即采用多元化战略的优点）。

（2）简要分析兰微公司微波炉产品实施成本领先战略的条件（从市场情况、资源能力两个方面）与风险。

（3）简要分析光美公司微波炉产品战略转型、实施差异化战略的条件（从市场情况、资源能力两个方面），以及光美公司如何防范差异化战略的风险。

（4）简要分析兰微公司为阻止光美公司进入微波炉产业所设置的行为性障碍。

（5）简要分析光美公司战略变革的动因和主要任务。

（6）简要分析光美公司战略转型中研发的类型、动力来源和定位。

（7）依据市场营销组合4个要素，简要分析光美公司如何运用市场营销来实现战略转型。

专题二　战略与风险

例题2：综合题

资料一

广源天药集团是一家专门生产医药产品，并且拥有独一无二的国家级保密配方和百年老字号品牌的医药企业。其核心产品广源天药在治疗出血、消炎等方面有非常好的疗效，在国内外享有很高的声誉。

广源天药集团最初生产销售的粉剂产品，产品结构较为单一。随着人们生活水平的逐渐提高，医药企业竞争日趋激烈，消费者对医药产品功能的要求也日益多样化。广源天药集团顺应时代发展对药品剂型、便捷性、准确性等多方面的需求进行创新，从1975年开始，在广源天药秘方原有剂型的基础上研制出系列新剂型、新品种，历经30多年时间，逐步开发构建了广源天药完整、庞大的产品群，如主打止血消炎的广源天药膏、广源天药酊，用于外伤止痛的广源天药气雾剂，具有止血功效的创可贴等。同时，广源天药深入挖掘创新以天然植物为原料的民族药物，成功研发出具有地方特色的新产品，如脑脉通口服液、宫血宁胶囊等。广源天药集团坚持稳老扶新、循序渐进地优化产品群结构，将自身独特的技术优势与多变的市场需求相结合，不断开发出新的高品质药品，赢得了消费者的信赖。

广源天药新产品开发的最具代表性的产品是广源天药创可贴。2000年，创可贴市场占领者——国际品牌BD创可贴仅仅是一种卫生消毒材料，对伤口没有止血和愈合的功效。而广源天药产品具有很强的止血和愈合功效。如果将广源天药产品的药性与创可贴的功效结合起来，可与其他创可贴形成功能性差异。但是当时广源天药不具备生产透皮方面的技术，为了快速推出此类产品，广源天药选择暂时不进行自主研发，与国外创可贴企业合作，广源天药提供创可贴的敷料部分，国外企业负责成品生产。2001年3月，广源天药投资成立专业透皮研究部门，主要对创可贴进行研究开发，引进日本更先进的透皮生产技术，委托国内企业加工生产8 000多万张，产量比2000年增长了近100倍。随后投资300万元建立广源天药创可贴生产线，并投资2 000多万元组建医药电子商务公司，完善创可贴销售网络。2004年，广源天药创可贴年销售额达到4 000万元。2006年，广源天药加大宣传攻势，着重宣传广源天药创可贴弥补了其他同类产品只能护理不能治疗的缺陷，彻底打破了BD创可贴独霸天下的局面，当年广源天药创可贴与BD创可贴的市场占有率由2000年的1∶10涨到1∶2.6。随后，广源天药集团成立了主要生产经营透皮产品的事业部，并于2011年收购国内一家制药厂，作为与透皮事业部相配套的生产企业。2012年，广源天药创可贴销售额再创新高，达到4亿元。到目前为止，广源天药仍然是创可贴行业的翘楚。

资料二

广源天药没有止步于药品系列的开发。广源天药集团管理层考虑，一方面，广源天药集团进入国家基本药物目录的药品在价格上受到限制，招标采购模式也使得药品价格维持在一个较低的水平，毛利率较低；另一方面，一种药品从立项、临床报批到进入市场需要很长的周期和大量资金投入，进入市场的结果也存在着未知的风险。一旦产品销售不佳，会对广源天药集团产生较大影响。因此，广源天药集团希望将开发非药品业务作为公司新的利润增长源泉，这样，一方面可以获得足够的资金支撑企业研发新的医药产品，另一方面也可以抵御医药市场的竞争压力，规避产业发展风险。此外，广源天药集团管理层还期望充分发挥企业在药品经营中各种有形资源和良好的品牌声誉优势，进一步扩大公司生存发展空间。

早在2002年，广源天药集团就开始进军日化产业。先从牙膏产品入手。一般传统牙膏的主要功能是解决牙齿防蛀和清洁问题，而80%左右的成年人或多或少都有口腔溃疡或者牙龈萎缩出血等问题。广源天药集团开始研发天药牙膏，利用天药的活性成分，开发出一种能够帮助消费者减轻牙龈出血等口腔问题的独特的药物牙膏。2004年，广源天药牙膏开始投放市场，市场反应良好。2005年，天药牙膏销售收入接近8 000万元。在此基础上，广源天药集团又对产品进行不断改进和完善。2014年，广源天药牙膏销售额突破19亿元，在国内所有牙膏品牌中的市场份额位列第三。

开发广源天药牙膏的成功激励着企业进入其他日化领域。2008年年初，广源天集团与日本高端品牌化妆品企业S公司签订化妆品转让技术合约，进行护肤类化妆品研究、开发、生产和销售。2010年，广源天药集团投资500万元组建健康产品事业部，主要进行健康护理产品类的生产经营。从2009年到2014年，公司相继推出健康类个人护理产品沐浴素、洗发水、护发素、面膜、护手霜、卫生棉等新产品。

2003年以来，国内房地产行业发展突飞猛进，房地产的巨大利润吸引了广源天药集团。2006年，广源天药集团投资成立100%控股的广源天药置业有限公司，主营房地产开发，注册资本1 000万元。2011年，又成立了物业服务公司，为集团的房地产公司提供配套物业服务。2012年，集团又投资38亿元修建集旅游、休闲、养生、娱乐为一体的度假村。2013年7月，广源天药集团出售了广源天药置业有限公司的所有股份。

资料三

广源天药集团多元化经营的各个领域的经营状况呈现出多种不同态势。

（1）医药板块稳步增长。公司医药产品中已经有6种产品销量过亿元。其中，最高的销售额超过10亿元。

（2）日化板块仅有牙膏一枝独秀，其他产品业绩不佳。2004—2014年，广源天药牙膏的销售额从3 000万元上升到19亿元，成为广源天药集团利润增长的主要产品之一。然而，其他日化产品都销量不佳，发展势头萎靡不振。几种主要产品的市场占有率大大低于外资品牌，也低于国内其他著名品牌。目前，市场上已经很少能看到广源天药的沐浴素、洗发水、护发素、面膜、护手霜等产品的踪迹。

究其原因，广源天药日化产品的开发和发展虽然都能依托集团公司强势的品牌效应，但是，只有牙膏产品，能够将广源天药集团的核心竞争力真正体现出来。其一，广源天药牙膏运用公司的关键资源——广源天药粉的神奇功效，使得广源天药牙膏具有独特的治疗功能；其二，广源天药牙膏首先采用的销售渠道是医院和药房、网络销售渠道，随后才进入超市等渠道，这样有利于在产品问世时显现出药企的背景，让消费者觉得质量有保障，并且巧妙避开了与行业龙头的直接竞争，还可降低前期的销售费用。而其他日化产品由于其功能和特点无法体现广源天药粉的独特优势，因而难以成功。

（3）房地产板块经营不善。广源天药集团在2006年房地产行业发展得热火朝天的大好形势下进入房地产行业，但是房地产业务与广源天药集团的主营业务不存在联系，在生产技术、市场、营销等方面无法产生协同效应。广源天药集团没有强大的资源和人才来支撑这个庞大的房地产业务体系，致使房地产业务在5年内4年都是严重亏损的，侵蚀了集团的资源，占用了人力，还占据了企业大量资金。广源天药集团管理层没有审时度势和合理分析房地产行业的未来走势，没有结合集团房地产业务连续数年亏损的实际和整个房地产行业的发展现状及时作出调整，却于2012年反其道而行耗资38亿元兴建度假村。直到2013年才出售广源天药置业有限公司，终止不良业务。

近年来，广源天药集团由于多元化经营资源分散，不仅导致其在缺乏优势的产业中经营绩效不佳，而且给其主业带来了负面影响。2007—2014年，广源天药集团有4种药品进入国家药监局不合格药品名单，其中影响最大的是2012年国内某省药监局查出广源天药胶囊的水分不合格，相关产品被召回，广源天药集团被列入医药企业黑名单。该省药物采购联合办公室取消了广源天药胶囊的中标权利和网上采购资格，并且在2013—2016年严格禁止广源天药胶囊进入该省基本药物统一招标采购目录。从2007年至2016年9年间，广源天药至少10次因为部分药品质量不合格、广告夸大疗效等原因曝出负面消息，这些负面消息无疑给广源天药集团的企业形象和口碑造成不良的影响。

要求：

（1）依据市场营销组合的产品策略，简要分析广源天药集团医药板块产品组合策略的类型及产品开发的原因。

（2）简要分析广源天药集团开发广源天药创可贴过程中所实施的发展战略的几种途径。

（3）简要分析广源天药集团实施多元化战略的动因（即多元化经营的优点）与风险。

（4）运用辨别企业核心能力的3个关键性测试，简要分析广源天药集团在医药板块、牙膏、其他日化产品、房地产4个领域是否具备核心能力。

（5）简要分析广源天药集团在医药板块、广源天药牙膏两个领域研发的类型、动力来源与研发定位。

（6）简要分析广源天药集团在经营中面临的运营风险。

专题一【答案】

【解析】

（1）简要分析光美公司实行多元化经营进入微波炉产业的动因（即采用多元化战略的优点）。

① 分散风险。"光美公司的主打产品空调、风扇等，销售旺季集中在每年的3—8月，在其余时间里资金和经销商资源的利用都明显不足，而推出微波炉产品可以弥补这一缺陷。

② 找到新的利润增长点。"有利于优化公司整体运作和产品结构，建立新的利润增长点"。

③ 利用未被充分利用的资源。"从制造技术的角度看，微波炉和光美公司已生产的电饭煲、电磁炉等产品都是使用电能转换加热系统，因此对微波炉的技术研发、生产制造和营销网络都有着极其便利的条件和经验"；"在其余时间里资金和经销商资源的利用都明显不足"。

④ 运用盈余资金。"在其余时间里资金和经销商资源的利用都明显不足"。

⑤ 运用企业在某个产业或某个市场中的形象和声誉来进入另一个产业或市场。"还可以利用光美公司在其他厨具小家电市场上树立的品牌优势开拓市场"。

（2）简要分析兰微公司微波炉产品实施成本领先战略的条件（从市场情况、资源能力两个方面）与风险。

①实施条件。

市场情况：

A.市场中存在大量的价格敏感用户。"兰微公司充分利用市场对微波炉产品价格的高度敏感性"。

B.品难以实现差异化。"通过集中生产少数品种……使自己成为微波炉行业的'霸主'"。

C.格竞争是市场竞争的主要推手。"充分利用市场对微波炉产品价格的高度敏感性;以'价格战'不断摧毁竞争对手的防线"。

资源和能力:

A.实现规模经济。"通过……规模经济……等多种手段降低成本"。

B.降低各种要素成本。"通过……减少各种要素成本……等多种手段降低成本"。

C.提高生产效率。"通过……提高生产效率……等多种手段降低成本"。

D.改进产品工艺设计。"通过……不断改进产品工艺设计……等多种手段降低成本"。

E.选择适宜的交易组织形式。"通过……承接外包等多种手段降低成本"。

F.重点集聚。"通过集中生产少数品种……等多种手段降低成本"。

②风险。

市场需求从注重价格转向注重产品的品牌形象,使得企业原有的优势变为劣势。从光美公司掌握的数据看,国内市场的高端化消费趋势已非常明显,低端产品对消费者已不具吸引力;"光美公司在2010年成功超越兰微公司成为微波炉出口冠军;在2012年,光美公司微波炉国内市场品牌价格指数全面超越兰微公司,由行业跟随者升级为行业领导者,跳出行业'价格战'的恶性循环,实现了企业业绩持续增长"。

(3)简要分析光美公司微波炉产品战略转型、实施差异化战略的条件(从市场情况、资源能力两个方面),以及光美公司如何防范差异化战略的风险。

①实施条件。

市场情况:

A.产品能充分地实现差异化,且为顾客所认可。"如果能够开发并向市场推出使消费者迅速认识并接受微波炉的多种优点的产品。微波炉市场将进入另一个高速发展期";"从光美公司掌握的数据看,国内市场的高端化消费趋势已经非常明显,低端产品对消费者已不具吸引力"。

B.顾客的需求是多样化的。"微波炉具有多种优点,它不仅能快速加热或烹调食物,而且没有油烟,还能保持食物的原汁原味与减少营养损失。在C国,虽然80%以上的家庭已经使用微波炉,但微波炉只是作为一个加热工具,它的多种优点还没被消费者充分认识"。

C.创新成为竞争的焦点。"如果能够开发并向市场推出使消费者迅速认识并接受微波炉的多种优点的产品,微波炉市场将进入另一个高速发展期";"从光美公司掌握的数据来看,国内市场的高端化消费趋势已经非常明显,低端产品对消费者已不具吸引力"。

资源和能力:

A.具有强大的研发能力和产品设计能力,具有很强的研究开发管理人员。"确定公司技术发展方向以及技术发展路线";"开展广泛技术合作""投入巨资改善软硬件条件";"变革学习、考核机制"。

B.具有很强的市场营销能力,具有很强的市场营销能力的管理人员。"光美公司在不断创新和推出产品的过程中,成功地开展了一系列促销活动";"2010年,光美公司耗巨资在国内主要城市的核心终端,开辟了1 000多个'蒸立方'品牌专柜";"2011年,公司开发上线了新一代营销管理系统";"光美公司在海外前15大市场设立了区域经理,同时针对不同区域的主流客户设立了专门的产品开发团队"。

C.有能够确保激励员工创造性的激励体制、管理体制和良好的创造性文化。"公司不断加大对各类人员培训的投入，同时转变培训方式。公司要求中高层管理者每年必须走访市场不少于4次……公司也结合各阶段工作重点在绩效考核导向方面进行不断的调整和优化"；"2009年之后，公司不断完善基于市场、客户为导向的矩阵式管理模式"。

D.具有从总体上提高某项经营业务的质量、树立产品形象、保持先进技术和建立完善分销渠道的能力。"为了避免差异化成本过高，光美公司通过加大部件自制、精益运营、加强价值链信息共享和协同降低运营成本等手段来创新成本管控，解决成本与结构升级的矛盾，应对资源要素价格的持续上升，保证成本优势"；"确定公司技术发展方向以及技术发展路线"；"光美公司在不断创新和推出产品的过程中，成功地开展了一系列促销活动"；"光美公司在海外前15大市场设立了区域经理，同时针对不同区域的主流客户设立了专门的产品开发团队"。

②光美公司注重防范差异化战略的风险：

A.企业形成产品差异化成本过高。"为了避免差异化成本过高，光美公司通过加大部件自制、精益运营、加强价值链信息共享和协同降低运营成本等手段来创新成本管控，解决成本与结构升级的矛盾，应对资源要素价格的持续上涨，保证成本优势"。

B.竞争对手的模仿和进攻使已建立的差异缩小甚至转向。"光美公司以'蒸功能'为主题的产品功能不断升级，针对不同消费群体的产品线不断扩充……公司和产品的品牌形象日益鲜明"。

（4）简要分析兰微公司为阻止光美公司进入微波炉产业所设置的行为性障碍。

①限制进入定价。"对于光美公司的挑战，兰微公司予以迎击……再次祭起了价格战的大旗"。

②进入对方领域。"兰微公司宣布大举进入光美公司已拥有优势的产品市场，如空调、冰箱、风扇、电暖气等产品市场"。

（5）简要分析光美公司战略变革的动因和主要任务。

①略（因2017年教材已删除相应内容）。

②战略变革的主要任务：

A.调整企业理念。"与会人员一致认为，公司应当从以跟随为主的'低成本'战略向'差异化'战略转变;公司竞争的焦点应当从关注竞争对手向关注消费者、关注客户需求转变"。

B.企业战略重新定位。"用3~5年时间，扭转目前品牌竞争的被动局面，由'中低端'向'中高端'转变，最终超越兰微公司，成为全球微波炉行业"霸主"，成为全球最优秀的微波炉供应商"。

C.重新设计企业的组织结构。"2009年之后，公司不断完善基于以市场、客户为导向的矩阵式管理模式，各产品、客户经理对经营结果负责，并拥有相应的产品企划和定价、供应商选择、人员选择等关键权力；其他管理人员在各自职责体系中对产品、客户经理经营提供后台支持"；"光美公司在海外前15大市场设立了区域经理，同时针对不同区域的主流客户设立了专门的产品开发团队"。

（6）简要分析光美公司战略转型中研发的类型、动力来源和定位。

①研发的类型：产品研究——新产品开发。

②研发的动力来源：既是"需求拉动"，也是"技术推动"。"如果能够开发并向市场推出消费者迅速认识并接受微波炉的多种优点的产品，微波炉市场将进入另一个高速发展期"；"光美公司于2006年在国内率先推出具备蒸功能的产品，这不仅是第一款针对国内市场消费者使用习惯开发的本土化创新产品，实现了C国传统烹饪习惯与微波炉功能优点的有效结合……经过将近一年的推广，市场反响很好，显示出巨大的发展潜力"。

③研发的定位：成为向市场推出新技术产品的企业。"光美公司于2006年在国内率先推出具备蒸功能的产品"。

（7）依据市场营销组合四个要素，简要分析光美公司如何运用市场营销来实现战略转型。

①产品策略。"对微波炉'蒸功能'的持续升级和传播"；"2007年，公司推出了第二代具备蒸功能的产品——'全能蒸'微波炉"；"2008年，光美公司发布了5个系列14款'蒸功能'微波炉"；"2009年，公司第三代产品'蒸立方'面世"；"2010年，光美公司发布第五代'蒸功能'系列产品"；"2012年，光美公司发布了半导体、太阳能和云技术微波炉三大创新产品"。

②促销策略。"光美公司在不断创新和推出产品的过程中，成功地开展了一系列促销活动"；"2006年，光美公司开启了以'食尚蒸滋味'为主题的全年推广活动，首次在各大电视台开展广告营销活动，同时，在全国主要市场开展产品的循环演示活动。2008年，光美公司主办了'蒸夺营养冠军'的全国推广活动。2009年，光美公司推出'全蒸宴'的全国演示推广活动。2010年，光美公司推出'蒸出营养与健康——光美公司蒸立方'微波炉的电视形象广告片"。

③分销策略。"2010年，光美公司耗巨资在国内主要城市的核心终端，开辟了1 000个'蒸立方'品牌专柜"；"2011年，公司开发上线了新一代营销管理系统，该系统实现了全国主要终端的销售、库存数据动态更新，公司能及时了解市场销售变化情况"；"自2007年起，光美公司在海外前15大市场设立了区域经理，同时针对不同区域的主流客户设立了专门的产品开发团队"。

④价格策略。"退出300元以下的微波炉市场，主流变频蒸立方产品价格集中在3 000～5 000元，最高端变频高温产品的零售价格高达10 000元"；"从2012年开始，超市系统将停止销售399元以下的产品，在连锁销售系统中将停止销售599元以下的产品"。

专题二【答案】

【解析】

（1）依据市场营销组合的产品策略，简要分析广源天药集团医药板块产品组合策略的类型及产品开发的原因。

广源天药集团医药板块产品组合策略的类型属于扩大产品组合，包括拓展产品组合的宽度和加强产品组合的深度。前者是在原产品大类内增加新的产品项目；后者是增加每种产品项目的花色、品种、规格。"广源天药集团最初生产销售的粉剂产品，产品结构较为单一……广源天药集团顺应时代发展对药品剂型、便捷性、准确性等多方面的需求进行创新，从1975年开始，在广源天药秘方原有剂型的基础上研制出系列新剂型、新品种，历经30多年的时间，逐步开发构建了广源天药完整、庞大的产品群。如主打止血消炎的广源天药膏、广源天药酊，用于外伤止痛的广源天药气雾剂、具有止血功效的创可贴等。同时，广源天药深入挖掘创新以天然植物为原料的民族药物，成功研发出具有地方特色的新产品，如脑脉通口服液、宫血宁胶囊等。"

产品开发原因包括：

①企业具有较高的市场份额和较强的品牌实力，并在市场中具有独特的竞争优势。"将自身独特的技术优势与多变的市场需求相结合，不断开发出新的高品质药品，赢得了消费者的信赖。"

②在市场中有潜在增长力。"不断开发出新的高品质药品，赢得了消费者的信赖"；"彻底打破了BD创可贴独霸天下的局面，当年广源天药创可贴与BD创可贴的市场占有率由2000年的1∶10涨到1∶2.6……2012年广源天药创可贴销售额再创新高，达到4亿元。"

③ 客户需求的不断变化需要新产品。持续的产品更新是防止产品被淘汰的唯一途径。"随着人们生活水平逐渐提高，医药企业竞争日趋激烈，消费者对医药产品功能的要求也日益多样化。广源天药集团顺应时代发展对药品剂型、便捷性、准确性等多方面的需求……研制出系列新剂型、新品种。"

④ 需要进行技术开发或采用技术开发。"创可贴市场占领者——国际品牌BD创可贴仅仅是一种卫生消毒材料，对伤口没有止血和愈合的功效。而广源天药产品具有很强的止血和愈合功效。如果将广源天药产品的药性与创可贴的功效结合起来，可与其他创可贴形成产品功能性差异，但是当时广源天药不具备生产透皮方面的技术。"

⑤ 企业需要对市场的竞争创新作出反应。"随着人们生活水平逐渐提高，医药企业竞争日趋激烈，消费者对医药产品功能的要求也日益多样化。"

（2）简要分析广源天药集团开发广源天药创可贴过程中所实施的发展战略的几种途径。

①外部发展（并购）。"2011年，广源天药集团收购国内一家制药厂，作为与透皮事业部相配套的生产企业。"

②内部发展（新建）。"2001年3月，广源天药投资成立专业透皮研究部门，主要对创可贴进行研究开发……随后，投资300万元建立广源天药创可贴生产线，并投资2 000多万元组建医药电子商务公司，完善创可贴销售网络……随后，广源天药集团成立了主要生产经营透皮产品的事业部。"

③战略联盟。"但是，当时广源天药不具备生产透皮方面的技术，为了快速推出此类产品，广源天药选择暂时不进行自主研发，与国外创可贴企业合作，广源天药提供创可贴的敷料部分，国外企业负责成品生产"；"引进日本更先进的透皮生产技术，委托国内企业加工生产8 000多万张。"

（3）简要分析广源天药集团实施多元化战略的动因（即多元化经营的优点）与风险。

①广源天药集团实施多元化战略的动因：

A.分散风险。"广源天药集团进入国家基本药物目录的药品在价格上受到限制，招标采购模式也使得药品价格维持在一个较低的水平，毛利率较低……一种药从立项、临床报批到进入市场需要很长的周期和大量资金投入，进入市场的结果也存在着未知的风险。一旦产品销售不佳，会对广源天药集团产生较大影响……另一方面也可以抵御医药市场的竞争压力，规避产业发展风险。"

B.在企业利润无法增长的情况下找到新的利润增长点。"广源天药集团希望将开发非药品业务作为公司新的利润增长源泉。"

C.利用未被充分利用的资源。"广源天药集团管理层还期望充分发挥企业在药品经营中各种有形资源……进一步扩大公司生存发展空间。"

D.获得资金或其他财务利益。"获得足够的资金支撑企业研发新的医药产品。"

E.运用企业在某个产业或某个市场中的形象和声誉来进入另一个产业或市场，而在另一个产业或市场中要取得成功，企业形象和声誉是至关重要的。"广源天药集团管理层还期望充分发挥企业在药品经营中……良好的声誉品牌优势，进一步扩大公司生存发展空间。"

②广源天药集团实施多元化战略的风险：

A.来自原有经营产业的风险。"由于企业多元化经营资源分散……对其主业带来了负面影响。"

B.市场整体风险。"由于企业多元化经营资源分散，不仅导致其在缺乏优势的产业中经营绩效不佳，而且给其主业带来了负面影响。"

C.产业进入风险。"而其他日化产品由于其功能和特点无法体现广源天药粉的独特优势，因而难以成功"；"房地产业务与广源天药集团的主营业务不存在联系，在生产技术、市场、营销等方面无法产生协同效应。广源天药集团没有强大的资源和人才来支撑这个庞大的房地产业务体系，致使房地产业务在5年内4年都是严重亏损，侵蚀了集团的资源，占用了人力，还占据了企业大量资金。"

D.产业退出风险。"广源天药集团管理层没有审时度势和合理分析房地产行业的未来走势，没有结合集团房地产业务连续数年亏损的实际和房地产整个行业的发展现状及时作出调整，却于2012年反其道而行，耗资38亿元兴建度假村。直到2013年才出售广源天药置业有限公司，终止不良业务。"

E.内部经营整合风险。"房地产业务与广源天药集团的主营业务不存在联系，在生产技术、市场、营销等方面无法产生协同效应，广源天药集团没有强大的资源和人才来支撑这个庞大的房地产业务体系，致使房地产业务在5年内4年都是严重亏损，侵蚀了集团的资源，占用了人力，还占据了企业大量资金。"

（4）运用辨别企业核心能力的3个关键性测试，简要分析广源天药集团在医药板块、牙膏、其他日化产品、房地产4个领域是否具备核心能力。

①医药板块：

A.它对顾客是否有价值？"核心产品广源天药在治疗出血、消炎等方面有非常好的疗效，在国内外享有很高的声誉"；"不断开发出新的高品质药品，赢得了消费者的信赖。"

B.它与企业竞争对手相比是否有优势？"拥有独一无二的国家级保密配方和百年老字号品牌的医药企业"；"到目前为止，广源天药仍然是创可贴行业的翘楚。"

C.它是否很难被模仿或复制？"拥有独一无二的国家级保密配方"；"将自身独特的技术优势与多变的市场需求相结合，不断开发出新的高品质药品"；"广源天药创可贴弥补了其他同类产品只能护理不能治疗的缺陷。"

广源天药集团医药板块同时满足3个关键测试，具备核心能力。

②广源天药牙膏：

A.它对顾客是否有价值？"80%左右的成年人或多或少都有口腔溃疡或者牙龈萎缩出血等问题"；"利用天药的活性成分，开发出一种能够帮助消费者减轻牙龈出血等口腔问题的独特的药物牙膏"；"广源天药集团又对产品进行不断的改进和完善。"

B.它与企业竞争对手相比是否有优势？"一般传统牙膏的主要功能是解决牙齿防蛀和清洁问题"；"开发出一种能够帮助消费者减轻牙龈出血等口腔问题的独特的药物牙膏。"

C.它是否很难被模仿或复制？"广源天药牙膏运用公司的关键资源——广源天药粉的神奇功效，使得广源天药牙膏具有独特的治疗功能"；"广源天药牙膏首先采用的销售渠道是医院和药房、网络销售渠道，随后才进入超市等渠道，这样有利于在产品问世时显现出药企的背景，让消费者觉得质量有保障，并且巧妙避开了与行业龙头的直接竞争，还可降低前期的销售费用。"

广源天药牙膏同时满足3个关键测试，具备核心能力。

③日化板块其他产品：

A.它对顾客是否有价值？"其他日化产品都销售不佳，发展势头萎靡不振。几种主要产品市场占有率大大低于外资品牌，也低于国内其他著名品牌。目前，市场上已经很少能看到广源天药的沐浴素、洗发水、护发素、面膜、护手霜等产品的踪迹。"

B.它与企业竞争对手相比是否有优势？"而其他日化产品由于其功能和特点无法体现广源天药粉的独特优势，因而难以成功。"

C.它是否很难被模仿或复制？"而其他日化产品由于其功能和特点无法体现广源天药粉的独特优势，因而难以成功。"

广源天药日化板块其他产品不能满足3个关键测试，不具备核心能力。

④房地产业务：

A.它对顾客是否有价值？"广源天药集团管理层没有审时度势和合理分析房地产行业的未来走势（因此，其房地产业务难以适应顾客需求）。"

B.它与企业竞争对手相比是否有优势？"房地产业务在5年内4年都是严重亏损。"

C.它是否很难被模仿或复制？"房地产业务与广源天药集团的主营业务不存在联系（因此，广源天药的房地产业务不存在难以被模仿或复制的因素）。"

广源天药房地产业务不能满足3个关键测试，不具备核心能力。

（5）简要分析广源天药集团在医药板块、广源天药牙膏两个领域研发的类型、动力来源与研发定位。

①医药板块：

研发的类型：产品研究——新产品开发。"将自身独特的技术优势与多变的市场需求相结合，不断开发出新的高品质药品。"

动力来源：需求拉动。"广源天药集团顺应时代发展对药品剂型、便捷性、准确性等多方面的需求进行创新，从1975年开始，在广源天药秘方原有剂型的基础上研制出系列新剂型、新品种。"

研发定位：成为向市场推出新技术产品的企业。"将自身独特的技术优势与多变的市场需求相结合，不断开发出新的高品质药品。"

②广源天药牙膏：

研发的类型：产品研究——新产品开发。"广源天药集团开始研发天药牙膏，利用天药的活性成分，开发出一种能够帮助消费者减轻牙龈出血等口腔问题的独特的药物牙膏。"

动力来源：需求拉动。"80%左右的成年人或多或少都有口腔溃疡或者牙龈萎缩出血等问题。"

研发定位：成为向市场推出新技术产品的企业。"广源天药集团开始研发天药牙膏，利用天药的活性成分，开发出一种能够帮助消费者减轻牙龈出血等口腔问题的独特的药物牙膏。"

（6）简要分析广源天药集团在经营中面临的运营风险。

① 企业产品结构、新产品研发方面可能引发的风险。"而其他日化产品由于其功能和特点无法体现广源天药粉的独特优势，因而难以成功"；"房地产业务与广源天药集团的主营业务不存在联系，在生产技术、市场、营销等方面无法产生协同效应……房地产业务在5年内4年都是严重亏损"；"由于多元化经营资源分散，不仅导致其在缺乏优势的产业中经营绩效不佳，而且给其主业带来了负面影响。"

② 企业新市场开发、市场营销策略方面可能引发的风险。"广源天药牙膏首先采用的销售渠道是医院和药房、网络销售渠道，随后才进入超市等渠道……而其他日化产品由于其功能和特点无法体现广源天药粉的独特优势"；"房地产业务与广源天药集团的主营业务不存在联系，在生产技术、市场、营销等方面无法产生协同效应。"

③ 企业组织效能、管理现状、企业文化，高、中层管理人员和重要业务流程中专业人员的

知识结构、专业经验等方面可能引发的风险。"广源天药集团没有强大的资源和人才来支撑这个庞大的房地产业务体系，致使房地产业务在5年内4年都是严重亏损。"

④ 质量、安全、环保、信息安全等管理中发生失误导致的风险。"2007—2014年，广源天药集团有4种药品进入国家药监局不合格药品名单，其中影响最大的是2012年国内某省药监局查出广源天药胶囊的水分不合格，相关产品被召回，广源天药集团被列入医药企业黑名单。该省药物采购联合办公室取消了广源天药胶囊的中标权利和网上采购资格，并且在2013—2016年严格禁止广源天药胶囊进入该省基本药物统一招标采购目录。"

⑤ 因企业内、外部人员的道德风险或业务控制系统失灵导致的风险。"2007—2016年9年间，广源天药至少10次因为部分药品质量不合格、广告夸大疗效等原因导致负面消息。"

⑥ 企业现有业务流程和信息系统操作运行情况的监管、运行评价及持续改进能力方面引发的风险。"广源天药集团管理层没有审时度势和合理分析房地产行业的未来走势，没有结合集团房地产业务连续数年亏损的实际和整个房地产行业的发展现状及时作出调整，却于2012年反其道而行，耗资38亿元兴建度假村。直到2013年才出售广源天药置业有限公司终止不良业务。"

智能测评

扫码看答案	我要提问
打开微信"扫一扫"即可直接看答案，登录高顿网校网页端进入课程，即可批量下载"本章同步强化训练"答案噢。	本书配备答疑专用二维码，打开微信"扫一扫"，即可完成在线提问，获取专业老师全面个性化解答，让学习问题不再拖延。 快来扫码提问吧！

附录　注册会计师全国统一考试（专业阶段）
全真模拟测试卷

高顿财经研究院根据最新考纲和教材，精选历年真题，组建了一套题型、题量完全和正式考试一致的真题模拟卷，帮助你提前感受考试场景，进入备考状态，考生们可以随时随地手机扫码在线模考练习。

"全真模拟测试卷"具有如下特点：

1.根据最新考纲和教材，剔除或修改已过时的题目，排除教材修改带来的影响；

2.在线练习，即时反馈，随时随地检测学习效果。

开启真题模考练习，只需一步：

扫码下方二维码，开始全真模拟测试吧！